Straßen und Gesichter
Streets and Faces
Berlin 1918–1933

Straßen und Gesichter
Streets and Faces
Berlin 1918–1933

Aus der Grafischen Sammlung
From the collection of prints and drawings

Mit Beiträgen von
With contributions by
Annelie Lütgens
und / and
Anna Havemann
Thomas Köhler
Clemens Klöckner
Christina Korzen
Isabelle Lindermann

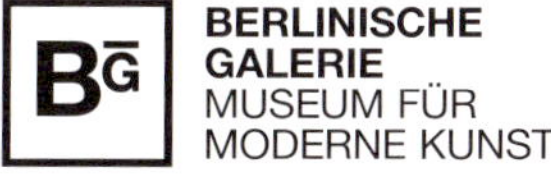

KERBER ART

Inhalt
Contents

Vorwort

Thomas Köhler

Nach dem deutsch preußisch-französischen Krieg von 1870/71 hat Berlin als neue deutsche Hauptstadt einen wirtschaftlichen Boom ungeahnten Ausmaßes erlebt. Die Einwohnerzahlen explodierten, die Stadt expandierte ins Umland hinein. In kürzester Zeit schien es, als laufe Berlin Paris und London den Rang ab. Der Erste Weltkrieg setzte dieser Entwicklung ein jähes Ende. Flüchtlinge aus den im Krieg verlorenen Gebieten im Osten kamen in die Stadt, Kriegsversehrte waren allgegenwärtig. Zwischen 1919 und 1929 stieg die Einwohnerzahl von zwei auf stattliche vier Millionen Menschen. Politisch blieb die Weimarer Republik instabil und auch wirtschaftlich ächzte Berlin unter den Folgen des Krieges.

Wirklich „golden" waren die Berliner 1920er Jahre wohl nur in der zweiten Hälfte der Dekade bis zum Schwarzen Freitag im Jahr 1929. Dennoch hält sich dieser Mythos hartnäckig und wird durch die zeitgenössische Literatur scheinbar untermauert. Alfred Döblin, Klaus Mann, Egon Erwin Kisch, Vicki Baum und Irmgard Keun lassen das Bild einer Großstadt entstehen, die zugleich gefährlicher Dschungel und glamouröses Umfeld für die Bohème der Zeit war.

Viele Künstler kehrten desillusioniert aus dem Ersten Weltkrieg zurück. Provokant bekämpften sie in den ersten Nachkriegsjahren jene Relikte der wilhelminischen Gesellschaft, die in der jungen Republik überlebt hatten. Schonungslos sezierte beispielsweise George Grosz in seiner Bildermappe *Ecce Homo* die Phänomene der Zeit, während auch andere Künstler versuchten, Armut und Hunger bildlich zu beschreiben. Die Avantgarde gewann zu Beginn der 1920er Jahre an öffentlicher Anerkennung. In zahlreichen Ausstellungen und Museen waren Bilder von modernen Künstlern des Surrealismus und Dadaismus einem breiten Publikum zugänglich.

Politik und Kultur waren mithin aufs engste verwoben, und oft stellte sich der künstlerische Innovationsgeist in den Dienst einer politischen Partei. Viele Künstler und Intellektuelle wie beispielsweise John Heartfield begeisterten sich für die Ideale der Revolution von 1918/19 und für kommunistische Ideen. Sie verstanden ihr Schaffen als Teil einer revolutionär-proletarischen Kunst. Auch die relativ stabile mittlere Phase der Republik schlug sich fruchtbar in der Kunst nieder. Die Künstler der Neuen Sachlichkeit versuchten ein scharfes Bild der Wirklichkeit zu skizzieren und lösten damit das Pathos der früheren Weimarer Jahre ab.

Die unsicheren politischen Verhältnisse, das mondäne Stadtleben, aber auch die Schattenseiten der bürgerlichen Gesellschaft bilden den Hintergrund für die Ausstellung der „Straßen und Gesichter" aus der Grafischen Sammlung des Museums.

Die Sammlung der Berlinischen Galerie birgt atemberaubende Schätze. Aus den Beständen heraus sollen in den nächsten Jahren thematische Schwerpunkte für kleinere Ausstellungen gesetzt werden, die es ermöglichen, künstlerische Positionen in ihren kunsthistorischen Kontext einzubetten. „Straßen und Gesichter" setzt dieses bereits unter meinem Vorgänger begonnene Ausstellungsprinzip fort und erweitert es. Neben Werken der Sammlung nehmen wir auch Leihgaben in das jeweilige Konzept mit auf.

Die Ausstellung „Straßen und Gesichter" ist ein famoser Einstand der Kuratorin und Leiterin der Grafischen Sammlung, Dr. Annelie Lütgens. Ihr möchte ich für die schöne Ausstellungsidee, die Inszenierung der Arbeiten und auch für den Katalog sehr herzlich danken. Unterstützt wurde sie von Katharina Hoffmann sowie den wissenschaftlichen Volontären Clemens Klöckner, Christina Korzen und Isabelle Lindermann.

Dass wir überhaupt eine Publikation zur Ausstellung vorlegen können, ist einer engagierten Freundin des Hauses zu danken, die Bücher über alles liebt und sich wiederholt für die Berlinische Galerie engagiert hat. Frau Waldtraut Braun sind wir für die Unterstützung unendlich dankbar. Es war uns eine große Freude, das Publikationsprojekt gemeinsam mit ihr zu realisieren.

Der Grafikerin Uta Grundmann danke ich ebenfalls und freue mich über die Fortsetzung unserer Zusammenarbeit. Wieder zeichnet sie für eine sehr geglückte und ansprechend gestaltete Publikation verantwortlich.

Obwohl die Ausstellung als Präsentation der Sammlung galt, so wurden dennoch einige Leihgaben von Gertrude Sandmann und Jeanne Mammen eingebunden. Den Leihgebern Peter Horvàth sowie dem Förderverein der Jeanne Mammen Stiftung e. V. sind wir daher zu tiefstem Dank verpflichtet. Ihre Leihgaben haben die Ausstellung aufs Schönste ergänzt und – im Falle Gertrude Sandmanns – den Besuchern wie auch den Kollegen eine Künstlerin bekannt gemacht, deren Schaffen bislang nur wenigen geläufig war.

Foreword

Thomas Köhler

After the Franco-Prussian War of 1870/71, Berlin – now the capital of a united Germany – witnessed an economic boom on an unprecedented scale. The population exploded, the city sprawled out into the surrounding countryside. In no time at all Berlin seemed poised to outstrip Paris and London. The First World War brought this development to an abrupt end. Refugees crowded in from forfeited eastern territories, and throughout the inner city war cripples were a common sight. From 1919 to 1929 the number of inhabitants doubled to a remarkable four million. Political instability continued to blight the Weimar Republic, and Berlin's economy was creaking under the effects of war.

If the twenties were ever "golden" in Berlin, then it was probably only in the latter half of the decade, and only until "Black Friday" in 1929. The myth has, nevertheless, been tenacious, and it was evidently corroborated by the literature of the day. Alfred Döblin, Klaus Mann, Ernst Egon Kisch, Vicki Baum and Irmgard Keun created the image of a metropolis that was at once a jungle fraught with perils and a glamorous setting for the bohemian lifestyle.

Many artists returned from the front disillusioned. In the early post-war years they waged a provocative battle against those relics of Wilhelminian society that were flexing their muscles in the young republic. In his portfolio "Ecce Homo", for example, George Grosz relentlessly dissected the phenomena of the day, while other artists sought to depict the poverty and starvation. In the early 1920s the avant-garde was afforded greater public recognition. Works by modern Surrealists and Dadaists were accessible to a broad audience in numerous exhibitions and museums.

Politics and culture were thus closely interwoven, and the spirit of artistic innovation was often placed in the service of a political party. Many artists and intellectuals, like John Heartfield, were passionate about the goals of the German Revolution in 1918/19 and about communist ideals. They saw their output as a contribution to revolutionary proletarian art. The relatively stable middle years of the republic were also a fertile period for art. Proponents of the New Objectivity sought to project a sharp image of reality, discarding the pathos of the early Weimar years.

The political uncertainty, fashionable urban life, but also the darker sides of bourgeois society constitute the backcloth for the exhibition "Streets and Faces", which has been composed from the museum's collection of prints and drawings.

The Berlinische Galerie holds some breath-taking treasures. Over the coming years, we shall be drawing on these resources for smaller-scale exhibitions devoted to specific themes. These will enable us to set artistic positions within a context of art history. "Streets and Faces" upholds this principle, established under my predecessor, and builds on it. For each of these shows, our own exhibits will be complemented by appropriate loans.

The exhibition "Streets and Faces" is a splendid début by the Curator and Head of our Collection of Prints and Drawings, Dr. Annelie Lütgens. I would like to thank her most warmly for the conceptual approach, the choreography and also the catalogue. She has been assisted by Katharina Hoffmann and the trainee curators Clemens Klöckner, Christina Korzen and Isabelle Lindermann.

The fact that we can combine this exhibition with a publication is due to a committed friend of this museum, for whom books are a supreme passion and who has come to the aid of the Berlinische Galerie on many occasions. We are infinitely grateful to Waldtraut Braun for her support. It has been a great joy to pursue this publication project with her.

My thanks are likewise due to the graphic artist Uta Grundmann, and I am delighted that our collaboration has been sustained. Once again she takes the credit for a skilfully designed and attractive volume.

While the exhibition was designed to present our collection, we have nevertheless integrated some loans of works by Gertrude Sandmann and Jeanne Mammen. For this we owe a debt of gratitude to Peter Horvath and the Friends of the Jeanne Mammen Stiftung. Their loans are a fine addition to the show and – in the case of Gertrude Sandmann – they will acquaint visitors and colleagues alike with an artist whose work has only been familiar to a small few.

Straßen und Gesichter

Annelie Lütgens

Die 65 hier vorgestellten, zwischen 1918 und 1933 entstandenen Zeichnungen und Grafiken aus der Sammlung der Berlinischen Galerie zeigen einen Querschnitt durch die Großstadtmotive dieser Zeit: Aufruhr, Straßenleben, Gesichter der Straße, nicht zu vergessen die Vergnügungswelten von Kaschemme, Bar, Bühne, Zoo und Sportarena. Wenn wir uns heute mit diesen Stadtlandschaften und ihren Bewohnern beschäftigen, geschieht dies vor dem Hintergrund eines vielschichtigen, bisweilen klischeebehafteten, visuellen Wissens um das Berlin der „Goldenen Zwanziger". Der spitze Strich von Zeichnern wie George Grosz, Otto Dix, Max Beckmann, die Fotomontagen von John Heartfield und Hannah Höch, die Filme von Walter Ruttmann und Fritz Lang, die Dreigroschenoper von Bertolt Brecht und Kurt Weill und die literarischen Feuilletons von Walter Benjamin, Franz Hessel und Siegfried Kracauer haben Schauplätze und Personal der Weimarer Republik umrissen, erhellt, ausgemalt und beschrieben.[1] Was sie sahen und mit Stift, Pinsel, Schreibmaschine oder Kamera schilderten, prägt bis heute unser Bild dieser Epoche – auf einem imaginären Zeitstrahl angesiedelt zwischen expressionistischer Großstadtdämonie und sachlichem Tempo, zwischen Bejahung der Moderne und dem Schatten der Diktatur, zwischen Aufruhr und Aufmarsch.

Aufruhr I

Am Anfang steht ein Künstler, der mit brutaler Neugier auf die kriegsverrohte Großstadt blickt: George Grosz. Nach Kriegsdienst, Nervenheilanstalt und Ausmusterung unternimmt er ab 1916/17 von seinem im Berliner Südende gelegenen Dachatelier aus seine Expeditionen in die Straßen, Cafés und Kaschemmen der Innenstadt. Schon in der Tuschfederzeichnung *Vorstadt* (Abb. S. 33) geht es keinesfalls beschaulich zu, sondern in diesem Blatt von 1918 begegnen sich auf suburbanem Feld die Fratzen von Militär, Kleinbürger und anderen obskuren Subjekten, beäugt vom Mansardenbewohner auf Beobachtungsposten, während im Vorgarten ein Toter am Galgen baumelt. Das Grosz'sche Personal der Kriegs- und unmittelbaren Nachkriegszeit ist in dieser unspektakulären kleinen Zeichnung *in nuce* enthalten. Das Pathos des Nationalen und die Bigotterie des reaktionären Bürgertums widern ihn an. In seinen 1917 erschienenen Lithografiemappen *Erste Grosz-Mappe* und *Kleine Grosz-Mappe* entwirft der Künstler mit seinen an Kinderkritzeleien erinnernden Strichzeichnungen ein wirres Durcheinander von Straßen, Häusern und Menschen ohne jedes Zentrum. In den Briefen an seinen Freund Otto Schmalhausen lässt sich lesend nacherleben, wie sich stakkatohafte Sätze in Zeichnung verwandeln: „Wie schwer zu geben das Geschiebe der turbulenten Straße, die fabelhaften Bewegungen der Formate, da sind: Menschen, ihre Maschinen, die Tiere, das Blühen der Bäume, himmelblau oder grau – Pfiffe in der Nähe des Bahnhofs, ratternde Automobile, surrende Propeller [...] Der Märchenwald aller Firmenschilder d.h. auch gerade und sachlichste Reklamen – von Gleisen jeder Art überspanntes Terrain, immer wieder Menschen, Exemplare aller Rassen [...] vergesse mich im feinen Restaurant oder schlafend bei dem Frauenzimmer [...] – Lichterloh brennt ein Mietshaus – ein Kind fällt in kochenden Spinat, du radelst bereits auf Ersatzreifen – gib es nicht auf Junge, wenn du auch sechs Tage benötigst – !!!"[2]

Diese Zersplitterung und Gleichzeitigkeit der Sinneseindrücke, wie sie bei den Futuristen bereits vor dem Ersten Weltkrieg zu finden waren, führen bei Grosz und den Berliner Dadaisten zur fotografischen und zeichnerischen Montage – und bei Grosz vor allem zur Karikatur. Das trifft die Atmosphäre der Zeit. Elias Canetti erinnert sich: „Das grässliche Neben- und Durcheinander, wie es einem auf den Zeichnungen von Grosz entgegenschlug, war nicht übertrieben, es war hier natürlich."[3] Ein Blatt wie *Aufruhr* (Abb. S. 32), 1918 datiert, vermischt den Furor selbsterlebter Exzesse mit dem Chaos von Mord und Gewalt auf den Straßen des revolutionären Berlins. „In Wirklichkeit war ich damals jeder, den ich zeichnete", schrieb Grosz in seinen Memoiren.[4]

Straßenleben I

Die Straßen haben verschiedene Gesichter und werden bisweilen mit dem Zeichenstift topografisch genau erfasst, die sie durchquerenden Menschen, Demonstranten, Passanten, Großstadtpflanzen bleiben jedoch anonym. Die Einzelnen kommen eher als Typen denn als Individuen daher, denn die Künstler überzeichnen, überspitzen, karikieren ihr Großstadtpersonal. Auf dem Boulevard, an der Bar, hinter den Kulissen einer Revue oder im schummrigen Tanzsaal einer Arbeiterkneipe, an all diesen spezifischen Orten der Großstadt Berlin finden und erfinden die Zeichner die „Sozialfiguren"[5] jener Zeit: Revolutionär, Proletarier, Hure, Girl, Garçonne, Strichjunge, Zuhälter, Lustmörder, Kriegsgewinnler, Parvenü, Angestellte.

Eine typische Berliner Straße beschreibt der „Journalist mit philosophischen Absichten" Siegfried Kracauer zunächst ganz sachlich: „Hohe Mietshäuser fassen die grade Straße ein, in der zwei Baumreihen stramm stehen wie Rekruten. Vom einen Baumstamm zum anderen sind immer genau zwölf Schritte. Über den Laubmonturen ragen die Fassaden hervor, schmutzige Wände mit eingelassenen Balkonen und vielen Fenstern, hinter denen sich ein besseres Familienleben vollzieht. [...] Im Erdgeschoß befinden sich unbedeutende Kneipen und kleine Läden, die dem Bedarf der Straßenbewohner dienen. [...] Die Trottoirs sind viel zu breit, da die wenigen Passanten, die sie bevölkern, dicht an den Schaufenstern entlang zu gehen pflegen. Auf dem Asphalt fahren fortwährend Wagen und Taxis vorbei, die im Verein mit einigen Zeitungsbuden der Straße ein großstädtisches Aussehen verleihen."[6]

Aber dann entpuppt sich die Straße als ein lebendiges Wesen mit durchaus menschlichen Gefühlen, denn Kracauer fährt fort: „Dennoch langweilt sie sich. Ihre Erker sind es müde sich ewig anzustarren, und ihre Bäume müssen immer denselben Abstand wahren. Man könnte sich vorstellen, dass die Straße zum Zeitvertreib gern mit einer der zahlreichen Straßen tauschte, von denen sie rechtwinklig gekreuzt wird. Aber diese Straßen unterscheiden sich nicht im geringsten von ihr. So bleibt sie lieber, wo sie ist, schnurgerade Straße, wie es deren Tausende gibt." Plötzlich fungiert sie als Bühne für einen exzentrischen Passanten, da kommt „ein schmächtiger, verwahrloster Mann. Er denkt nicht daran, den Fußgängersteig zu benutzen, sondern bewegt sich auf dem Fahrdamm, der jetzt, am frühen Nachmittag, kaum befahren wird. Bewegt sich der Mann wie ein gewöhnlicher Mensch? Seine Schritte sind die eines Tänzers."

In der nun folgenden Beschreibung der Bewegungen dieses Mannes beschwört Krakauer filmische Zeitlupenbilder, Pantomime und Gesang, ein ganzes Arsenal von verlangsamten mäandernden Ausdrucksgebärden, die dem „Tänzer" genau das gestatten, was der akkuraten, langweiligen Straße nicht möglich ist. So wird er als lebendiger exzentrischer Teil zu ihrem dialektischen Gegensatz. Kracauer antwortet hier kontrapunktisch auf eine der frühesten und berühmtesten Figuren der Großstadtliteratur, auf Edgar Allen Poes geheimnisvollen *Mann der Menge* von 1840.[7] Doch während dieser in der Masse der Passanten verschwindet und sein Verfolger, der Ich-Erzähler, am Ende begreift, dass dieser Gang auf kein Ziel zusteuert und es damit auch kein Geheimnis zu lüften gibt, ist Krakauers Tänzer geradezu die Personifikation des Geheimnisses der Straße. Dieser fällt aus der Menge der Passanten heraus, hält sich dort auf, wo er nicht hingehört, auf dem Fahrdamm, dem Rückgrat der Straße, die für ihn allein nun ihre Daseinsberechtigung erhält.

Aufruhr II

Stellen wir uns diesen Anfang der 1930er Jahre von Kracauer in einem kleinbürgerlichen Wohnviertel beobachteten heruntergekommenen, wirren Mann als einen Verlierer des neuen Berlins zur Zeit der Wirtschaftskrise vor: Ohne Arbeit und Zukunft richten sich „seine Blicke […] auf das Asyl, das ihm in dieser Welt vorenthalten worden ist“[8]. Wir haben hier eine Negativfigur des revolutionären Aufbruchs vor uns, der uns in der Grafik vom Beginn der 1920er Jahre immer wieder begegnet: der Agitator und klassenbewusste Revolutionär. Die Straßen Berlins nach dem Ersten Weltkrieg waren die Schauplätze für aufständische Soldaten und revolutionierenden Arbeiter. Aus den damit einhergehenden blutigen Kämpfen wurde die erste deutsche Republik geboren.

Künstler waren nicht nur Zeugen dieser Kämpfe, viele von ihnen waren Sympathisanten oder wie Heinrich Vogeler und Karl Holtz auch aktive Teilnehmer. Ob Hans Baluschek als Urvater des sozialen Berliner Realismus, George Grosz als unbarmherziger Physiognomiker des „Gesichts der herrschenden Klasse“, Karl Holtz als karikierender Schilderer des Straßenlebens, Rudolf Schlichter auf der Suche nach den Abgründen sexuellen Begehrens oder Karl Arnold als humoristischer Chronist: Diese Künstler fanden nicht nur ihre Themen, sondern auch ihr Publikum auf der Straße, nämlich in den Lesern der linken Zeitungen und Zeitschriften, vom sozialdemokratischen *Wahren Jacob*, dem linksbürgerlichen *Simplicissimus*, der avantgardistischen *Aktion* bis zu kommunistischen Blättern wie *Der Gegner* oder der *Roten Fahne*.[9] Die Straßen und was auf ihnen geschah, wurde zu Motiv und Bühne für ihr Bekenntnis zur Zeitgenossenschaft, mochten sie im expressionistischen Aufbruch nach der Novemberrevolution auch eher der weltumspannenden Einheit von Ich und Welt entgegenstreben, wie beispielsweise Otto Möllers *Redner I* (Abb. S. 31) von 1919, der mit weit ausgebreiteten Armen über seinen Zuhörer schwebt, das Gesicht den kosmischen Wirbeln des Himmels zugewandt.

Fern der Menge, aber organisch verbunden mit Himmel und Erde erscheint auch Erich Godals anonyme Rückenfigur (Abb. S. 29): ein einsamer Revolutionär, der sich mit schweren Schritten durch eine schwarze Landschaft den Fabriken am Horizont nähert. Godals dreizehn Blätter seiner 1920 von der Genossenschaft für proletarische Kunst herausgegebenen Mappe von Lithografien sind geprägt von apokalyptischen Szenen, von Mord, Aufstand und Totentanz, zu Papier gebracht im flackernden Schwarz-weiß der expressionistischen Stummfilmästhetik, in der die Kriegsgreuel 1914–18 und die jüngsten Straßenkämpfe widerscheinen.[10]

Wesentlich nüchterner und spontaner arbeitet der ehemalige Jugendstilkünstler und aktive Sozialist Heinrich Vogeler, wenn er mit Tusche auf billigem Pergamentpapier einen Auflauf von Arbeiterfrauen und -männern zeichnet, der sich um eine Gruppe von gestikulierenden Rednern bildet. (Abb. S. 30) Auch hier bleiben Ort und Akteure anonym, geht es doch um die spontane Kraft der Menge selbst.

Straßenleben II

Kracauers magisch-realistische Beschreibung der Berliner Straßen, seine Kunst, das Berechenbare ins Unberechenbare umkippen zu lassen, findet seine bildkünstlerischen Vorläufer in den Straßenschilderungen des Zeichners Karl Holtz. Dieser erhielt seine Ausbildung bei dem Maler Emil Orlik und dem Grafiker Ludwig Sütterlin in Berlin. Seine Karikaturen erschienen in der hoch politisierten Zeit nach der Novemberrevolution 1918/19 in Tagespresse und Zeitschriften wie *Die Aktion* oder *Die Rote Fahne*. Mit einer kleinteiligen Zeichentechnik notiert er zwischen 1919 und 1922 Szenen aus dem Alltag in Berlins Arbeitervierteln. Seine *Arbeitslosendemonstration* (Abb. S. 40) von 1920 findet in einer breiten und öden Straße statt, deren wie ziseliert wirkenden Gründerzeitfassaden keine Lücke lassen. Hier wachsen keine akkuraten Straßenbäume in den Himmel, stattdessen durchmisst eine hoch aufragende Reihe Masten und Laternen im Gänsemarsch den Bildraum. Häuserreihen und Masten treffen sich im perspektivischen Fluchtpunkt. Aus ihm wächst auch der Zug der Arbeitslosen hervor, als Individuen erkennbar jedoch nur jene, die im Vordergrund von rechts nach links mit düsteren, resignierten bis grimmigen Mienen durchs Bild ziehen: Junge, Alte, Männer, eine ältere Frau. Ein Kritiker schrieb, bei Holtz scheine es, als „demonstrierte die Straße selber“.[11] Dabei wirkt die Komposition eher, als vertreibe eine mit Lanzen bewaffnete Straße die Menschen aus ihrem Hoheitsgebiet. Bildausschnitt und Komposition nehmen Stilmittel des Films auf. Vorgeschoben bis an die untere Bildgrenze, bleibt den Demonstranten kein Raum. Im nächsten Moment sind sie am Betrachter vorbeimarschiert und aus dem Blickfeld verschwunden.

Die Gründerzeitfassaden der Kreuzberger Yorckstraße mit ihren Kneipen und kleinen Geschäften bildet in Holtz' gleichnamiger Zeichnung (Abb. S. 40) den Hintergrund für Pferdedroschken, Lastwagen und die „Elektrische“. In der Menge der Passanten sind verschiedene Typen erkennbar: Bürger und Proletarier, Uniform- und Kaftanträger, Kinder und Damen. Dabei vernachlässigt der Zeichner durchaus die exakten Größenverhältnisse und lässt stattdessen Panorama und Wahrnehmung von Einzelheiten unvermittelt aufeinandertreffen. Holtz, der in der Yorckstraße 42 wohnte[12], nahm die gleiche Straßenansicht als Motiv für eines seiner wenigen Gemälde.[13] Im gleichen Jahr entstanden, wirkt der Ausschnitt durchaus konventioneller: Der Maler nimmt einen größeren Abstand zur belebten Straße, auf der ebenfalls die Trambahn und die gegenüberliegende Ladenreihe mit dem Schriftzug der Kneipe „Engelhardt" zu sehen sind. Die Häuser sind bis in den vierten Stock erfasst, dafür weniger mit Stuck beladen wie in der kleinteiligeren Lithografie. Der Kopf eines sich aus dem Bild wendenden Schupos ist hier die einzige Figurenmontage, während in der Grafik der Größenunterschied zwischen den ganzfigurigen Passanten und den beiden einzeln herausgehobenen Köpfen eines Studenten und einer modischen Dame extremer und damit experimenteller ausfällt. Gerade im Medium der Zeichnung gelingt es Holtz, die untrennbare Einheit von Menschen, Wagen und Häusern darzustellen, die das Straßenleben charakterisiert und sich zur modernen Großstadterfahrung verdichtet. Wie das Feuilleton für den literarischen Flaneur ist die Zeichnung für den bildenden Künstler jene „kleine Form"[14], die diese Erfahrung in den 1920er Jahren adäquat einzufangen in der Lage ist.

„Design der Menge"[15]

1930 erschien die Mappe *Rues et Visages de Berlin* (Abb. S. 47–49) mit einem Text des französischen Diplomaten und Dramatikers Jean Giraudoux und Zeichnungen von Chas-Laborde. Giraudoux, politischer Deutschlandkenner und germanophiler Autor, beobachtete in seinem Text das Treiben der Berliner wie ein Ethnologe eine ihm fremde Kultur. Nicht etwa die Theater und die Museen, das alte Berlin des von Frankreich besiegten Preußens, faszinierten Giraudoux, sondern das neue republikanische Berlin mit seinem modernen Wohnungsbau und seinem Körperkult in den Freibädern und Volksvergnügungen in Zoo und Lunapark. Er suchte bewusst „keine Vergangenheit: Berlin ist flach".[16] Als Illustrator gewann er einen in Frankreich für seine mondänen Luxusausgaben berühmten Maler und Zeichner. Als polyglotter Beobachter großstädtischen Lebens war Chas-Laborde den europäischen Metropolen auf der Spur: *Rues et visages de Paris* erschien 1926, 1928 London, in den 1930er Jahren folgten nach Berlin New York, Moskau und Madrid. Dieser zeichnende „Mann in der Menge"[17] inszeniert das Gewimmel der Passanten auf den breiten Flanierstraßen und in den großen Tanzpalästen. Hier war Charles Laborde (so sein richtiger Name) offenbar mehr zu Hause als in einfachen Bierkneipen oder Hinterhöfen. Seine 18 aquarellierten Radierungen[18] breiten einen Bilderbogen großstädtischer Öffentlichkeit zwischen Kurfürstendamm, Friedrichstraße und Strandbad Wannsee aus.[19] Die Orte, die er wählt, eignen sich hervorragend für die große Bühne des Sehens und Gesehen-Werdens: Unter den Linden, Friedrichstraße, Potsdamer Platz, Straßen im neuen Westen oder im Tiergarten mit Reitern, Automobilisten und Fußgängern. Und wenn er den „Hof eines beliebten Stadtviertels" darstellt,[20] so wirken die niedrigen Häuschen in pastelligen Farben wie die Kulissen eines Musicals, in dem Vater Zille das Pianola spielt. Das Personal, mit dem Chas-Laborde seine Berliner Bühnen bevölkert, setzt er aus einem Arsenal von Typen zusammen. Fast immer schiebt sich der Schmerbauch eines feisten Mannes mit Bowler oder Zylinder ins Bild, ergänzt von Uniformträgern, modisch gekleideten, schlanken Frauen und bisweilen sogar schicken jungen Männern. Man mag dieses dichte Gewebe von Figuren und Gesichtern nicht Montage nennen und doch setzen sich die Kompositionen der Menge aus gezeichneten Versatzstücken zusammen, an denen der Blick hängenbleiben kann. Das Resultat ist nicht Zersplitterung und Polyfokalität, sondern ein vedutenartiges Panorama, in das der touristische Betrachter durch einzelne Figuren, die sich ihm zuwenden, stets einbezogen wird. So gelingt dem Zeichner ein sauberes, helles, eher übersichtliches als chaotisches Bild des großstädtischen Berlin. Fern der beißenden Gesellschaftskritik eines Grosz behandelt Chas-Laborde seine Bewohner eher mit liebevollem Spott. Dabei reproduziert er durchaus ein stereotypes Bild dessen, was „der Franzose" für „deutsch" hält: rosigen Teint, blondes Haar, blaue Augen, Konditorei neben Schlachterei und Unter den Linden die Repräsentanz von Mercedes Benz. Wie so häufig bei Illustrationen ist die Verbindung der Bilder zum Text nur sehr lose. Während Giraudoux sich durchaus mit den „lasterhaften" Seiten der Stadt beschäftigt, weit mehr aber mit Licht, Luft und Sonne am Stadtrand, finden wir bei Chas-Laborde je eine Szene in einer Schwulentanzbar, am Nacktbadestrand[21] und in einem Bauhauswohnviertel. Damit wären den Vorlieben des Autors Genüge getan, so dass der Zeichner sich umso intensiver den eigenen, den mondänen Schauplätzen des Berliner Westens, widmen kann. Friederike Hassauer charakterisiert das Berlin von Giraudoux als „apolitische Stellvertreterstadt für das neue Deutschland [...] im politischen Latenzzustand zwischen Versaille-Schock [...] und einer – scheinbar noch – gänzlich offenen Zukunft". Und obwohl sie kein Wort über die Illustrationen Chas-Labordes verliert, trifft folgende Formulierung doch auch auf diese zu: „Design der Menge, Design des Alltags, der Urbanität, des Sports und der Vergnügungen. [...] Die neue Metropole [...] ist eine Freizeitwelt, die Welt der Arbeit ausgeklammert. Die neue Metropole ist eine Sport- und Städtebauwelt, die literarische Welt ausgeklammert. Berlin ist eine demilitarisierte Welt der politischen Harmonie, Arbeitslosigkeit und Straßenkampf ausgeklammert."[22] Dieses konfliktfreie Bild scheint der Preis für die Aufnahme Berlins in die Reihe der Weltmetropolen zu sein.[23] Dass der touristische Blick jedoch durchaus auch andere Erlebniswelten suchte, zeigt Curt Morecks 1931 erschienener *Führer durch das „lasterhafte" Berlin*[24] mit Illustrationen unter anderem von Jeanne Mammen und Christian Schad.

Gesichter der Straße

Soll Berlin durch seine Bewohner sichtbar werden, müssen sie als Einzelne aus der anonymen Masse der Passanten heraustreten. Die Kunst der 1920er Jahre ist voller Bildnisse, und das obwohl die gesellschaftlichen Umwälzungen nach dem Ersten Weltkrieg dem Individuum fast den Garaus gemacht hatten: „Der Einzelne muss schon eine ziemlich wichtige Rolle in unserem Dasein spielen, um in seiner persönlichen Existenz noch besondere Beachtung zu finden. Höchstens noch die ganz merkwürdigen und auffälligen Leute können damit rechnen, als Individuen bemerkenswert zu erscheinen. Sonst neigt unser Sehen und Verstehen durchaus dazu, jeden als Vertreter einer Klasse, einer Schicht, einer Generation, irgendeiner bestimmten Menschensorte zu betrachten. Das Gesicht, das uns über den Weg kommt, wird nach sozialer Zugehörigkeit, geistiger Heimat, nach Herkunft und Beruf befragt."[25] Willy Wolfsradt beschreibt hier im Jahr 1930 die Suche nach Orientierung in der sozial durchmischten modernen großstädtischen Gesellschaft.[26] Was mit der Landflucht infolge der Industrialisierung nach der Reichsgründung 1871 begann, sich mit der Entwurzelung und sozialen Umwälzung nach dem Ersten Weltkrieg fortsetzte, findet im Berlin der 1920er Jahre seinen Schmelztiegel: Waren früher Bauernsöhne, Industriearbeiter, Dienstmädchen, Handwerker aufgrund spezifischer Merkmale wie Körperbau, Sprache, Kleidung als Mitglieder ihrer Klasse erkennbar, zeitigte das moderne Angestelltenleben eine Nivellierung dieser einstigen Unterschiede sowohl der Herkunft als auch der äußeren Erscheinung. Die Kosmetikindustrie machte sich das zunutze: „Style your face."[27] Der Stummfilm feierte das Gesicht in der Großaufnahme, Werbung und Massenmedien kreierten neue Leitbilder, am erfolgreichsten das der „Neuen Frau".[28] Die Epoche der Neuen Sachlichkeit ging einher mit einer positiven Wertung von Kälte, Oberflächlichkeit und Künstlichkeit. Philosophen und Soziologen wie Helmuth Plessner und Georg Simmel analysierten das Verhalten der Großstadtbewohner als „Freiheit im entfremdeten Raum" und als Notwendigkeit, die Persönlichkeit hinter Masken zu verbergen: „Der Mensch ist von Natur aus künstlich."[29] Damit wäre die Selbststilisierung und Typisierung der Angestellten gemäß den neuen, aus den Medien vertrauten Leitbildern nicht zuletzt als Mittel der Distanzierung zu verstehen. Auf das Äußere zu achten konnte bedeuten, das Innere zu schützen. In seinem Feuilleton „Berlin von Süddeutschland aus gesehen" schrieb Bernard von Brentano 1926: „Es ist unmöglich in einer so großen und so von Leben erfüllten Stadt, allein unter vier Millionen Menschen zu leben, ohne eine glatte und widerstandsfähige Oberfläche zu haben, an der wie Wasser an einer Glaswand alles herunterläuft, was anderswo sogar einen Regenschirm löchert."[30]

Die Zeichner, von denen wir uns Aufschluss über die Gesichter der 1920er Jahre versprechen, nahmen diesen Zwang zur Entindividualisierung wahr. Aufmerksam suchen sie in den Gesichtern genau jenen Grad von Abweichung, der das Individuum durchscheinen lässt, und es fällt ihnen auf, wie viel Kraft die Anpassung an den Modernisierungsprozess kostet. Jeanne Mammen hält in ihren Skizzen und Bleistiftzeichnungen das Alltagsgesicht der weiblichen und männlichen Angestellten fest. In ihren Illustrationen, die in Zeitschriften und Zeitungsbeilagen erschienen, die diese Alltagsmenschen am Sonntag lasen, glättet oder überspitzt sie das Gesehene, so dass die Betrachter sich in ihnen wiedererkennen oder sich über sie amüsieren konnten. Die „Gesichtsobsession der Weimarer Zeit"[31], vom Starkult genährt, spiegelte sich in dem enormen Bedarf an Pressezeichnungen: Der „Kopfjäger" Dolbin warf Porträts von Prominenten von Leinwand, Bühne und Konzertsaal in Sekunden aufs Papier, um der schnelllebigen Tagespresse, hungrig nach interessanten Gesichtern, die Momentaufnahme einer künstlerischen Darbietung, eine typischen Geste oder wiedererkennbare Physiognomie zu liefern. (Abb. S. 58) Den veristischen Zeichnern hingegen erschienen gerade jene Menschen als Individuen erwähnenswert und damit bildwürdig, die zur arbeitenden Mehrheit der Bevölkerung und zu den Verlierern des Aufschwungs gehörten. „Denn die einen sind im Dunkeln und die anderen sind im Licht, doch man sieht nur die im Lichte, die im Dunkeln sieht man nicht", wie es Brecht in der *Dreigroschenoper* auf den Punkt brachte. Rudolf Schlichter, Jeanne Mammen und Gertrude Sandmann stehen hier exemplarisch für jene Künstler und Künstlerinnen (Otto Dix, Karl Hubbuch, Christian Schad, Kurt Günther und andere), die bei Streifzügen durch die Straßen, Cafés und anderen Vergnügungsstätten den Zeichenblock immer dabei hatten oder ihre Modelle von der Straße ins Atelier holten. „Sobald es warm ist, werde ich mich auf die Bank am Potsdamer Platz setzen u. sehen, sehen – und durch die Straßen wandern und sehen", notierte Sandmann im April 1924 in ihr Tagebuch. Die Künstlerin ist Teil jener jungen Generation von Frauen, für die die Weimarer Republik neue Freiheiten bereithielt, etwa das Bekenntnis zur Homosexualität oder die Freiheit, sich politisch zu engagieren.[32] Ihre mit Kohle, Bleistift und Pastell ausgeführten Frauenporträts, zu Beginn der 1920er Jahre noch skizzenhaft und verhalten, entwickeln sich um 1930 zu großformatigen Bildnissen. Farbe wird sparsam dekorativ eingesetzt, der Bildausschnitt ist durchaus konventionell gewählt, der künstlerische Ansatz eher ein atmosphärischer als ein veristischer. Ihre Vorbilder sind die „‚Mal-Grafiker' Degas, Toulouse-Lautrec, Xaver Fuhr, Mammen".[33] Sandmanns einfühlsamer Strich nähert sich Frauen oder Kindern mit Zuneigung. Sie typisiert nicht, sondern sucht das Wahrhaftige unter der Oberfläche.

Anders Rudolf Schlichter: Während in den 1920er Jahren seine gemalten Porträts berühmter Zeitgenossen wie Bertolt Brecht oder Egon Erwin Kisch überwiegen, sind seine Zeichnungen eher sozialtypologische Studien. Hier widmete er sich Arbeitern, Kleinbürgern, Deklassierten, die anonym bleiben, höchstens Stand oder Beruf sind im Titel angegeben: Erwerbsloser, Dienstmädchen, Bergmann etc. Dabei konzentriert sich Schlichter meist auf das Gesicht des Modells. Im *Männerporträt* von 1925 (Abb. S. 55) gibt er mit dem knapp skizzierten Oberkörper, dem knittrigen, kragenlosen Hemd, den Hosenträgern einem nicht mehr ganz jungen Mann eine soziale Zugehörigkeit: kleiner Angestellter, „Stehkragenprolet". Ein stumpfer Blick und ein wie durch nervöses Zucken verformter Mund charakterisieren das schmale, grobknochige Gesicht. „Er mag nicht mehr. Aber er sieht nirgends, wie und wo."[34] Was Siegfried Kracauer und Ernst Bloch zu Beginn der 1930er Jahre in ihren soziologischen Studien konstatierten – die zunehmende Proletarisierung der Angestellten –, in den Zeichnungen Rudolf Schlichters sind Desillusionierung und Perspektivlosigkeit bereits um 1925 in die Gesichter der Menschen eingeschrieben. Sowohl in den spröden, gratigen Linien der Kleidung als auch in den weichen Hell-Dunkel-Abstufungen, mit dem der Kohlestift das Gesicht modelliert, äußert sich der zugleich objektivierende wie sensualistische Zeichenstil des Künstlers, dem es bei aller ungeschönten Darstellung doch auch auf ein stoffliches und sinnliches Moment ankommt, auf die Suche nach der Schönheit im Hässlichen.

Vergnügungsgewerbe

„In Haupts Sälen war, wie an jedem Abend, Strandfest. Punkt zehn Uhr stiegen, im Gänsemarsch, zwei Dutzend Straßenmädchen von der Empore herunter. Sie trugen bunte Badetrikots, gerollte Wadenstrümpfe und Schuhe mit hohen Absätzen. Wer sich derartig auszog, hatte freien Eintritt zum Lokal und erhielt einen Schnaps gratis. Diese Vergünstigungen waren in Anbetracht des darniederliegenden Gewerbes nicht zu verachten. Die Mädchen tanzten anfangs miteinander, damit die Männer etwas zu sehen hatten. Das [...] erregte die an der Barriere drängenden Kommis, Buchhalter und Einzelhändler. Der Tanzmeister schrie, man möge sich auf die Damen stürzen, und das geschah."[35] Erich Kästners ausdrücklich als Satire konzipierter Roman *Fabian* skizziert durchaus realistische Szenen des Berliner Nachtlebens, wie sie sich auch in Morecks *Führer durch das „lasterhafte" Berlin* finden lassen. Dort werden die Strandfeste in Mundts Festsälen an der Köpenicker Straße 100 veranstaltet. Der Sitten- und Sozialgeschichtler Moreck versorgt seine Leser dazu mit Auskünften über die soziale Herkunft der Tänzerinnen: „Die Mädchen in Mundts Ballsaal sitzen tagsüber an Schreibmaschinen, stehen hinter Ladentischen, beugen sich über die Nähmaschine. Von Arbeit und Mühe sprechen ihre Hände trotz der Politur, die sie ihnen für den Abend gegeben haben. Sie sind Kinder der östlichen Viertel oder von der Provinz Zugewanderte, die hier das Glück erhofften, sie stammen aus den Vorstädten oder aus Kleinstädten; das hört man, wenn sie sprechen. Und ein wenig befangen sitzen sie da in ihren Badeanzügen. Nur wenn sie tanzen, werden ihre Glieder etwas freier. Sie bilden die Attraktion des Lokals. [...] Das bisschen Trikot verbirgt ja nicht viel und ist nur als Garnierung für das Fleisch gedacht. Und der Tanz bringt eine Annäherung ohne weiteres mit sich."[36]

Solche Auftritte junger Frauen, ob wirtschaftlicher Not, Partnersuche oder Abenteuerlust geschuldet, führten damals geradewegs in die Prostitution. Und dieses Element der Entfremdung und Verelendung der Protagonisten des großstädtischen Vergnügungsgewerbes, seien es Tänzerinnen, Huren oder Schaubudenboxer, findet sich zuhauf in den Zeichnungen der veristischen Künstlerinnen und Künstler. Mammens *Arabische Tänzerin*, Heinrich Ehmsens Ringkämpfer, Rudolf Schlichters Boxer stellen sich einem lüsternen, sensationsgierigen Publikum zur Schau. (Eine selbstbewusste sportliche Darbietung ganz anderer Art wählte Max Beckmann, der 1922 seinen *Eislauf* als Familienvergnügen inszenierte und selbst begeisterter Schlittschuhläufer war.[37])

Mögen die Darstellungen aus dem Vergnügungsgewerbe um 1930 auch noch so unbarmherzig sein, es schwingt immer auch die Anteilnahme der Zeichner mit. Giraudouxs Formulierung von der „halbe[n] Traurigkeit Berlins und seine[r] doppelte[n] Lustigkeit"[38] müsste man eigentlich umdrehen: Der halben Lustigkeit steht eine doppelte Traurigkeit gegenüber. Und Kracauers „Je heller das Licht, desto trüber das Publikum"[39] ließe sich angesichts der Federzeichnung *In der Bar* (Abb. S. 74) von Jeanne Mammen auch als „Je heller das Licht, desto trübsinniger das Publikum" umschreiben: Auf den ersten Blick stehen der müde Blick und die eingesunkene Haltung der jungen Frau an der Bartheke im Gegensatz zu ihrer mondänen Erscheinung – Mantel mit Pelzkragen über den Schultern, Hut mit breiter Krempe auf dem Kopf, Abendtäschchen in der Hand. Es gelingt der modeversierten Zeichnerin jedoch, mit wenigen Strichen Kleid und Pelz als billig und abgetragen darzustellen. Allein das Hutmodell entspricht der neuesten Mode und wird damit vorstellbar als des „kunstseidenen Mädchens“[40] jüngst investiertes, auf Wirkung bedachtes Accessoire. Mag der Mantel auch schützen, der Hut das Gesicht verbergen, als Mittel zur Distanzierung taugt die Kleidung nur noch bedingt. Unter der Maske des Modischen wird die Verlorenheit sichtbar. Mit dieser Barbesucherin hat Mammen gewissermaßen dem naiv-adretten Straßenmädchen ihres Simplicissimus-Kollegen Karl Arnold (*Nuttchens Abendlied*, Abb. S. 42) eine abgekämpfte, desillusionierte Schwester an die Seite gestellt.

Aufmarsch und Ende

Wenn bereits in jenen Zeichnungen, die sich der großstädtischen Freizeit- und Vergnügungswelt widmen, eine unübersehbare Einsamkeit inmitten der lauten Betriebsamkeit spürbar wird, dann sei daran erinnert, dass bereits vor dem Börsencrash im Oktober 1929 die wirtschaftliche Depression den „Traum von einer Neuen Welt“[41] zu zerstören begann. „Bereits 1928 stiegen die Arbeitslosenzahlen kontinuierlich an. Während die Weltstadteuphorie in den bessergestellten Schichten, Teilen der Verwaltung und der Intelligenz ihren Höhepunkt erreichte, wächst die materielle Not in der Stadt.“[42] Es vergingen drei Jahre, in denen sich parallel mit den Arbeitslosenzahlen die Straßenkämpfe rivalisierender Parteien und Gruppen verschärften, bis Mitte 1931 die Wirtschaftskrise unübersehbar das Stadtbild beherrschte und „dem Alltagsleben aller Bevölkerungsschichten ihren Stempel“ aufdrückte.[43] Die Machtübernahme der Nationalsozialisten am 30. Januar 1933 markierte also den Höhepunkt einer sich um 1928/29 anbahnenden wirtschaftlichen und politischen Krise und zugleich das Ende der ersten deutschen Demokratie einschließlich ihres geistigen und kulturellen Lebens. In der Folge führten Ausgrenzung, Verbote und Gewalt gerade gegen jüdische und linke Kulturschaffende zu einem Exodus der deutschen Intelligenz.

Was bedeutete das Datum 1933 für die Künstlerinnen und Künstler von denen hier die Rede ist? Max Beckmann, Dolbin, Robert Genin, Erich Godal, George Grosz, Heinrich Vogeler, Gert Wollheim, Richard Ziegler verließen Deutschland. Otto Dix, Rudolf Grossmann, Karl Hubbuch, Jeanne Mammen, Rudolf Schlichter, Otto Möller zogen sich nach dem Verlust von Lehramt oder anderen Berufsmöglichkeiten in die innere Emigration zurück. Zu dieser Isolation durch den Verlust sozialer und beruflicher Kontakte kam bei Gertrude Sandmann und Lieselotte Friedlaender dazu, dass sie als Juden um ihr Leben fürchten mussten. Ines Wetzel und Michel Fingesten wurden in Konzentrationslagern ermordet.

Die Biografien von Heinrich Ehmsen und Karl Arnold geben Auskunft über den komplizierten Raum zwischen Widerstand und Anpassung.[44] Der kommunistisch orientierte Ehmsen ging 1931/32 nach Moskau, wurde nach seiner Rückkehr im Oktober 1933 in Deutschland verhaftet und seine Kunst für „entartet“ erklärt. Ab 1940 wurde er aufgrund seiner Kontakte zu französischen Künstlern in der Propagandastaffel der Wehrmacht in Paris und ab 1942 als Kriegsmaler an der Ostfront eingesetzt.[45] Karl Arnold wiederum blieb beim 1933 gleichgeschalteten *Simplicissimus* und zeichnete „gefällige, humoristische Beiträge und Literaturillustrationen. [...] Es gehört zu den Inkonsequenzen jener Zeit, dass Karl Arnold kurz nach dem Verbot der *Berliner Bilder* am 14. Juli 1939, dem ‚Tag der Deutschen Kunst‘ [...] in München den Professorentitel verliehen“ bekam.[46]

Werner Heldt, der jüngste unter den Künstlern der Ausstellung, flüchtete 1933 nach Mallorca, wo er unter ärmlichsten Bedingungen bis 1936 lebte und arbeitete. Nach Ausbruch des Spanischen Bürgerkriegs musste er nach Berlin zurückkehren. Er fand Aufnahme im Künstlerkreis des Ateliers Klosterstraße und dort Möglichkeiten, im Schatten der Diktatur, ermutigt von ebenfalls unangepassten Künstlern wie Werner Gilles und Hermann Blumenthal, einen eigenen künstlerischen Weg zu verfolgen. 1937 richtete ihm die Galerie Gurlitt seine erste Einzelausstellung ein.[47] Seine 1927 begonnene Beschäftigung mit dem Phänomen der Masse führte um 1935 (25 Jahre vor Elias Canettis berühmter Studie *Masse und Macht*) zu einem luziden, sozialpsychologischen Aufsatz[48] und mündete in einer Zeichnung, in der Heldt die radikalste Form der Entindividualisierung ins Bild setzt, den *Aufmarsch der Nullen* (Abb. S. 81). Hier ist vom revolutionären Aufruhr der frühen Jahre, dem Kampf gegen Militarismus auf den Berliner Straßen, den expressionistischen und veristischen Bildern des Großstadtlebens nichts mehr übrig. Der weite Platz, gegliedert durch Fahnen ohne Symbol, randvoll gefüllt mit hohlen Larven, ist leer von Menschen. Keine Straßen mehr, keine Gesichter.

Anmerkungen

1 Über Großstadtwahrnehmung vgl. Friederike Hassauer, „Stadtersatz Berlin 1930. Jean Giraudoux: *Rues et Visages de Berlin*", in: Albrecht Buschmann und Dieter Ingenschay (Hg.), *Die andere Stadt. Großstadtbilder in der Perspektive des peripheren Blicks.* Würzburg 2000, S. 74 sowie Michael Bienert, *Die eingebildete Metropole. Berlin im Feuilleton der Weimarer Republik.* Stuttgart 1992.

2 Herbert Knust (Hg.), *George Grosz. Briefe 1913–1959.* Reinbek bei Hamburg 1979, S. 52.

3 Elias Canetti, *Die Fackel im Ohr. Lebensgeschichte 1921–1931.* Frankfurt am Main 1982, S. 279.

4 George Grosz, *Ein kleines Ja und ein großes Nein. Sein Leben von ihm selbst erzählt.* Reinbek bei Hamburg 1974, S. 122.

5 „Sozialfiguren sind zeitgebundene historische Gestalten, anhand derer ein spezifischer Blick auf die Gegenwartsgesellschaft geworfen werden kann." Stephan Moebius und Markus Schroer, „Einleitung", in: dies. (Hg.), *Diven, Hacker, Spekulanten. Sozialfiguren der Gegenwart.* Frankfurt am Main 2010, S. 8.

6 Diese und die folgende Passage aus: Siegfried Kracauer, „Berliner Figuren" (darin: „Der Tänzer"), in: ders., *Straßen in Berlin und anderswo.* Erweiterte Ausgabe. Mit einem Nachwort von Reimar Klein. Frankfurt am Main 2009, S. 160 ff.

7 Edgar Allen Poe, „Der Mann der Menge", in: ders., *Erzählungen.* Zürich 1965, S. 124 ff. Vgl. auch Annelie Lütgens, „Passantinnen /Flaneusen", in: dies., *Im Freiflug. Texte und Gespräche zur Gegenwart der Kunst.* Mit einem Vorwort von Annette Tietenberg. München 2011, S. 21–34.

8 S. Kracauer 2009, vgl. Anm. 6, S. 162.

9 In den frühen 1920er Jahren veröffentlichte auch Grosz eine Vielzahl von Mappen und arbeitete als Illustrator linker Autoren und Verlage. Wenngleich Grosz gegen Mitte des Jahrzehnts in seinem zeichnerischen Strich wieder mehr Erzählung, Eleganz und Geschmeidigkeit zulässt, so bleibt er seinem „großen Nein" doch treu.

10 Eine kolorierte Version befindet sich seit 1920 in der Ermitage in St. Petersburg. Vgl. auch den Aufsatz von Clemens Klöckner in diesem Katalog, S. 86–89.

11 Friedrich Wendel zit. n. Dieter Gleisberg und Helmar Penndorf (Hg.), *Karl Holtz – das frühe Werk 1918–1933.* Ausst-Kat. Staatliches Lindenau-Museum Altenburg 1981, S. 1–8. Vgl. http://www.karl-holtz-archiv.de.

12 Dominik Bartmann, „Karl Holtz", in: *Karl Holtz.* Ausst.-Kat. Galerie Bodo Niemann 1987, zit. n. www.karl-holtz-archiv.de.

13 Auf der Webseite des Karl-Holtz-Archivs sind abgebildet: *Berliner Straße* (Engelhard), 50 x 50 cm, Tempera auf Pappe, Staatliches Lindenau-Museum Altenburg 1981 sowie das Gemälde *Yorckstraße*, 53,5 x 70,3 cm, ohne Bezeichnung, Öl auf Leinwand, Stiftung Stadtmuseum Berlin.

14 Grundlegend zur kleinen Form vgl. Eckhardt Köhn, *Straßenrausch. Flanerie und kleine Form. Versuch zur Literaturgeschichte des Flaneurs von 1830–1933.* Berlin 1989.

15 F. Hassauer, vgl. Anm. 1, S. 86.

16 Jean Giraudoux und Chas-Laborde, *Berlin 1930. Straßen und Gesichter.* Übersetzt, herausgegeben und mit einem Nachwort versehen von Friederike Hassauer und Peter Roos. Nördlingen 1987, S. 8.

17 Vgl. Emmanuel Pollaud-Dulian, *Chas-Laborde. Un homme dans la foule.* Paris 2010.

18 In der Mappe sind die 18 Motive in zweifacher Ausführung, koloriert und unkoloriert vorhanden.

19 *Der Querschnitt* brachte im Mai 1931 eine Sondernummer „Berlin und Paris" heraus. Auf dem Titelblatt eine Straßenszene von Chas-Laborde (*Die Geschäfte*) und ein Auszug aus Giraudoux' Text unter dem Titel „Berlin, nicht Paris!".

20 Hof eines beliebten Stadtviertels, so der Titel von Blatt 4.

21 Diese beiden Blätter, aufgenommen in F. Hassauer und P. Roos 1987, vgl. Anm. 16, sind nicht in der Mappe der Berlinischen Galerie vorhanden.

22 F. Hassauer, vgl. Anm. 1, S. 86.

23 „Berlin ist für jede Ablenkung von den sozialen und politischen Problemen dankbar, flüchtet sich geradezu in das Kulturleben. Was für den einen bereits Sittenverfall, ist für den anderen der lang aufgeschobene, notwendige Prozess der Liberalisierung in Fragen der Moral. Die Bevölkerung der Riesenstadt lebte allerdings nach anderen Maßstäben: der soziale Zwang ist gelockert, die Anonymität eröffnet Freiheiten, die keine andere Stadt bieten kann." Klaus Strohmeyer (Hg.), *Berlin in Bewegung,* Bd. 2: *Die Berliner.* Reinbek 1987, S. 223.

24 Curt Moreck, *Führer durch das „lasterhafte" Berlin.* Leipzig 1931 (Neuausgabe Berlin 1987).

25 Willi Wolfradt, „Berufstypen", in: *Kunst der Zeit,* Heft 8 (1930), S. 174, zit. n. Elisabeth Moortgat, „Magie und Manipulation. Fotografierte Gesichter der Weimarer Republik", in: Helga Gläser, Bernhard Groß und Hermann Kappelhoff (Hg.), *Blick Macht Gesicht.* Berlin 2001, S. 209–230, hier S. 209.

26 Vgl. Claudia Schmölders und Sander Gilman (Hg.), „Vorwort", in: dies., *Gesichter der Weimarer Republik. Eine physiognomische Kulturgeschichte.* Köln 2000, S. 8.

27 Katharina von Ankum, „Karriere, Konsum, Kosmetik. Zur Ästhetik des weiblichen Gesichts", in: ebd., S. 175–190. Vgl. auch Annelie Lütgens, *„Nur ein Paar*

Augen sein..." Jeanne Mammen – eine Künstlerin in ihrer Zeit. Berlin 1991, S. 44.

28 Vgl. dazu Katharina Sykora u. a. (Hg.), *Die Neue Frau. Herausforderung für die Bildmedien der Zwanziger Jahre.* Marburg 1993; Susanne Meyer-Büser, *Bubikopf und Gretchenzopf,* Ausst.-Kat. Museum für Kunst und Gewerbe Hamburg 1995; Sigrid-Ursula Follmann, *Wenn Frauen sich entblößen. Mode als Ausdrucksmittel der Frau der zwanziger Jahre.* Marburg 2010.

29 Vgl. dazu Helmut Lethen, *Verhaltenslehren der Kälte. Lebensversuche zwischen den Kriegen.* Frankfurt am Main 1994, S. 80 ff.

30 Bernard von Brentano, *Wo in Europa ist Berlin. Bilder aus den zwanziger Jahren.* Frankfurt am Main 1981, S. 97 f.

31 C. Schmölders und S. Gilman, vgl. Anm. 26, S. 8.

32 Anna Havemann, *Gertrude Sandmann. Künstlerin und Frauenrechtlerin* (= *Jüdische Miniaturen*, hg. von Hermann Simon, Bd. 106). Berlin 2011, S. 24.

33 Ebd., S. 29.

34 Ernst Bloch, „Der Matte", in: ders., *Erbschaft dieser Zeit* (1935). Frankfurt am Main 1981, S. 31.

35 Erich Kästner, *Fabian. Die Geschichte eines Moralisten* (1931). Zürich 2010, S. 56.

36 C. Moreck 1931, vgl. Anm. 24, S. 194–196.

37 Vgl. Blatt 5 der *Berliner Reise*, „Der Schlittschuhläufer", aus demselben Jahr. Beckmann in einem Brief 13. Februar 1917: „Fridel (Battenberg) ist wieder ganz wohl. Man weiß bei ihr nie so genau was Hysterie und Krankheit ist. Ich zwinge sie jetzt zum Schlittschuhlaufen und laufe selbst jeden Nachmittag. Es war notwendig für mich!" Zit. n.: Corinna Höppner, „‚Zur Sache' – Max Beckmann", in: *Kriegszeit. Kollwitz, Beckmann, Dix, Grosz.* Ausst.-Kat. Staatsgalerie Stuttgart 2011, S. 95–109, hier S. 109, Anm. 21. 1917 wohnte Beckmann bei Battenbergs in Frankfurt und arbeitete bis Herbst des Jahres in verschiedenen Frankfurter Krankenhäusern als Sanitäter.

38 J. Giraudoux und Chas-Laborde 1987, vgl. Anm. 16, S. 14.

39 S. Kracauer 2009, vgl. Anm. 6, S. 21.

40 Irmgard Keun, *Das kunstseidene Mädchen* (1932). Hamburg 2005.

41 Eberhard Roters, „Der Traum von einer neuen Welt. Künstler in Berlin 1910–1933", in: *Der Traum von einer neuen Welt. Berlin 1910–1933.* Ausst.-Kat. Internationale Tage Ingelheim 1989, S. 21–54.

42 Michael Bienert, *Die eingebildete Metropole. Berlin im Feuilleton der Weimarer Republik.* Stuttgart 1992, S. 163.

43 Ebd., S. 164.

44 Vgl. dazu *Zwischen Widerstand und Anpassung. Kunst in Deutschland 1933–1945.* Ausst.-Kat. Akademie der Künste, Berlin 1978.

45 Sabine Weißler, „Kein Heldenleben. Nazi-Propagandapolitik und Heinrich Ehmsen 1931–1945", in: *Heinrich Ehmsen. Maler. Lebens/Werk/Protokoll.* Ausst.-Kat. Neue Gesellschaft für Bildende Kunst, Berlin 1986, S. 76–87.

46 Freya Mülhaupt, „Ein Bayer in Berlin", in: *Karl Arnold. Hoppla, wir leben! Berliner Bilder aus den 1920er Jahren.* Ausst.-Kat. Berlinische Galerie 2010, S. 19.

47 Thomas Föhl, „Biografie", in: Werner Heldt. Ausst.-Kat. Kunsthalle Nürnberg 1989, S. 34–40.

48 Werner Heldt, „Einige Beobachtungen über die Masse" (1935), in: Wieland Schmied, *Werner Heldt.* Mit einem Werkkatalog von Eberhard Seel. Köln 1976, S. 71–86.

Streets and Faces

Annelie Lütgens

The sixtyfive drawings and prints from the Berlinische Galerie collection displayed here span the period between 1918 and 1933, revealing a cross section of the urban motifs of the time: public unrest, street life, street faces, not forgetting the leisure worlds of cheap dives, bars, theatres, the zoo and the sporting arenas. When we consider them now, those urban landscapes and their inhabitants are superimposed upon the backdrop of our complex, occasionally clichéd, visual idea of Berlin in the "Golden Twenties". The sharp lines of artists like George Grosz, Otto Dix and Max Beckmann, the photomontage of John Heartfield and Hannah Höch, the films of Walter Ruttmann and Fritz Lang, the Threepenny Opera of Bertolt Brecht and Kurt Weill and the literary supplements by Walter Benjamin, Franz Hessel and Siegfried Kracauer delineate, illuminate, detail and describe the scenes and characters of the Weimar Republic.[1] What they saw and portrayed with pencil, paint brush, typewriter or camera still influences our image of that epoch – a city on an imaginary timeline between Expressionist demonisation and Objective pace, between a joyous affirmation of modern life and the shadows of the dictatorship, between rebellion and uniformed parades.

Revolt I

It all begins with an artist gazing with brutal curiosity at the war-scarred city: George Grosz. From 1916/17, following military service, sanatorium and discharge he set out on his expeditions from his garret in Berlin's Südende into the streets, cafés and dives of the city centre. In the pen-and-ink drawing *Vorstadt* [Suburb] (fig. p. 33) his approach is already far from contemplative. In this work of 1918 the grotesque faces of the military, petty bourgeoisie and other shady subjects cross paths in a suburban scenario, gawped at by a vigilant attic dweller, while a corpse swings from a gallows in the front garden. Here, in this unspectacular little drawing, is the Groszian cast list from the war and immediate post-war period in a nutshell. The pathos of the soldiery and the bigotry of the reactionary bourgeoisie disgust him. In the childlike, match-men drawings of his 1917 lithographs *Erste Grosz-Mappe* [The First George Grosz Portfolio] and *Kleine Grosz-Mappe* [The Little George Grosz Portfolio], the artist unfolds a chaotic jumble of streets, houses and people with no focal point. Reading the letters to his friend Otto Schmalhausen, it is easy to see how staccato sentences are transformed into drawings: "How hard to portray the shoving in the turbulent streets, the marvellous movement of formats: people, their machines, the animals, the blossoming trees, sky blue or grey – whistles around the station, rattling motor cars, whirring propellers [...] the enchanted forest of all the company signs, including the most straightforward and plain spoken adverts – terrain criss-crossed by every kind of track, always more people, examples of every race [...] forget myself in a fine restaurant or sleeping beside the lady [...] a tenement block ablaze – a child falls in boiling spinach, you're already cycling on makeshift tyres – don't give up lad, even if it takes you six days – !!!"[2]

This fragmentation and simultaneity of sensory impressions, already expressed by the Futurists before the First World War, inspired the graphic and photographic montages of Grosz and the Berlin Dadaists – and in Grosz's case primarily caricature. It caught the atmosphere of the times. Elias Canetti recalls: "The hideous juxtaposition and jumble, which confronts one in Grosz's drawings, was not exaggerated, it was natural here."[3] A work like *Aufruhr* [Revolt], dated 1918 (fig. p. 32), blends the furore of personally experienced excesses with the chaos of murder and violence on the streets of revolutionary Berlin. "In reality I was everyone I drew," wrote Grosz in his memoirs.[4]

Street Life I

The streets have different faces and are sometimes depicted with topographic accuracy by the pencil, while the people passing through them, the demonstrators, passers-by, urban exotics, remain anonymous. All come across as types rather than individuals; for the artists exaggerate, overdo, caricature their urban characters. On the boulevard, at the bar, behind the scenes at a variety theatre or on the dim dance floor of a workers' pub, in all these specific places within the city of Berlin the cartoonists find and contrive the "social types"[5] of the time: revolutionary, proletarian, whore, show girl, garçonne, rent boy, pimp, sex killer, war profiteer, upstart, office worker.

Siegfried Kracauer, the "journalist with philosophical intentions", describes a typical Berlin street with initial sobriety: "High tenement houses border the straight street, two rows of trees standing erect like recruits. There are always exactly twelve paces from one trunk to the next. Over the uniform of greenery jut the façades, dirty walls with flush balconies and many windows, behind which a better family life takes place. [...] On the ground floor there are insignificant bars and small shops serving the requirements of the street's inhabitants. [...] The pavements are far too wide, since the few passers-by that inhabit them tend to stick close to the shop windows. On the asphalt cars and taxis drive continually by, lending, in conjunction with a few newspaper kiosks, an urban aspect to the street."[6]

But then the street turns out to be a living organism with thoroughly human feelings, as Kracauer continues: "But it gets bored. Its bow fronts are tired of endlessly staring at themselves, and its trees always have to maintain the same distance. One could imagine the street happily swapping places, just to pass the time, with another of the numerous streets that cross it at right-angles. But these streets are not in the slightest bit different. So it stays where it is, a dead straight street, like thousands of others."

Suddenly it acts as stage for an eccentric passer-by; here comes "a lanky, unkempt man. He doesn't think of using the pavement, but walks down the road, which now, in the early afternoon, is hardly used. Does the man move like a normal person? His steps are those of a dancer."

In the ensuing description of this man's movements, Kracauer invokes cinematic slow motion, mime and song, a whole arsenal of dawdling and meandering gesticulation, which allows the "dancer" to do exactly what the precise, boring street cannot. So he becomes, as a living, eccentric part, its dialectic opposite. Kracauer is responding in counterpoint here to one of the earliest and best-known figures in urban literature, Edgar Alan Poe's mysterious *Man of the Crowd* of 1840.[7] But whereas that character disappears into the mass of passers-by, and his pursuer, the first-person narrator, eventually realises that his path has no goal and there is therefore no secret to reveal, Kracauer's dancer personifies the secret of the street itself. This one is precipitated from the crowd of passers-by and tarries where he does not belong, in the middle of the road, the very backbone of the street, whose raison d'être is now sustained for him alone.

Revolt II

Let us imagine this down-at-heel, crazed man, observed by Kracauer in a petty bourgeois residential district in the early 1930s, as a loser in the new Berlin at the time of the economic crisis: with no job and no future he turns "his gaze [...] upon the shelter, that has been denied him in this world".[8] It seems that we have here before us the negative form of a figure we encounter over and over again amid the revolutionary ferment in prints of the early 1920s: the class-conscious agitator. The streets of Berlin after the First World

War were the arenas for rebellious soldiers and revolutionising workers. Out of their bloody battles the first German Republic was born. Artists were not just witnesses of these battles, many of them were sympathisers or even active participants, like Heinrich Vogeler and Karl Holtz. Whether it be Hans Baluschek, as godfather of Berlin's social realism, George Grosz as merciless physiognomist of the "face of the ruling class", Karl Holtz as caricaturing delineator of street life, Rudolf Schlichter rooting out the caverns of sexual desire or Karl Arnold as humorous chronicler: these artists found not only their themes, but also their audience on the streets, namely in the readers of the left-wing newspapers and magazines, from the social-democratic *Wahre Jacob*, the bourgeois leftist *Simplicissimus*, the avant-garde *Aktion* to the communist papers like *Der Gegner* or *Die Rote Fahne*.[9] The streets, and what happened on them, became the theme and stage for their commitment to contemporary life, even if – in an Expressionist surge after the November Revolution – they aspired towards the planetary unity of 'I and World', like Otto Möller's *Redner I* [Speaker I] of 1919 (fig. p. 31), who hovers over his listeners with outstretched arms, his face turned towards the cosmic vortex of the sky. Far from the crowd, but also organically bound to heaven and earth, is Erich Godal's anonymous figure portrayed from behind (fig. p. 29), a lonely revolutionary heading with heavy steps through a black landscape towards the factories on the horizon. Godal's thirteen works from his portfolio of lithographs, published by the Cooperative for Proletarian Art in 1920, are characterised by apocalyptic scenes, murder, revolt and danse macabre, brought to paper in the flickering black and white of the Expressionistic silent film aesthetic, in which are reflected the atrocities of the 1914/18 war and the latest street fighting.[10] Much more sober and spontaneous is the work of the former Jugendstil artist and active socialist Heinrich Vogeler, when he draws in ink on cheap greaseproof paper a crowd of working-class men and women spontaneously forming around a cluster of gesticulating speakers. Here too place and actors remain anonymous, for the focus lies with the spontaneous power of the crowd.

Street Life II

Kracauer's magic realist depiction of the Berlin streets, his art of allowing the mundane to flip over into the extraordinary, has its artistic forerunners in street scenes by the illustrator Karl Holtz, who trained under the painter Emil Orlik and the graphic artist Ludwig Sütterlin in Berlin. His caricatures appeared during the highly politicised period following the November Revolution of 1918/19 in the daily press and magazines such as *Die Aktion* and *Die Rote Fahne*. Between 1919 and 1922 he noted scenes in Berlin's working-class districts with his finely detailed technique. His *Arbeitslosendemonstration* [Jobless Demonstration] (fig. p. 40) is set in a broad, dull street with no gaps between its chiselled Gründerzeit façades. There are no well-ordered trees reaching here for the sky, but an array of towering masts and lanterns goose-stepping across the frame. The lines of houses and masts meet at the vanishing point, whence proceeds the flow of unemployed workers, none of them recognisable as individuals except those in the foreground, shuffling from right to left with gloomy, resigned or grim expressions: men, youths, old men, an elderly woman. A critic wrote that with Holtz it seemed "the street itself was demonstrating".[11] The effect of the composition, rather, is of the street, armed with lances, herding the people off its territory. The cropping and composition assume a filmic style. Pushed to the bottom edge of the picture, the demonstrators have no room; in a moment they will have marched past the viewer and out of the frame.

In Holtz's drawing *Yorckstraße* , the Gründerzeit façades of this street in Kreuzberg with its pubs and little shops provide the backdrop for hackney carriages, lorries and electric trams. Various types can be discerned among the passers-by: middle- and working-class, in uniforms and kaftans, children and ladies. The artist ignores exact proportions, instead directly juxtaposing panorama and detail. Holtz, who lived here at number 42[12], used the same street view for one of his few paintings.[13] Produced in the same year, the framing appears much more conventional: the painter takes a step back from the busy street, which features the tramway again and a line of shops opposite with the pub sign "Engelhardt". The houses are depicted up to the fourth floor, but display less stucco moulding than the precision lithograph. The only featured figure here is the head of a policeman turning out from the picture, while in the drawing the differences in proportion, between a full figure passer-by and the only two highlighted heads of a student and a fashionable lady, come across as more extreme, and therefore more experimental. It is through the medium of the drawing that Holtz is able to depict the irreducible unity of people, vehicles and buildings which is the hallmark of street life and crystallises into the modern city experience. Drawing, to the visual artist, is that "small form"[14], like the feuilleton of a newspaper to the literary flaneur, which allows this experience of the 1920s to be captured in adequate terms.

"Crowd Design"[15]

In 1930 the portfolio *Rues et Visages de Berlin* was published, featuring text by the diplomat and dramatist Jean Giraudoux and drawings by Chas-Laborde. Giraudoux, a politician who understood Germany and an author with a penchant for German literature, observed the doings of Berliners as an ethnologist would a strange culture. Not so much the theatres and museums, the old Berlin in a Prussia overcome by the French, but rather the new republican Berlin fascinated Giraudoux, with its modern housing, its cult of the body at open-air swimming pools, and its places of popular amusements like the Zoo and Lunapark. He deliberately sought "no past: Berlin is flat".[16] As his illustrator he managed to recruit a man celebrated in France for his sophisticated luxury editions of print drawings. As a polyglot observer of city life, Chas-Laborde was hot on the scent of many a European metropolis. *Rues et Visages de Paris* appeared in 1926, London in 1928 and in the thirties Berlin was followed by New York, Moscow and Madrid. Armed with his sketchbook, this "man in the crowd"[17] dramatised the hustle and bustle of passers-by on the broad boulevards and in the great dance palaces. Charles Laborde (his proper name) was evidently more at home here than in simple pubs or backyards. His eighteen watercolour etchings[18] (fig. p. 47–49) make up a pictorial broadsheet of public urban spaces between Kurfürstendamm, Friedrichstrasse and the lakeside bathing beach at Wannsee.[19] The places he chooses are perfectly suited for the great stage on which seeing and being seen is acted out: Unter den Linden, Friedrichstrasse, Potsdamer Platz, streets in the new West End or in Tiergarten, with riders, drivers and pedestrians. And when he depicts a "courtyard in a popular city district"[20], the little houses in their pastel tones resemble the set of a musical where Old Zille might play the pianola. The characters with which Chas-Laborde populates his Berlin stages are drawn from an arsenal of different types. Almost invariably the pot belly of a stout man in a top hat or bowler thrusts itself into the picture, flanked by uniforms, some fashionably dressed, slender women and sometimes even smart young men. This rich tapestry of figures and faces cannot perhaps be called a montage, and yet the crowds are assembled from drawn set pieces which catch the eye. The result is not fragmentary or polyfocal, but rather a veduta-like panorama, into which the tourist is always drawn by the occasional figure who turns towards the viewer. This affords the artist a clear, light and easily readable, rather than a chaotic picture of urban Berlin. Far removed from the biting social criticism of a Grosz, Chas-Laborde teases the inhabitants affectionately. In so doing, he reproduces a stereotypical view of what "a Frenchman" considers to be "German": pink cheeks, blond hair, blue eyes, pastry shop next to slaughterhouse, and on Unter den Linden the prestigious offices of Mercedes Benz. As is so often the case with illustrations, the pictures are only tenuously linked to the text. While Giraudoux does not ignore the "sinful" sides to the city, although far more interested in the light, air and sunshine on the outskirts, Chas-Laborde has one picture each of a gay dance club, a nudist beach[21] and a housing estate of Bauhaus design. The preferences of the author are thereby satisfied, so that the artist is able to attend all the more closely to his own, the chic locales of west-end Berlin. Friederike Hassauer describes Giraudoux's Berlin as an "apolitical proxy for the new Germany [...] in a politically dormant state, between post-Versailles shock [...] and an – apparently still – completely open future". And although she does not mention the illustrations by Chas-Laborde, the following lines nevertheless touch on him too: "Crowd design, design for ordinary life, for urbanity, for sport and amusements. [...] The new metropolis [...] is a leisure world, with the world of work excluded. The new metropolis is a world of sport and urban planning, with the literary world excluded. Berlin is a demilitarised world of political harmony, with unemployment and street fighting excluded."[22] This conflict-free image is apparently the price to be paid for including Berlin in the series of the world's great cities.[23] That the tourist was nevertheless definitely on the look-out for other worlds of experience is demonstrated by Curt Moreck's *Führer durch das "lasterhafte" Berlin* [Guide to "Sinful" Berlin][24], which came out in 1931 with illustrations by, among others, Jeanne Mammen and Christian Schad.

Faces on the Street

If Berlin is to become visible through its inhabitants, then they must step out from the anonymous crowd of passers-by as individuals. The art of the 1920s is full of portraits, even though the social upheavals following the First World War all but killed off the particular: "The individual must play a pretty important role in our being to continue attracting particular recognition for his personal existence. Only really peculiar and conspicuous people, at most, can expect to appear remarkable as individuals. Otherwise our vision and understanding tend inevitably to regard everyone as a representative of a class, a social category, a generation, or some sort of human species. The face that crosses our path is quizzed as to its social affiliation, spiritual home, ancestry and profession."[25] Here, in 1930, Willy Wolfsradt is describing a search for bearings in a mixed, modern urban society.[26] What began with rural migration to the towns, triggered by the industrialisation that followed the creation of a united Germany in 1871, and sustained by the uprooting and social upheaval in the wake of the First World War, found its melting pot in the Berlin of the 1920s. Whereas before, farmers' sons, factory workers, housemaids or artisans could be recognised by specific traits, such as build, speech or clothing, as members of their class, modern white-collar life established a levelling of these former differences in origin and appearance. The cosmetics industry exploited this: "Style your face."[27] Silent films celebrated the face in close-ups; advertising and mass media created new role models, the most successful of which was the "New Woman".[28] The era of New Objectivity conferred a positive value on coolness, superficiality and artificiality. Philosophers and sociologists like Helmuth Plessner and Georg Simmel analysed the behaviour of city dwellers as "freedom in an alienated space" and as a need to hide personality behind a mask: "People are by nature artificial."[29] Self-styling and conforming to the white-collar type in accordance with new media-sanctioned role models can be seen, not least, as a way of establishing distance. Paying attention to one's outside can protection one's inside. In his feature "Berlin seen from southern Germany", Bernard von Brentano wrote in 1926: "It is impossible to live in such a huge and vibrant city, as one among four million people, without having a smooth and resilient surface, off which everything can run, like water down a glass wall, which otherwise might even puncture an umbrella."[30]

The artists to whom we look if we wish to understand the faces of the 1920s observed this tendency towards de-individualisation. They vigilantly scan these faces for that modicum of deviation that betrays an individual, and they recognise the cost of conforming to the process of modernisation. Jeanne Mammen records in her sketches and pencil drawings the everyday faces of male and female office workers. In her illustrations, which appeared in the newspapers and supplements that these everyday people would read on a Sunday, she smooths over or exaggerates what she sees, so that her viewers can recognise themselves or find amusement. The "facial obsession of the Weimar period"[31], nourished by the celebrity cult, was reflected in the huge demand for press drawings: The "head-hunter" Dolbin dashed off portraits of the stars of screen, stage and concert hall in mere seconds, in order to satisfy the ephemeral daily press, hungry for interesting faces, snapshots of artistic performance, a typical gesture or a familiar physiognomy. (fig. p. 58) To artists of Verism, however, it was precisely those people who belonged to the working majority of the population, the losers in the economic recovery, who seemed remarkable and worthy of depiction. "For there are some who are in darkness, while the others are in light; you only see the ones in brightness, those in darkness drop from sight", as Brecht succinctly put it in *The Threepenny Opera*. Rudolf Schlichter, Jeanne Mammen and Gertrude Sandmann are exemplary for those artists (Otto Dix, Karl Hubbuch, Christian Schad, Kurt Günther and others), who, while roaming through the streets, cafés and other places of entertainment, always had their drawing pad with them, or took their models from the street to the studio. "As soon as it's warm, I'm going to sit on a bench in Potsdamer Platz and watch, watch – and wander through the streets and watch," noted Sandmann in her diary in April 1924. The artist is one of that younger generation of women to whom the Weimar Republic offered new freedoms, like the acknowledgment of homosexuality or the freedom to engage in politics.[32] Her female portraits in charcoal, pencil and crayon, still sketchy and restrained in the early 1920s, developed around 1930 into large formats. Colour is employed sparsely for decoration, the framing is certainly conventional, the approach atmospheric rather than Veristic. They are inspired by the "'painterly sketchers' – Degas, Toulouse-Lautrec, Xaver Fuhr, Mammen".[33] Sandmann's sensitive strokes tackle women or children with affection. She does not typecast, but seeks what is truthful beneath the surface.

Rudolf Schlichter is different. While in the 1920s his painted portraits of famous contemporaries like Bertolt Brecht and Egon Erwin Kisch preponderated, his drawings tend to be studies of social typology. Here he devotes himself to workers, the petty bourgeoisie, déclassés, who remain anonymous, at most their status or profession appearing in the title: unemployed, housemaid, miner etc. Schlichter concentrates most on the face of the model. In *Männerporträt* [Portrait of a Man] (fig. p. 55), 1925, the cursorily sketched upper body, the crumpled, collarless shirt and braces lend a not so young man his social affiliation: a lowly employee, a "white-collar proletarian". A glazed look and a mouth that seems deformed by a nervous tick characterise the thin, bony face. "He's had enough. But he sees nowhere, how or where."[34] What Siegfried Kracauer and Ernst Bloch noted at the beginning of the 1930s in their sociological studies, a growing proletarianisation of white-collar workers, could be seen in the drawings of Rudolf Schlichter, where disillusionment and a lack of prospects is already written into people's faces around 1925. The artist's objectifying, yet sensual drawing style expresses itself as much in the brittle, sharp lines of the clothing as in the soft light-and-dark shading with which the charcoal shapes the face. For all its lack of adornment, it comes down to a material and spiritual moment, a quest for beauty in ugliness.

Entertainment industry

In Haupt's saloons it was, like every night, a beach party. At ten o'clock on the dot two dozen goose-stepping street girls came down from the gallery. They wore colourful bathing costumes, rolled down half-stockings and high-heeled shoes. Anyone (un)dressed this way was given free entry and a schnapps on the house. Considering the languishing trade such concessions were not to be scoffed at. The girls danced at first with each other, so that the men had something to look at. This [...] stirred up the clerks, accountants and tradesmen pressing against the barrier. The dancing master shouted that the girls were up for grabs, and grabbed they were."[35] Erich Kästner's explicitly satirical novel *Fabian* sketches thoroughly realistic scenes of Berlin nightlife, as can also be found in Moreck's *Guide to "Sinful" Berlin*, where the beach parties are held in Mundt's ballrooms at 100 Köpenicker Strasse. As a historian of sociology and morality Moreck provides his readers with details about the social backgrounds of the dancers: "The girls in Mundt's ballroom spend their days sitting behind typewriters, standing behind shop counters or bent over sewing machines. In spite of the nail polish, their hands attest to work and toil. They are children from the east quarter or arrivals from the provinces looking for happiness; they come from the suburbs or small towns; you can hear it when they speak. And there they sit, somewhat self-conscious in their bathing costumes. Only when they dance do their limbs move more freely. They make up the attraction of the locale. [...] That little jersey leaves little to the imagination and is only designed to garnish the flesh, and the dance offers a coming closer with no strings attached."[36]

Such performances by young women, whether inspired by economic need, the search for a partner or the spirit of adventure, were a direct route into prostitution. And this alienation and degradation of the protagonists of the urban entertainment industry, be they dancing girls, hookers or showground boxers, is an element that crops up everywhere in the drawings of the Verist artists. Mammen's *Arabische Tänzerin* [Arabian Dancer], Heinrich Ehmsen's wrestlers, Rudolf Schlichter's boxer are on show to a prurient, sensation-hungry public. (A consciously athletic representation of a very different kind is offered by Max Beckmann, himself a keen skater, whose *Eislauf* [Ice Skating] is presented as a family pastime.[37])

No matter how merciless the depictions of the entertainment industry around 1930 may be, the sympathy of the artist nevertheless resonates. Giraudoux's formulation of Berlin's "half dose of sadness and double dose of fun"[38] should really be the other way around: here a half-dose of fun confronts a double dose of sadness. And Kracauer's "The brighter the light, the more sombre the public"[39] was paraphrased in Jeanne Mammen's pen and ink drawing *In der Bar* [In the Bar] (fig. p. 74), as "The brighter the light, the gloomier the public": At first glance the tired look and deflated posture of the young woman at the bar appear to contrast with her chic appearance – fur-collared coat over her shoulders, broad-brimmed hat on her head, evening bag in her hand. The fashion-conscious artist is able, however, with just a few strokes to depict the dress and fur as cheap and worn. The hat alone reflects the latest fashion, and can be imagined therefore as "the artificial silk girl's"[40] most recent accessory, invested in for its effect. Though the coat may be protective and the hat may hide her face, her clothes barely suffice to establish that distance. Beneath the mask of fashion, the forlornness is visible. With this bar girl Mammen has to some degree created a worn-out, disillusioned sister to the artlessly stylish street girl of her *Simplicissimus* colleague Karl Arnold (*Nuttchens Abendlied* [Evensong of a Floosie], fig. p. 42).

Fanfare and Finale

If a definite sense of loneliness could be sensed in the midst of the noisy bustle, even in those newspapers that promoted the new world of urban freedom and leisure, it should be remembered that the global depression was starting to destroy the "dream of a new world"[41], even before Wall Street crashed in October 1929. "By 1928 the unemployment figures were continually rising. As metropolitan euphoria peaked among the more comfortable strata, some sections of administrative life and the intelligentsia, hardship was spreading in the city."[42] Three years went by, during which the street fights between rival parties and groups intensified parallel to the unemployment figures, until, by mid-1931, the economic crisis unmistakably dominated the cityscape and "set its stamp on the daily life of every section of the population".[43] So the Nazi takeover on 13 January 1933 marked the climax of an economic and political crisis that had begun in 1928/29, and also the end of Germany's first democracy, along with its intellectual and cultural life. The marginalisation, prohibition and violence that followed, particularly against Jewish and left-wing creative artists, sparked a German brain drain.

What did the date 1933 mean to those artists who concern us here? Max Beckmann, Dolbin, Robert Genin, Erich Godal, George Grosz, Heinrich Vogeler, Gerd Wollheim and Richard Ziegler left Germany. Otto Dix, Rudolf Grossmann, Karl Hubbuch, Jeanne Mammen, Rudolf Schlichter and Otto Möller, having lost their teaching positions or other jobs, withdrew into inner emigration. For Gertrude Sandmann and Lieselotte Friedlaender, as Jews, the isolation that followed the loss of social and professional contacts was compounded by their fear for their lives. Ines Wetzel and Michel Fingesten were murdered in concentration camps.

The biographies of Heinrich Ehmsen and Karl Arnold cast light on the complicated realm that lies between resistance and accommodation.[44] The communist-leaning Ehmsen went to Moscow in 1931/32 and was arrested on his return in October 1933 and his art denounced as "degenerate". From 1940, due to his connections with French artists, he was recruited into the propaganda brigade of the German army in Paris and from 1942 deployed on the Eastern Front as a war artist.[45] Karl Arnold, on the other hand, remained at *Simplicissimus*, which was forced into line in 1933, where he drew "pleasing, humorous contributions and literary illustrations. [...] It is one of the inconsistencies of that time that shortly after the banning of *Berliner Bilder* on 14 July 1939, 'German Art Day' [...] Karl Arnold was made a professor in Munich."[46]

Werner Heldt, the youngest of the artists at the exhibition, fled to Mallorca in 1933, where he lived and worked under the poorest circumstances until 1936. Following the outbreak of the Spanish Civil War he had to return to Berlin. He was admitted into the artistic circle of the Klosterstasse studio and there, encouraged by equally non-conformist artists like Werner Gilles and Hermann Blumenthal, he found opportunities to follow his own artistic path in the shadow of the dictatorship. In 1937 Galerie Gurlitt put on his first solo exhibition.[47] His interest in the psychology of crowds, which began in 1927, led, around 1935 (25 years before Elias Canetti's famous study *Crowds and Power*) to a lucid, socio-psychological essay[48] and resulted in a drawing called *Aufmarsch der Nullen* – known as *Meeting* (fig. p. 81) but translating literally as "Parade of Zeros" – in which Heldt depicted the most radical form of de-individualisation. Nothing remains of the revolutionary turmoil of the early years, the struggle against militarism on the streets of Berlin, the Expressionist and Verist pictures of urban life. The wide square, punctuated with blank flags, packed with empty larvae, is devoid of people. No more streets, no more faces.

Notes

1 On perceptions of the city, see Friederike Hassauer, "Stadtersatz Berlin 1930. Jean Giraudoux: Rues et Visages de Berlin", in: Albrecht Buschmann and Dieter Ingenschay (eds.), *Die andere Stadt. Großstadtbilder in der Perspektive des peripheren Blicks*. Würzburg 2000, p. 74; also Michael Bienert, *Die eingebildete Metropole. Berlin im Feuilleton der Weimarer Republik*. Stuttgart 1992.

2 Herbert Knust (ed.), *George Grosz. Briefe 1913–1959*. Reinbek bei Hamburg 1979, p. 52.

3 Elias Canetti, *Die Fackel im Ohr. Lebensgeschichte 1921–1931*. Frankfurt am Main 1982, p. 279. (English translation: *The Torch in my Ear*, Granta, 2011)

4 George Grosz, *Ein kleines Ja und ein großes Nein. Sein Leben von ihm selbst erzählt*. Reinbek bei Hamburg 1974, p. 122. (English translation: *A Small Yes and a Big No: the Autobiography of George Grosz*, Zenith, 1983)

5 "Social figures are time-bound historical entities, by means of whom a specific view of present day society can be taken." From the introduction by Stephan Moebius and Markus Schroer to the volume they edited: Diven, Hacker, Spekulanten. Sozialfiguren der Gegenwart. Frankfurt am Main 2010, p. 8.

6 This and the following passage from: Siegfried Kracauer, "Berliner Figuren" (including: "Der Tänzer"), in: S. Kracauer, *Straßen in Berlin und anderswo*. Expanded edition. With an epilogue by Reimar Klein. Frankfurt am Main 2009, p. 160 ff. (English tranlation: *Streets in Berlin & Elsewhere*, Polity Press, 2007)

7 Edgar Allen Poe, "The Man of the Crowd", BookSurge Classics, 2009. See also: Annelie Lütgens, "Passantinnen/Flaneusen", in: A. Lütgens, *Im Freiflug. Texte und Gespräche zur Gegenwart der Kunst*. With a foreword by Annette Tietenberg. Munich 2011, pp. 21–34.

8 S. Kracauer 2009, see note 6, p. 162.

9 In the early 1920s Grosz also published a number of portfolios and worked as an illustrator for left-wing authors and publishers. Although Grosz allowed more narrative, elegance and flexibility into his drawing towards the middle of the decade, he nevertheless remained true to his "Big No".

10 A hand-coloured version has been in The Hermitage in St Petersburg since 1920. See also Clemens Klöckner's essay in this catalogue, p. 90–92.

11 Friedrich Wendel, quoted by Dieter Gleisberg and Helmar Penndorf (eds.), *Karl Holtz – das frühe Werk 1918–1933*. Exhib. cat. Staatliches Lindenau-Museum Altenburg, 1981, pp. 1–8. See http://www.karl-holtz-archiv.de.

12 Dominik Bartmann, "Karl Holtz", in: *Karl Holtz*. Exhib. cat. Galerie Bodo Niemann, 1987, quoted in www.karl-holtz-archiv.de.

13 The website of the Karl Holtz Archive shows *Berliner Straße* (Engelhard), 50 x 50 cm, tempera on cardboard, Staatliches Lindenau-Museum Altenburg 1981, also the painting *Yorckstraße*, 53.5 x 70.3 cm, unlabelled, oil on canvas, Stiftung Stadtmuseum Berlin.

14 Fundamental on the "small form" is Eckhardt Köhn, *Straßenrausch. Flanerie und kleine Form. Versuch zur Literaturgeschichte des Flaneurs von 1830–1933*. Berlin 1989.

15 F. Hassauer, see note 1, p. 86.

16 Jean Giraudoux and Chas-Laborde, *Berlin 1930. Straßen und Gesichter*. Translated, published and with an epilogue by Friederike Hassauer and Peter Roos. Nördlingen 1987, p. 8.

17 See Emmanuel Pollaud-Dulian, *Chas-Laborde. Un homme dans la foule*. Paris 2010.

18 The portfolio contains the 18 motifs in both coloured and uncoloured versions.

19 *Querschnitt* published a special edition called "Berlin und Paris" in May 1931. The title page displays a street scene by Chas-Laborde (*The Shops*) and an extract from Giraudoux's text under the title "Berlin, not Paris!"

20 "Hof eines beliebten Stadtviertels", being the title of number 4.

21 These two works, included in F. Hassauer and P. Roos 1987, see note 16, are not in the Berlinische Galerie portfolio.

22 F. Hassauer, see note 1, p. 86.

23 "Berlin is grateful for any distraction from its social and political problems, taking refuge especially in its cultural life. What is seen as moral decay by one is regarded by another as the long-deferred, crucial process of liberalisation in moral matters. The population of the megacity lived according to different yardsticks: social constraints are loosened, anonymity confers freedoms which no other town can offer." Klaus Strohmeyer (ed.), *Berlin in Bewegung*, vol. 2: *Die Berliner*. Reinbek 1987, p. 223.

24 Curt Moreck, *Führer durch das "lasterhafte" Berlin*. Leipzig 1931 (new edition, Berlin 1987).

25 Willi Wolfradt, "Berufstypen", in: *Kunst der Zeit*, no. 8 (1930), p. 174, quoted by Elisabeth Moortgat, "Magie und Manipulation. Fotografierte Gesichter der Weimarer Republik", in: Helga Gläser, Bernhard Gross und Hermann Kappelhoff (eds.), *Blick Macht Gesicht*. Berlin 2001, pp. 209–230, here p. 209.

26 See Claudia Schmölders and Sander Gilman (eds.), "Vorwort", in: *Gesichter der Weimarer Republik. Eine physiognomische Kulturgeschichte*. Cologne 2000, p. 8.

27 Katharina von Ankum, "Karriere, Konsum, Kosmetik. Zur Ästhetik des weiblichen Gesichts", ibid., pp. 175–190. See also Annelie Lütgens, *„Nur ein Paar Augen sein ..." Jeanne Mammen – eine Künstlerin in ihrer Zeit.* Berlin 1991, p. 44.

28 See Katharina Sykora et al. (eds.), *Die Neue Frau. Herausforderung für die Bildmedien der Zwanziger Jahre.* Marburg 1993; Susanne Meyer-Büser, *Bubikopf und Gretchenzopf*, exhib. cat. Museum für Kunst und Gewerbe Hamburg 1995; Sigrid-Ursula Follmann, *Wenn Frauen sich entblößen. Mode als Ausdrucksmittel der Frau der zwanziger Jahre.* Marburg 2010.

29 See Helmut Lethen, *Verhaltenslehren der Kälte. Lebensversuche zwischen den Kriegen.* Frankfurt am Main 1994, p. 80 ff.

30 Bernard von Brentano, *Wo in Europa ist Berlin. Bilder aus den zwanziger Jahren.* Frankfurt am Main 1981, p. 97 f.

31 C. Schmölders and S. Gilman, see note 26, p. 8.

32 Anna Havemann, *Gertrude Sandmann. Künstlerin und Frauenrechtlerin* (= Jüdische Miniaturen, pub. by Hermann Simon, vol. 106). Berlin 2011, p. 24.

33 Ibid., p. 29.

34 Ernst Bloch, "Der Matte", in: *Erbschaft dieser Zeit* (1935). Frankfurt am Main 1981, p. 31. (English translation: *The Heritage of our Times*, Polity Press, 2009)

35 Erich Kästner, *Fabian. Die Geschichte eines Moralisten* (1931). Zurich 2010, p. 56. (English translation: *Fabian: The Story of a Moralist*, Libris, 1989)

36 C. Moreck 1931, see note 24, pp. 194–196.

37 See Sheet 5 of *Berliner Reise*, "Der Schlittschuhläufer", from the same year. Beckmann writes in a letter of 13 February 1917: "Fridel (Battenberg) has fully recovered. One can never be sure with her what is hysteria and what is illness. I'm encouraging her to ice-skate and do so myself every afternoon. As I need to!" Quoted by Corinna Höppner, "'Zur Sache' – Max Beckmann", in: *Kriegszeit. Kollwitz, Beckmann, Dix, Grosz.* Exhib. cat. Staatsgalerie Stuttgart, 2011, pp. 95–109, here p. 109, see note 21. In 1917 Beckmann lived with the Battenbergs in Frankfurt, working until the autumn of that year in various Frankfurt hospitals as an orderly.

38 J. Giraudoux and Chas-Laborde 1987, see note 16, p. 14.

39 S. Kracauer 2009, see note 6, p. 21.

40 Irmgard Keun, *Das kunstseidene Mädchen* (1932). Hamburg 2005.

41 Eberhard Roters, "Der Traum von einer neuen Welt. Künstler in Berlin 1910–1933", in: *Der Traum von einer neuen Welt.* Berlin 1910–1933. Exhib. cat. Internationale Tage Ingelheim, 1989, pp. 21–54. (English translation Berlin, 1910–1933, William S. Konecky Associates 1987)

42 Michael Bienert, *Die eingebildete Metropole. Berlin im Feuilleton der Weimarer Republik.* Stuttgart 1992, p. 163.

43 Ibid., p. 164.

44 See *Zwischen Widerstand und Anpassung. Kunst in Deutschland 1933–1945.* Exhib. cat. Akademie der Künste, Berlin 1978.

45 Sabine Weissler, "Kein Heldenleben. Nazi-Propagandapolitik und Heinrich Ehmsen 1931–1945", in: *Heinrich Ehmsen. Maler. Lebens/Werk/Protokoll.* Exhib. cat. Neue Gesellschaft für Bildende Kunst, Berlin 1986, pp. 76–87.

46 Freya Mülhaupt, "Ein Bayer in Berlin", in: *Karl Arnold. Hoppla, wir leben! Berliner Bilder aus den 1920er Jahren.* Exhib. cat. Berlinische Galerie, 2010, p. 19.

47 Thomas Föhl, "Biografie", in: *Werner Heldt.* Exhib. cat. Kunsthalle Nuremberg, 1989, pp. 34–40.

48 Werner Heldt, "Einige Beobachtungen über die Masse" (1935), in: Wieland Schmied, *Werner Heldt.* With a catalogue raisonné by Eberhard Seel. Cologne 1976, pp. 71–86.

AUFRUHR
Revolt

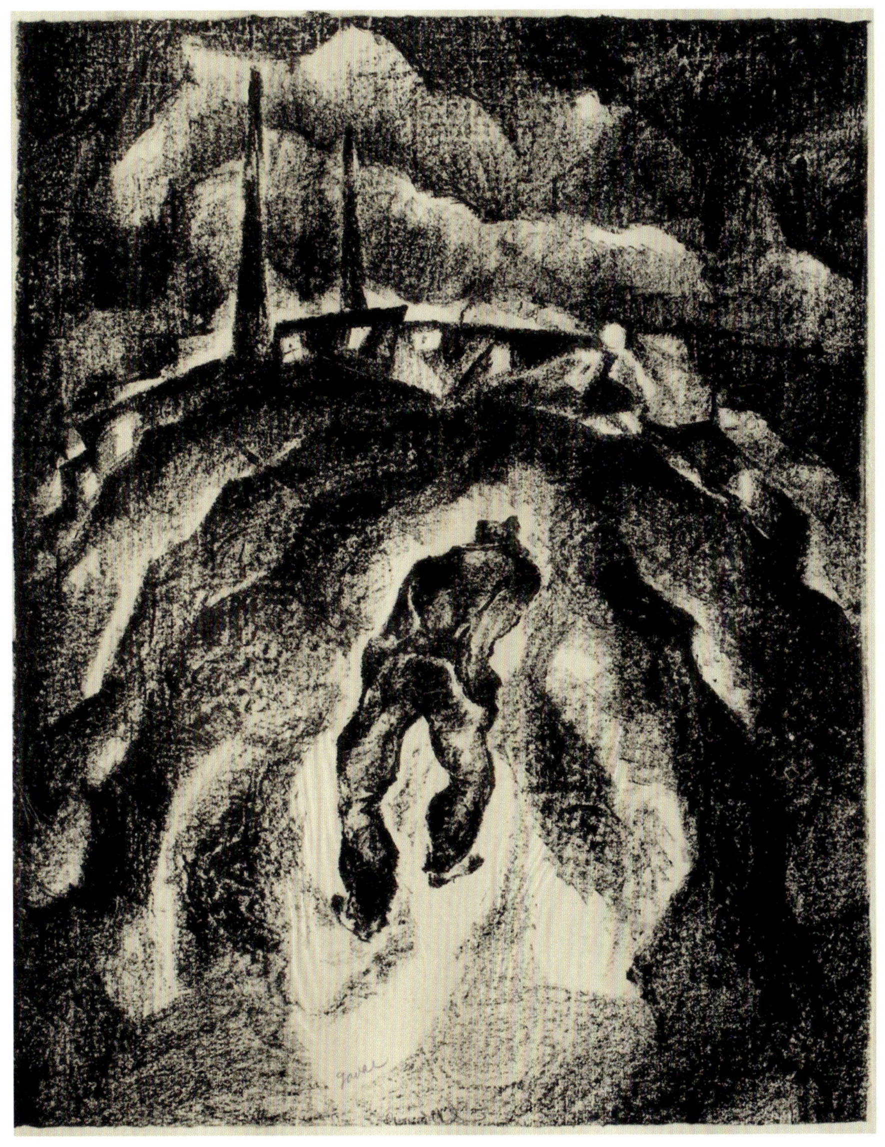

Erich Godal
Fabriken, aus der Mappe „Revolution“, 1920

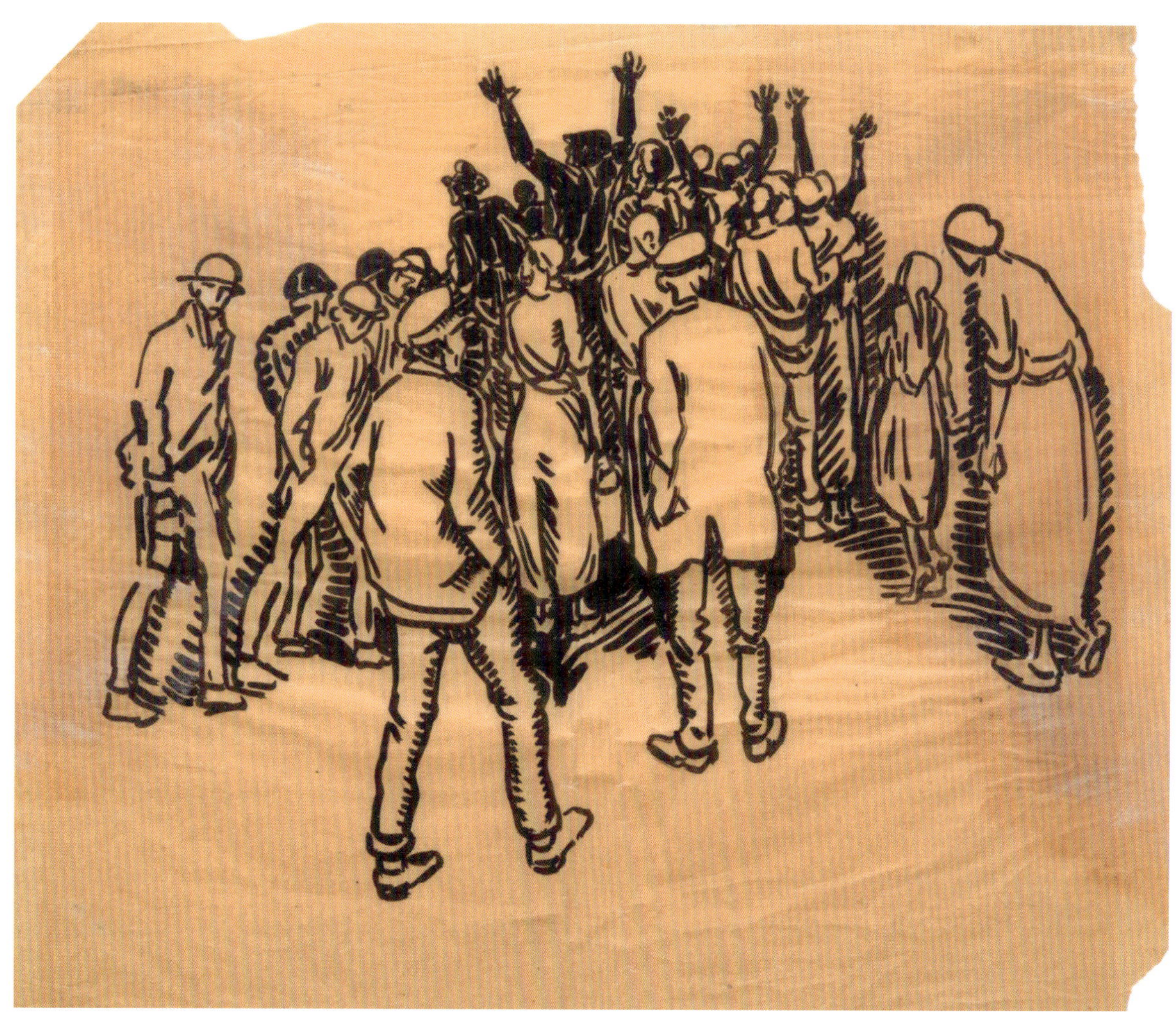

Heinrich Vogeler
Aufruhr, um 1920

Heinrich Vogeler war in seiner ersten Lebenshälfte ein führender Künstler und Gestalter des Jugendstils. Er lebte und arbeitete in der Künstlerkolonie Worpswede bei Bremen, wo er seinen Wohnsitz, den Barkenhoff, zu einem beliebten Versammlungsort für Künstler und Dichter machte. Der Erste Weltkrieg zerstörte seine Illusionen, die Welt durch kunstvolle Gestaltung verbessern zu können. Er entwickelte sich zu einem Sozialisten und engagierte sich 1918/19 im Bremer Arbeiter- und Soldatenrat. 1920 begann er den Barkenhoff mit revolutionären Fresken auszumalen. Aus dieser Zeit stammt *Aufruhr*, die schnell auf ein Blatt billigen Papiers gezeichnete Skizze eines Menschenauflaufs. Arbeiter mit erhobenen Armen scheinen von Soldaten von links bedrängt zu werden, Männer und Frauen streben hinzu. Solche Studien flossen später in Vogelers kaleidoskopartige Bildtafeln mit Szenen der Revolution und des Aufbaus in der Sowjetunion ein. 1928 gehörte er in Berlin zu den Mitbegründern der Assoziation Revolutionärer Bildender Künstler (Asso). A.L.

During the first half of his life, Heinrich Vogeler was a leading artist and designer in the style of art nouveau. He lived and worked in the artists' colony at Worpswede near Bremen, making his house, Barkenhoff, a favourite meeting-place for artists and poets. World War I shattered his illusions that the world might be improved by artistic design. He became a socialist, and during the revolutionary period of 1918/19 he served on the Workers' and Soldiers' Council in Bremen. In 1920 he began decorating Barkenhoff with revolutionary frescos. This is when he drew *Revolt*. Rapidly sketched on a sheet of cheap paper, it shows a crowd of protesters. Workers with raised arms are apparently being pushed back by soldiers from the left. Men and women hurry to join them. Studies like this later fed into Vogeler's kaleidoscopic panels showing scenes of revolution and social construction in the Soviet Union. In 1928 he was one of the founders in Berlin of the "Association of Revolutionary Visual Artists" (Asso).

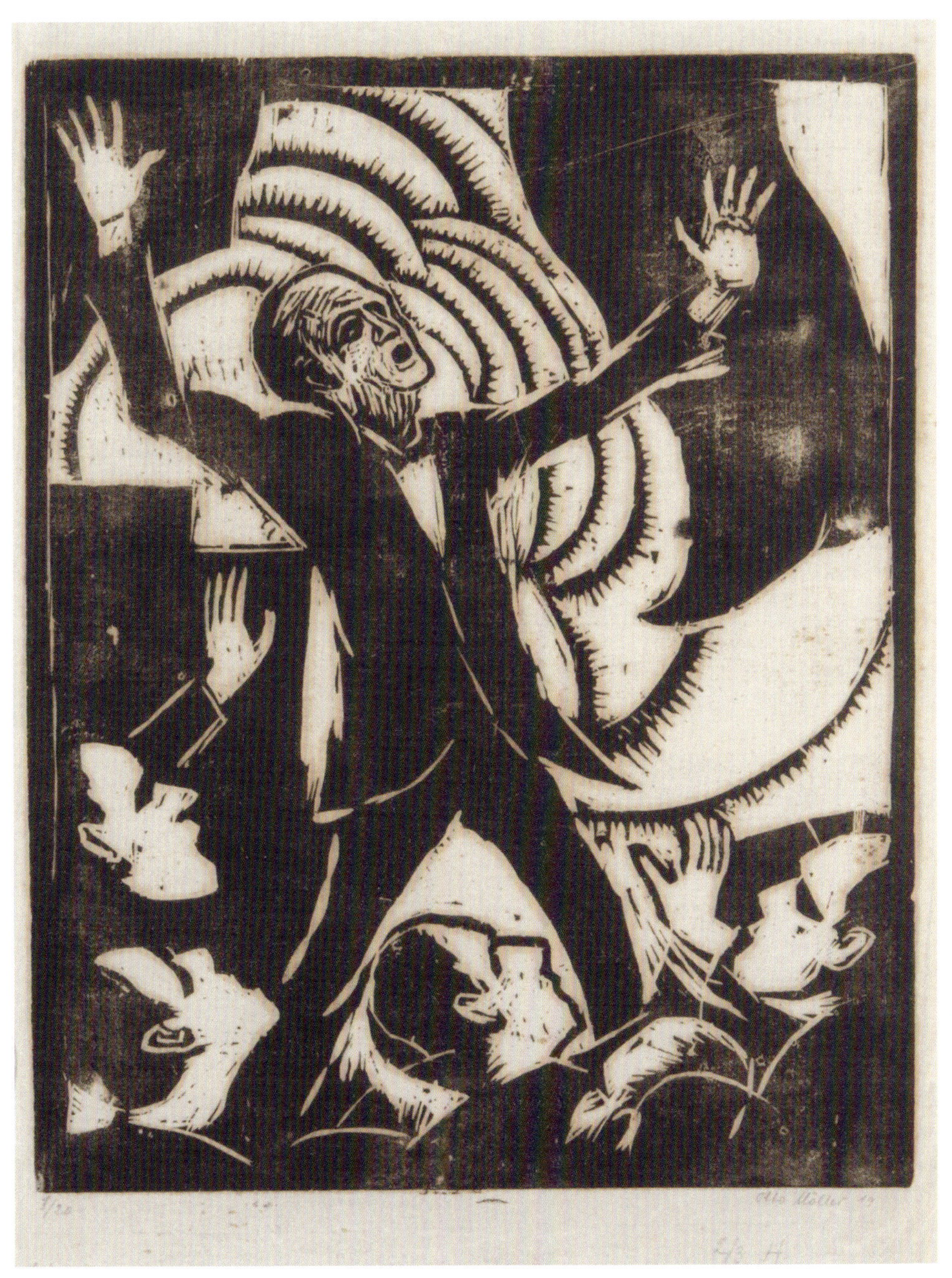

Otto Möller
Redner I, 1919

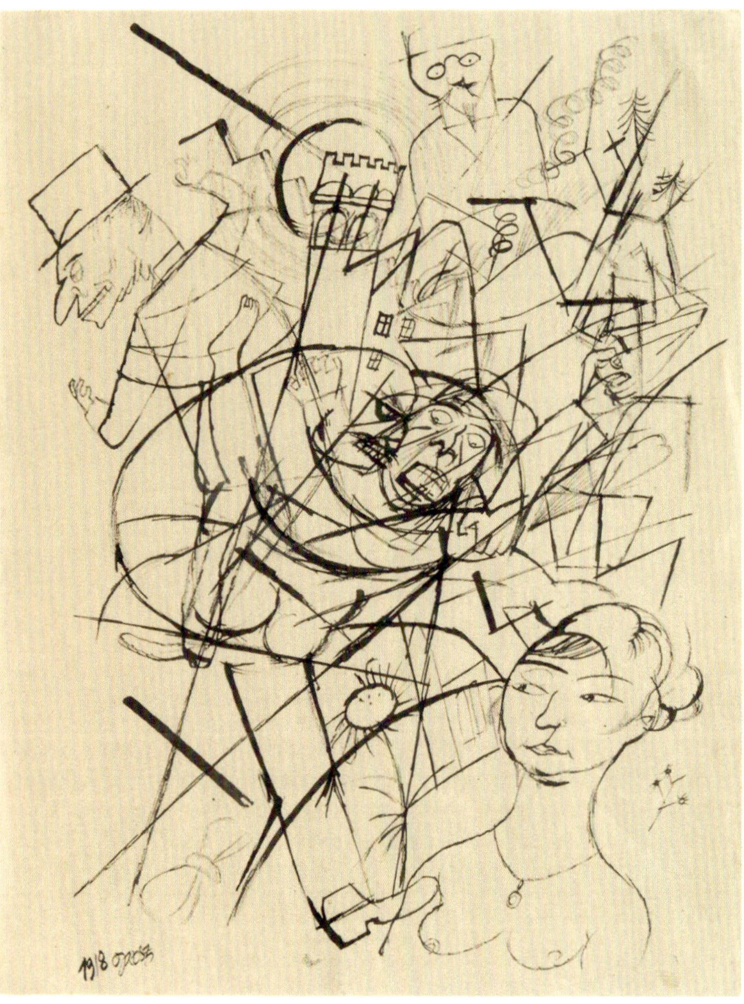

George Grosz
Aufruhr, 1917/18

Die Zeichnung „spiegelt den Irrsinn des Krieges in einer Vergewaltigungsszene wider, in der ein zum Raubtier verwandelter Mann sich in sein schreiendes Opfer verkrallt hat. Um das zentrale Geschehen sind drei Figuren angeordnet: Ein braver Bürger ergreift eilig die Flucht, ein zweiter Biedermann schaut der vertierten Raserei, von perverser Faszination gebannt, zu, und auch einer jungen Frau gelingt es kaum, ihre lüsterne Neugier zu beherrschen. Grosz stellt den Überfall dar, als habe seine gewalttätige Energie auf die Darstellung übergegriffen und sie auseinandergerissen. Alle perspektivischen und proportionalen Ordnungen sind aufgelöst, ein Netzwerk von Linien zersplittert die von kürzelhaften Zeichen für Haus, Kirche, Pflanze durchsetzte Szene. Sie ist Abbild einer Gesellschaft, unter deren Oberfläche aus bürgerlicher Kultur und Wohlanständigkeit Grosz im Ersten Weltkrieg ein hohes Maß an Abgründigkeit und Verlogenheit entdeckte, das er nun schonungslos in seinen Zeichnungen demaskierte." (Freya Mühlhaupt, 1998)

This drawing "reflects the madness of war in a rape scene where a man transformed into a predatory beast sinks his claws into his screaming victim. Three figures are arranged around this central act: a respectable gentleman is taking flight, another of his ilk is watching the bestial frenzy with perverse fascination, and a young woman, likewise, can barely contain her bawdy curiosity. Grosz presents the attack as if the violent energy behind it had infected his picture and torn it apart. The orderly impact of perspective and proportion has dissolved, a web of lines splinters the scene, dotted with abbreviated symbols for house, church, vegetation. This is the image of a society under whose veneer of bourgeois culture and decency Grosz discovered so much depravity and deceit during the Great War, proceeding to unmask it ruthlessly in his drawings."

STRASSENLEBEN
Street Life

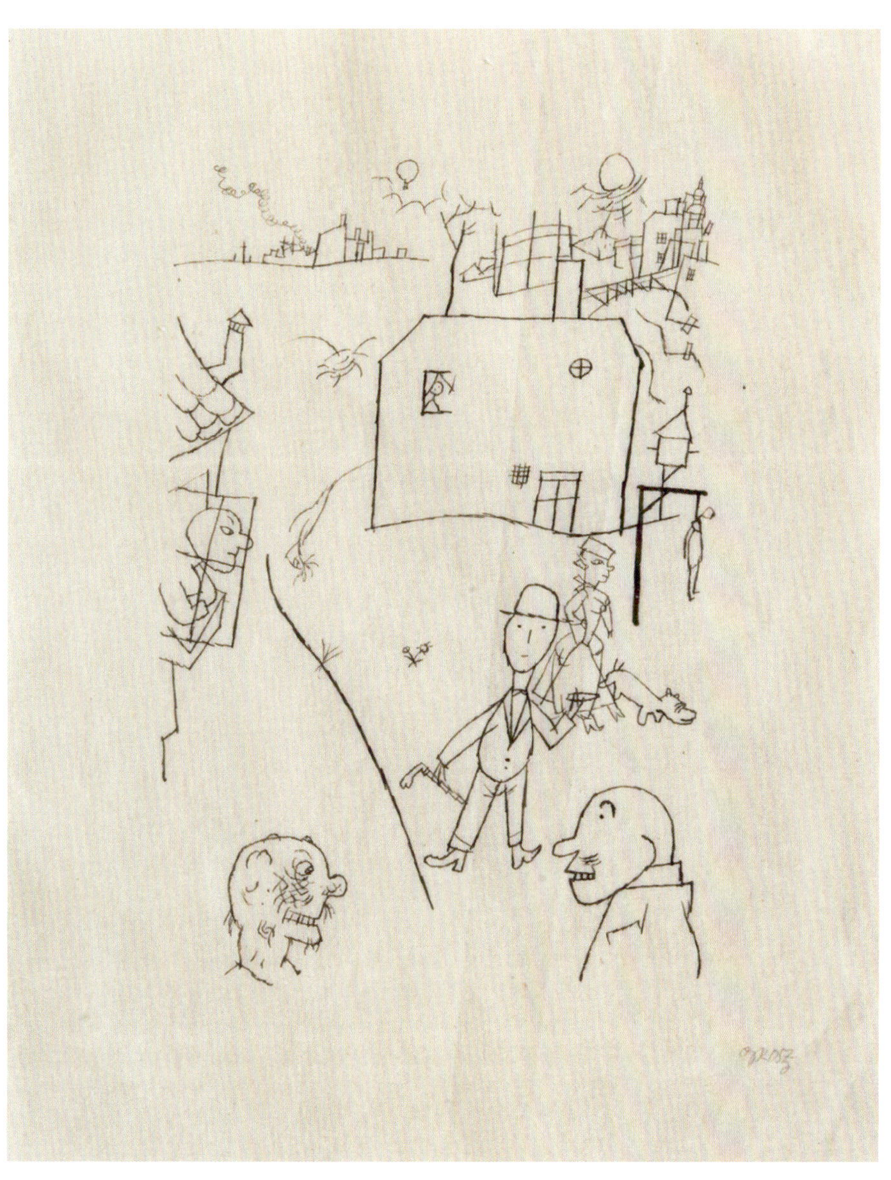

George Grosz
Vorstadt, 1918

George Grosz
... diesem Fräulein stieg Schmiedeking nach..., 1920

Tragen frühere Arbeiten wie *Aufruhr* von 1917/18 noch deutlich futuristische Züge, dominiert hier der veristische Ton der Neuen Sachlichkeit. Mit sicherem Strich zeichnet Grosz die schemenhaften Figuren, die mit verkniffenen Gesichtern starr ihres Weges gehen. Wenige Attribute genügen ihm, um die Passanten dieser durchaus übersichtlichen Straßenszene zu charakterisieren. Die Uniform kennzeichnet den Postboten, während der Mann mit dem tief ins Gesicht gezogenen Hut unter seinem weiten Mantel etwas zu verbergen scheint. Auch das Fräulein mit dem verbiesterten Ausdruck und den vielen Schleifen ist keineswegs die junge attraktive Dame, für die sie der beleibte Herr Schmiedeking, der ihr folgt, zu halten scheint.

Das Blatt wurde gemeinsam mit 31 weiteren Zeichnungen 1922 vom Leipziger Schriftsteller und Kabarettisten Hans Reimann veröffentlicht, der unter dem Titel *Schlichte Geschichten fürs traute Heim* die sentimentale Kleinbürgerwelt der Erfolgsschriftstellerin Hedwig Courths-Mahler parodierte, worauf sich auch der Titel der Zeichnung bezieht. Ein ähnliches Motiv aus dem gleichen Jahr, betitelt „Gruß aus Sachsen", zeigt ebenfalls Dackel, Wanderer und Fräulein mit Notenmappe, veröffentlicht 1923 in *Ecce Homo*. Ch. K.

Whereas earlier works like *Revolt* (1917/18) still betray definite Expressionist features with their rough and restless lines, the tone here is set by the Verism of New Objectivity. These sketchy figures pursuing their goals with grim rigidity are created with a steady hand. Grosz needs few attributes to sum up the passers-by on the street. The uniform designates the postman, while the man with a hat pulled deep over his eyes seems to be hiding something under that roomy coat. The girl with the grumpy expression and all the ribbons is also by no means the attractive young lady for whom the portly Herr Schmiedeking, hot on her heels, seems to take her.

This sheet was published in 1922, together with 31 other drawings, by the Leipzig writer and cabaret performer Hans Reimann, who set out to parody the sentimental world of the lower middle-classes described by best-selling author Hedwig Courths-Mahler. Reimann's title, *Simple Stories for the Cosy Home*, is a reference to that universe, as is the title of this drawing. A similar motif, drawn the same year and entitled "Best Wishes from Saxony" also features a dachshund, a traveller and a young lady with a music case. It was published in *Ecce Homo* in 1923.

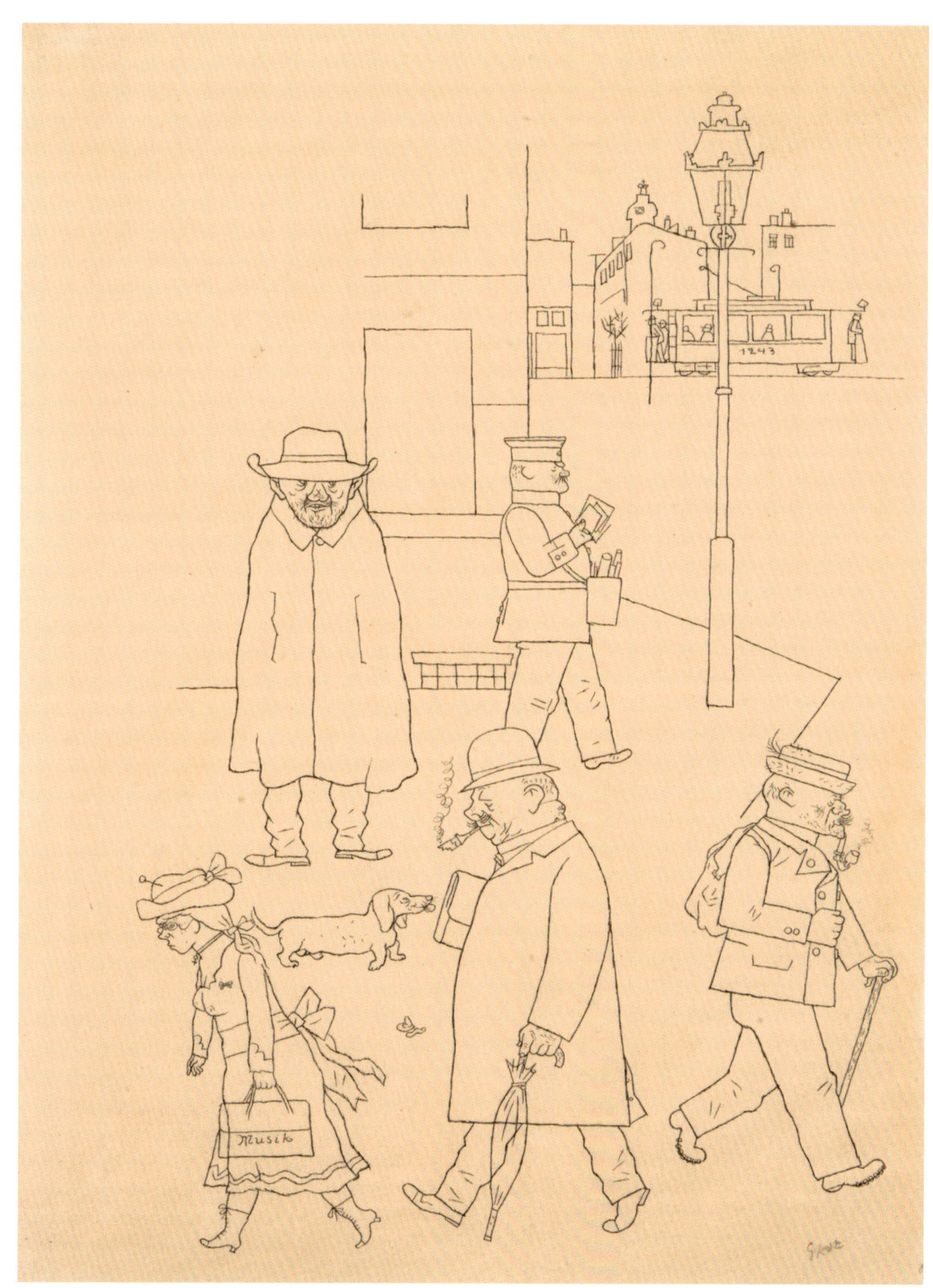
Musik
1243

Lili von Braunbehrens / Max Beckmann
Stadtnacht, 1920/21

Vorstadtmorgen

Auf der Straße stehn die Pfützen,
Drin die gelben Lichterreihen.
Noch einmal die Zirkeleien
Fahl erzittern in dem Dreck.
Schwarze Häuser, unbarmherzig,
Blaue Flammen starr und schrill,
Und es pfeift in den Gebäuden.
Greulich gießt es durch den Morgen,
Durch den nassen Morgenhimmel.
Jeder neue Tag
Wird so angetutet.
Ja, des Winters auch
Geht man mit den Semmeln,
Schleppt der Zug uns noch halb schlafend
In die Vorstadt,
Die vom Nachtdienst abzulösen.

Die Dichterin Lili von Braunbehrens (1894–1982) gehörte zum Freundeskreis um das Ehepaar Battenberg, bei dem Beckmann nach seiner Entlassung aus dem Kriegsdienst 1915 in Frankfurt wohnte. Mit der halberblindeten jungen Frau führte der Künstler viele Gespräche über seine traumatischen Erlebnisse während des Krieges. Für ihren Gedichtband *Stadtnacht* entwarf Beckmann 1920 sieben Lithografien, die 1921 im Verlag R. Piper & Co in München erschienen. Von Braunbehrens' Verse schildern mit typisch expressionistischem Pathos Erfahrungen von Einsamkeit und Enttäuschung des Großstadtmenschen. Ihre farbige Sprache beschwört wie von selbst das groteske Personal der Bildwelt Beckmanns herauf. A. L.

The poet Lili von Braunbehrens (1894–1982) was a friend of the Battenbergs, who gave a home to Max Beckmann in Frankfurt when he was discharged from the army in 1915. The partially blind young woman had many talks with the artist about his traumatic war-time experiences. In 1920 Beckmann created seven lithographic prints for a volume of her poems called *Stadtnacht* [City Night], which was published in 1921 by Verlag R. Piper & Co in Munich. With characteristic Expressionist pathos, Braunbehrens' verse describes the loneliness and disillusionment of the city-dweller. Her vivid language powerfully evokes the grotesque creatures in Beckmann's visual universe.

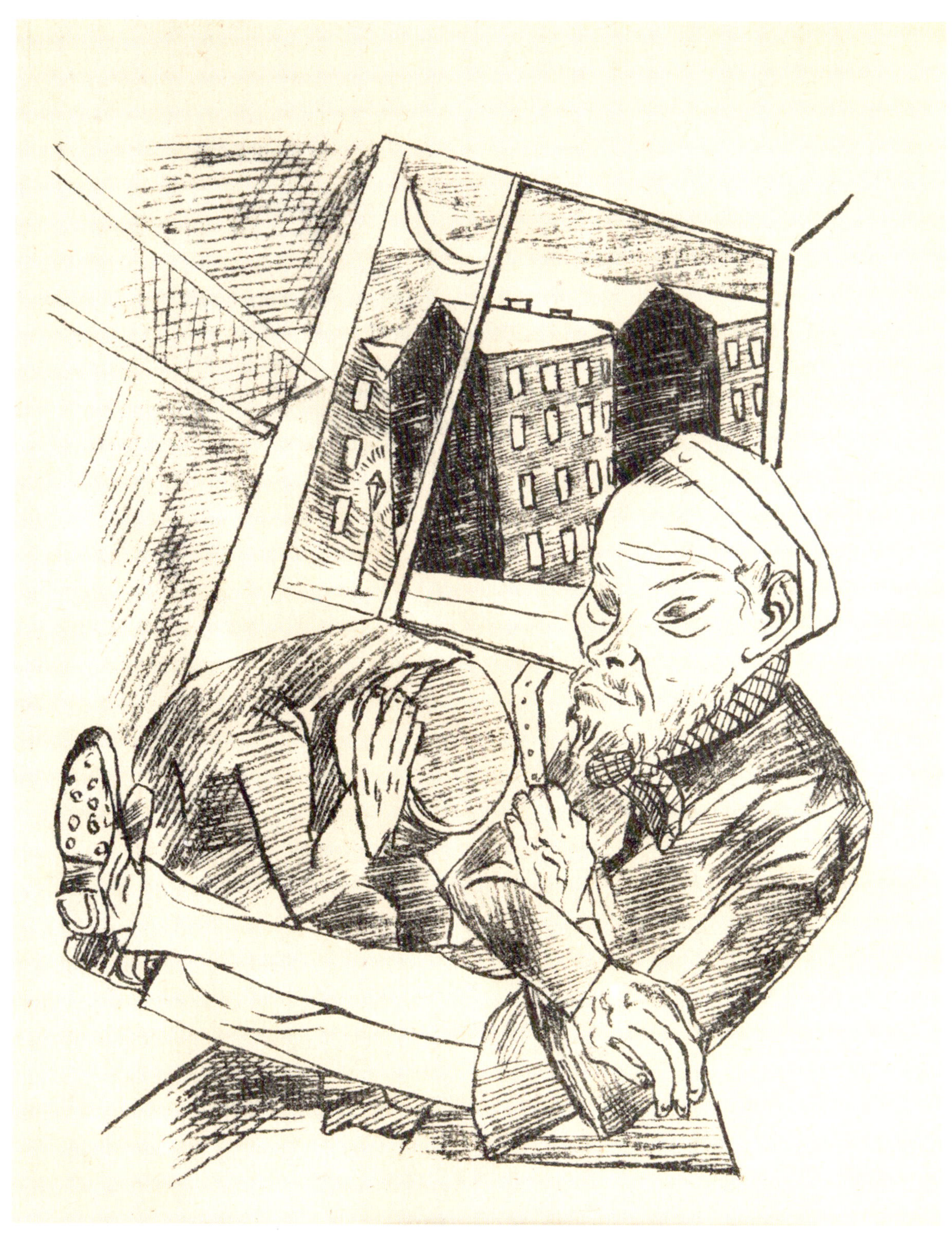

Hans Baluschek

Die Lokomotive, 1921 / Fabrikschluß, 1926

Beide Blätter zeigen typische Szenen aus der Bildwelt Hans Baluscheks: An einer Wasserpumpe neben dem Gleis, im Schatten des mächtigen Stahlrosses, findet das Mittagsmahl des Lokomotivführers statt. Frau und Kinder haben ihm den Proviantkorb gebracht, sie umringen den sitzenden Arbeiter, der sein Brot verzehrt, ein Kollege lehnt an der Lok und schmaucht seine Pfeife. Auch die Lok macht Pause. Aus dem Schornstein entweicht ein Rest dunklen Rauchs, die frische Ladung Kohlen und ein Kran stehen schon bereit. Es herrscht eine beschauliche Einheit von Mensch und Arbeit. Nach Fabrikschluss werden die Arbeiter von ihren Familien abgeholt, um sie auf dem Heimweg zu begleiten. Der regennasse Weg zwischen Fabrikmauern wirkt so etwas weniger trist.

Schon seit der wilhelminischen Zeit, als sozialer Realismus noch als „Rinnsteinkunst" abgetan wurde, lässt sich Baluscheks malerisches und zeichnerisches Werk als ein Berliner „Bilderbuch des sozialen Lebens" begreifen. Die Arbeits-, Wohn- und Lebensbedingungen der kleinen Leute zwischen Hinterhaus, Fabrik und Feierabendvergnügen wurden von ihm mit Anteilnahme und Sympathie geschildert, es war die Umgebung, in der der Sohn eines Eisenbahningenieurs aufwuchs. Mitte der 1920er Jahre fasst er seine Beobachtungen des kleinbürgerlichen und proletarischen Milieus in dem umfangreichen Lithografienzyklus *Volk I–III* zusammen. Parallel dazu entstanden Blätter wie *Fabrikschluss*. Der endlose Zug von Arbeitern kommt auf den Betrachter zu, dennoch geht es hier nicht um die Macht einer Klasse, sondern um den Einzelnen und seine Familie. In den Jahren der Weimarer Republik engagierte sich Baluschek auch in der Volksbildungsbewegung und schuf zahlreiche Illustrationen für die sozialdemokratische Presse und Literatur. A. L.

The scenes in these two works are typical of Hans Baluschek's visual universe: The engine driver is taking his lunch by a water pump alongside the track, in the shadow of his mighty iron horse. His wife and children have brought his lunch box and surround the workman as he sits there eating his bread; a colleague leans against the engine puffing at his pipe. Even the engine is taking a break. A last wisp of dark smoke escapes from the funnel, a fresh load of coal and a crane are ready and waiting. There is an easy harmony between the people and their work. At the end of the shift, factory workers are collected by relatives, come to walk them home and adding a note of cheer to the rain-drenched path between the factory walls.

Ever since Wilhelminian days, when social realism was disparaged as "gutter art", Baluschek's paintings and drawings had provided a "picture-book of social life" in Berlin. With a sympathetic sense of involvement he portrayed the working and living conditions of ordinary people, in tenements and factories and out enjoying their evening. This was the environment where the son of a railway engineer had grown up himself. In the mid-1920s he summarised his observations of this petty bourgeois and proletarian milieu in a lengthy series of lithographs devoted to the common people: *Volk I–III*. Prints like *End of Shift* were made at the same time. An endless procession of workers flows towards the viewer. This, however, is not about class power but about individuals and their families. In the years of the Weimar Republic Baluschek was part of the movement for adult education, creating many illustrations for the social democratic press and literature.

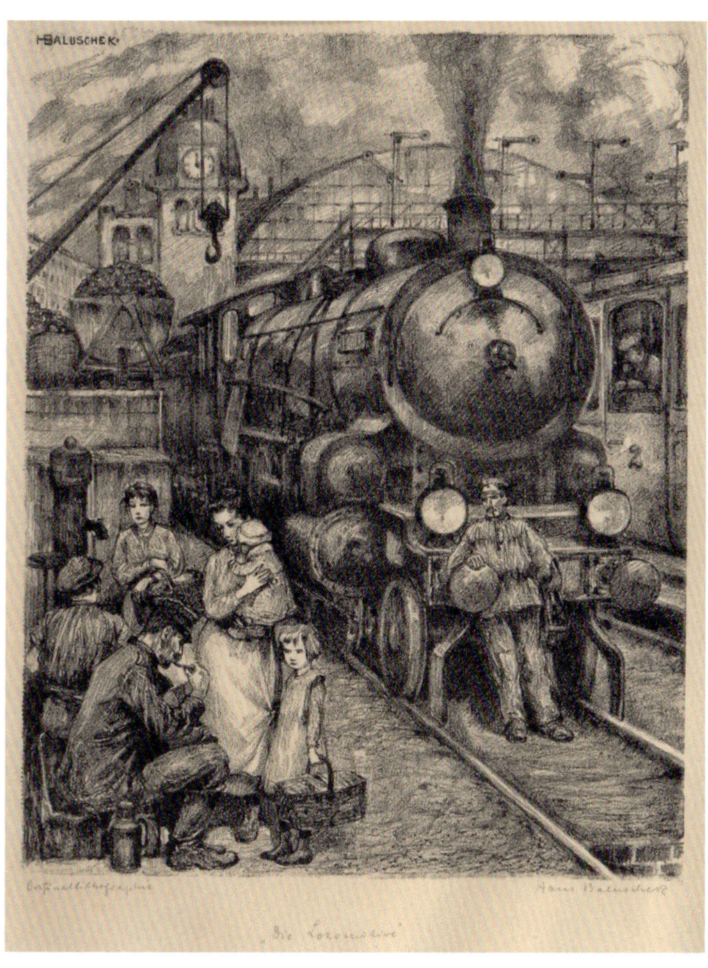

H.BALUSCHEK

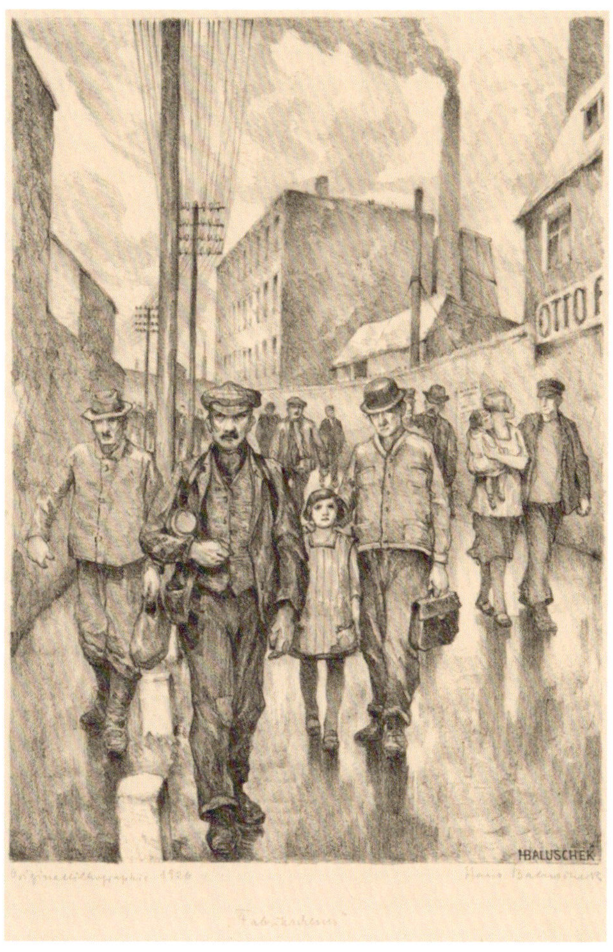

OTTO F
H.BALUSCHEK

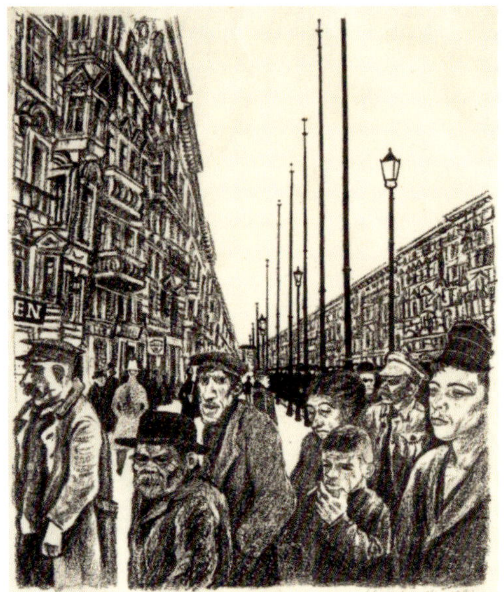

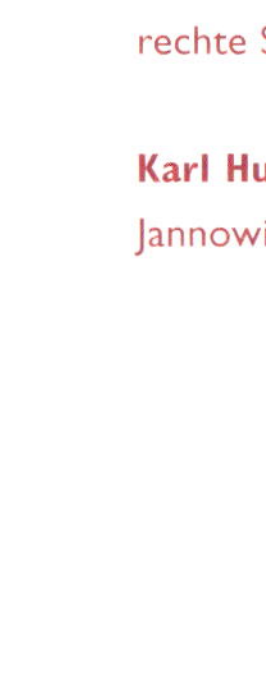

rechte Seite / right page:

Karl Hubbuch
Jannowitzbrücke, 1922

Karl Holtz
Arbeitslosendemonstration, 1920

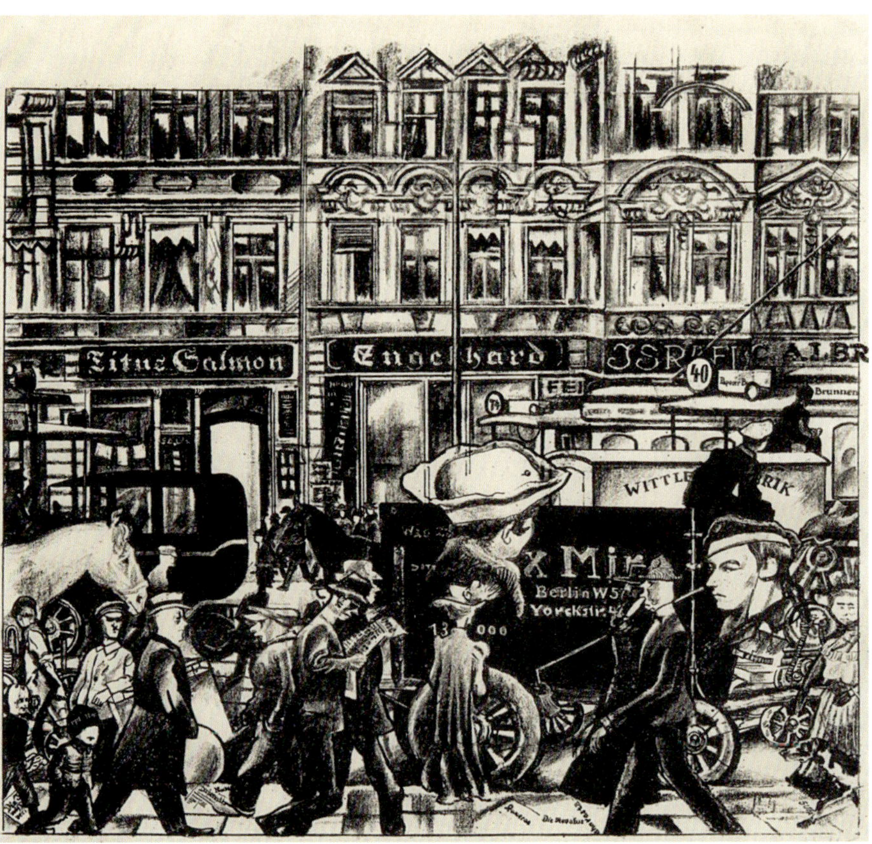

Karl Holtz
Yorckstraße, 1920

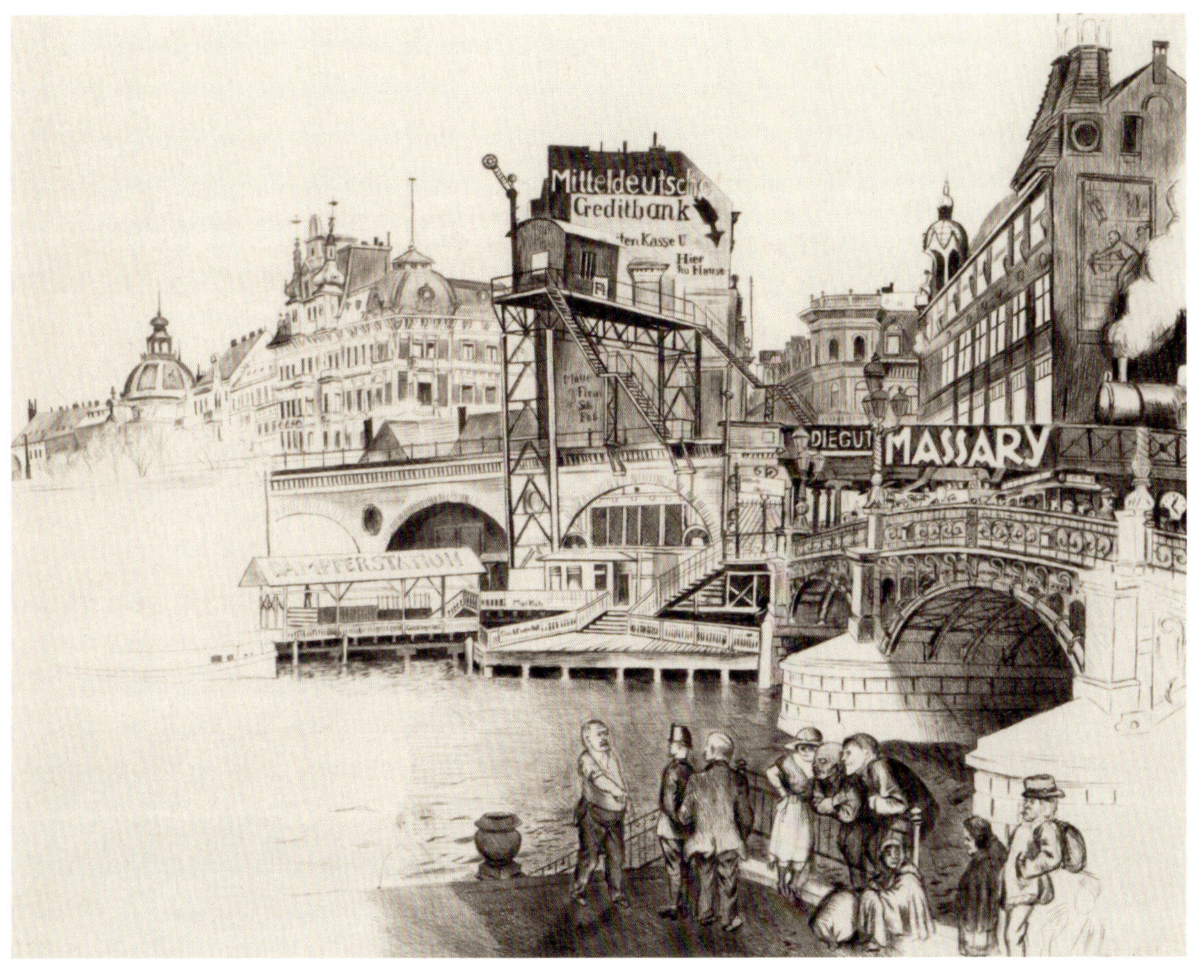

Die Radierung entstand während Hubbuchs zweiten Berlinaufenthalts. Bereits 1912–14 hatte der Karlsruher zur Vervollständigung seiner Ausbildung in Berlin die Grafikklasse von Emil Orlik besucht. Eine Fülle von Zeichnungen bezeugt die intensive Auseinandersetzung mit Orten, Plätzen und Menschen. Für die *Jannowitzbrücke* haben sich drei Zustandsdrucke erhalten. Die Brücke mit Dampferstation, die gründerzeitlichen Fassaden und Reklameflächen kamen zuerst. Dann ergänzte Hubbuch die Gruppe im Vordergrund: Bettler, Ganoven, düstere Gestalten, einschließlich eines Selbstbildnisses am linken Ufer. In der dritten Fassung, um die es sich hier handelt, eliminierte Hubbuch das Selbstporträt. Der Menschenauflauf wurde stattdessen um einen Polizisten ergänzt, der offenbar einen Streit zwischen zwei Männern schlichtet. Bei aller topografischen Genauigkeit geht es Hubbuch eher um die unheimliche Atmosphäre der Stadt. Diese wirkt wie eine Kulisse, denn er hat das Motiv an den Rändern nicht ausgestaltet. Die Stadt und der Künstler tauchen auf und verschwinden auf dem Grund des Papiers. A. L.

Hubbuch did this etching during his second period in Berlin. He had already come here from Karlsruhe in 1912–14 to complete his training, attending the print-making class run by Emil Orlik. He was deeply intrigued by places, public squares and people, as his many drawings testify. Three proofs remain of *Jannowitzbrücke*. The bridge with the jetty for passenger steamers, the late 19th-century façades and the illuminated ads came first. Then Hubbuch added the group in the foreground: beggars, villains, shadowy figures, even a self-portrait on the left bank. For the third version seen here, Hubbuch deleted the self-portrait. Instead the gathering is joined by a policeman, who is evidently mediating in a dispute between two men. For all his topographic precision, Hubbuch is more interested in the city's uncanny atmosphere. It resembles a backdrop, as he has not given full body to his theme on the margins. The city and the artist appear and disappear against the paper base.

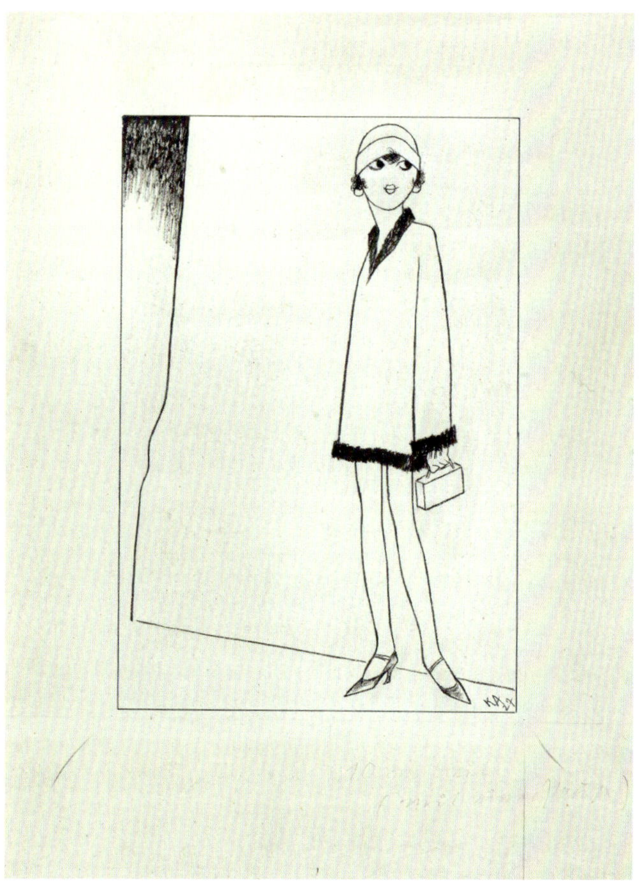

Karl Arnold
Nuttchens Abendlied, 1927

„Ach, die Stadt ist gar zu grau,
Und es riecht so nach Benzin –
Wär' ich eine Ehefrau
Gäbe ich mich gratis hin!“

rechte Seite / right page:

Paul Busch
Oktober – Mai 1925

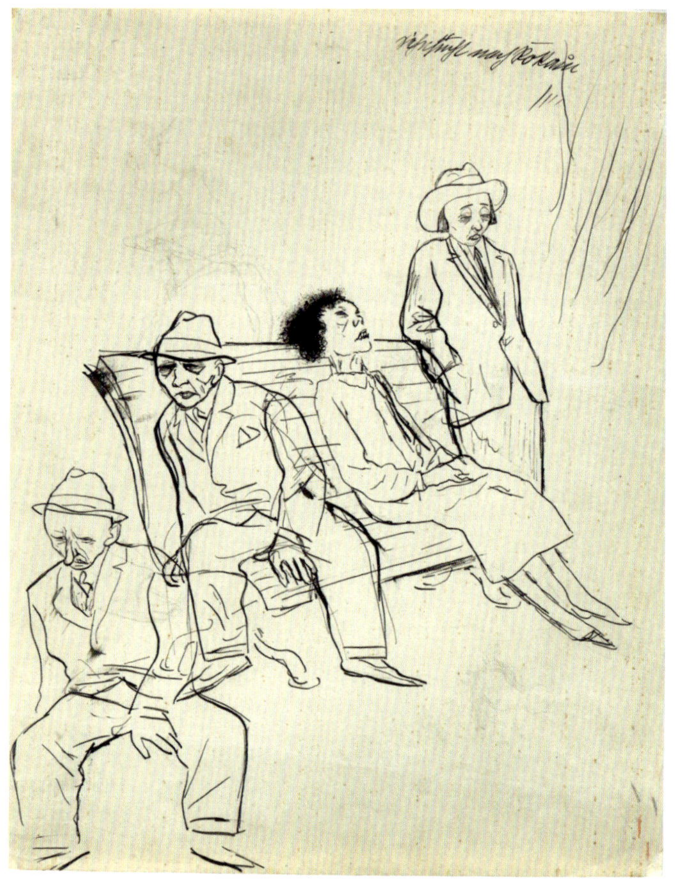

Karl Arnold
Studie zu Hunger (Sehnsucht nach Kokain), 1925

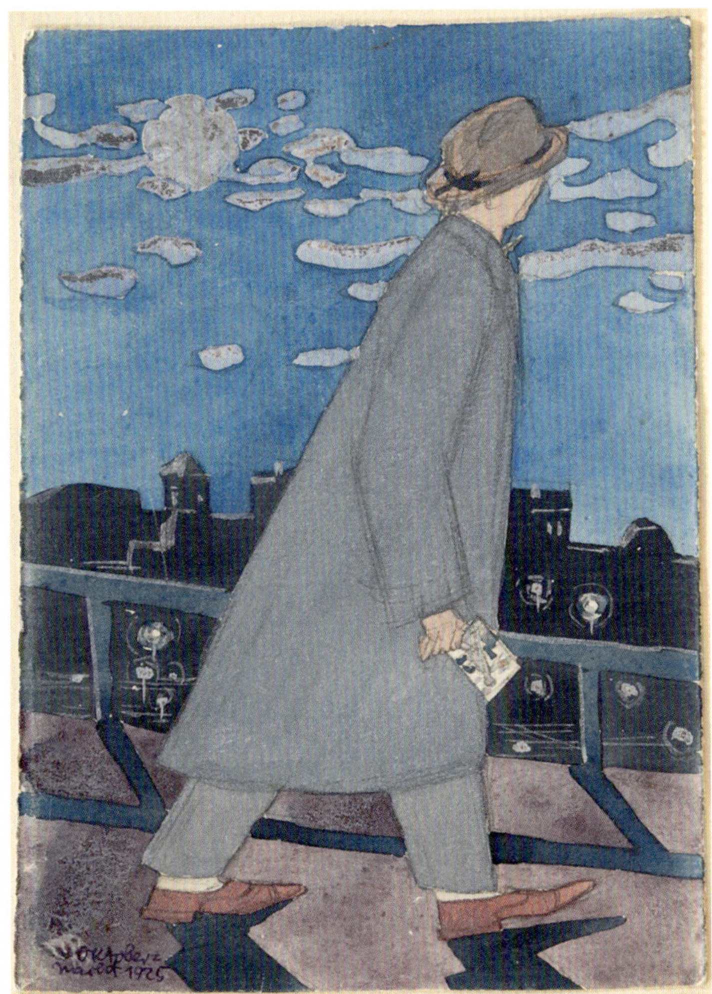

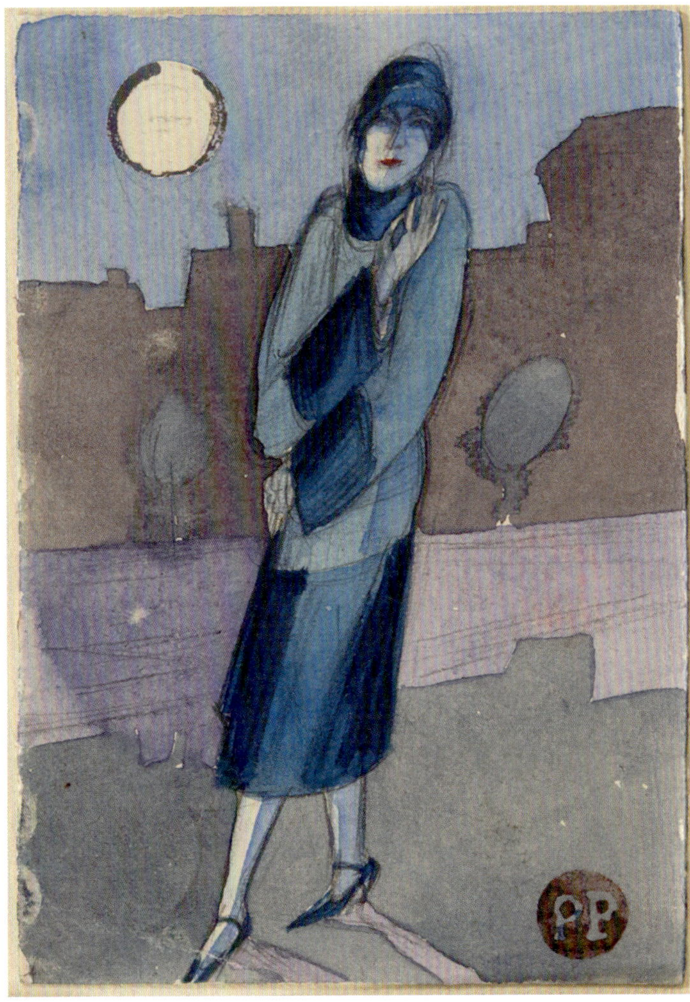

Paul Busch kam 1910 zum Kunststudium nach Berlin. Anschließend arbeitete er bis 1914/15 als Zeichenlehrer am Charlottenburger Schillergymnasium. 1920 übernahm er ein Lehramt in Cottbus. Herwarth Waldens Galerie Der Sturm zeigte 1921 seine erste Einzelausstellung. Für den Künstlerball des Sturm entwarf er zwischen 1922 und 1924 farbenfrohe Plakate und Dekorationen in einem verhalten kubistischen Stil. Die Berlinische Galerie besitzt einige zu Kladden zusammengebundene Skizzenbücher aus den 1920er Jahren. Hier sammelte Paul Busch seine Karikaturen, Aquarelle und Zeichnungen und stellte Bildgeschichten zusammen. Darunter finden sich Straßenszenen und Alltagsbeobachtungen wie die hier ausgewählten Beispiele. Es sind Momentaufnahmen einer Paarbeziehung, die durchaus persönlich motiviert sein könnten: Zerwürfnis und einsames Umherirren von Mann und Frau in Großstadtnächten. A. L.

Paul Busch came to Berlin to study art in 1910. He then taught drawing at the Schillergymnasium in Charlottenburg until 1914/15. In 1920 he accepted a tenured teaching post in Cottbus. His first solo exhibition was held in 1921 at Herwarth Walden's gallery Der Sturm. Between 1922 and 1924 he designed colourful posters and decorations in a low-key Cubist style for the Sturm Artists' Ball. The Berlinische Galerie holds some of his sketchbooks from the 1920s. Here Paul Busch collected caricatures, watercolours and drawings, sometimes putting them together to create stories in pictures. They include street scenes and observations of everyday life, as these examples illustrate. They are snapshots of a relationship and could well have had a personal motive: a quarrel and a man and woman roaming the city streets at night in solitude.

Jeanne Mammen
In der Straßenbahn, 1925–28

Jeanne Mammen kehrte 1916 nach Berlin zurück. Ihre Eltern hatten 1914 in Folge des Kriegsausbruchs ihr Vermögen verloren, sodass sie gezwungen war, finanziell auf eigenen Füßen zu stehen. In Paris und Brüssel als Künstlerin ausgebildet, versuchte sie ihren Lebensunterhalt durch Illustrationen zu verdienen. Mit einem kritisch-einfühlsamen Blick beobachtete sie auf Streifzügen durch die Stadt all jene Frauen, die wie sie durch die veränderten Lebensbedingungen plötzlich in der Öffentlichkeit präsent waren, um ihren alltäglichen Erledigungen und ihrer Arbeit nachzugehen. *In der Straßenbahn* zeigt eine solch alltägliche Szene. Drei Frauen sitzen nebeneinander auf der Bank, in sich versunken und unbeteiligt, wirken sie doch zufrieden. In den Händen halten sie Dinge, die den Zweck ihrer Fahrt erahnen lassen: Erkennbar sind ein Kranzgesteck und ein Blumenstrauß, sodass ein Friedhofsbesuch nahe liegt.

Zu diesen braven kleinbürgerlichen Witwen lässt sich kaum ein größerer Gegensatz vorstellen als die beiden Frauen in der Grafik *Auf der Straße (Nutten)*: Sie sind durch den Titel als Prostituierte ausgewiesen und gezeichnet von körperlicher Ausbeutung. Das Glücksversprechen der Großstadt und der neuen Zeit an die Massen junger Frauen, jede könne mit fleißiger Arbeit, Kosmetik und modischer Kleidung den sozialen Aufstieg schaffen, hat sich für sie nicht erfüllt. Sie konsumieren nicht mehr, sondern werden konsumiert, ihr Körper ist die Ware und ihr letztes materielles Kapital. Im Gegensatz zur Beziehungslosigkeit der Frauen in der Straßenbahn, haben sich die beiden Prostituierten im Kampf um das tägliche Überleben verbündet, was in der Verschmelzung ihrer Silhouetten bildlich zum Ausdruck kommt – eine letzte Hoffnung und Alternative zur feindseligen, entfremdeten Umwelt. I. L.

Jeanne Mammen returned to Berlin in 1916. Her parents had lost their fortune in 1914 when the war broke out, and so she was obliged to fend for herself. Having trained as an artist in Paris and Brussels, she tried to earn a living as an illustrator. With a critical but empathetic eye she roamed the city observing all those women who, like her, had suddenly acquired public visibility in this new situation as they went about their daily errands and their employment. *In the Tram* shows one such everyday scene. Three women occupy a seat together, but detached and lost in thought, although content. They are holding items that reveal the purpose of their journey: the wreath and bouquet indicate the proximity of a graveyard.

There could hardly be a more blatant contrast to those respectable middle-class widows than the two women in the street scene *Hookers*: the title declares them as prostitutes and they bear the traces of physical exploitation. The city and the new era may have held out a promise to the mass of young girls that hard work, make-up and fashionable clothes would enable them all to climb up in the world, but in their case it has not happened. They no longer consume, but are consumed. Their bodies are commodities, the only material capital they have left. Unlike the women in the tram, each in her own world, the two prostitutes have formed an alliance for survival, visibly expressed in the blending of their silhouettes – a final hope and an alternative to the hostile, alienated world about them.

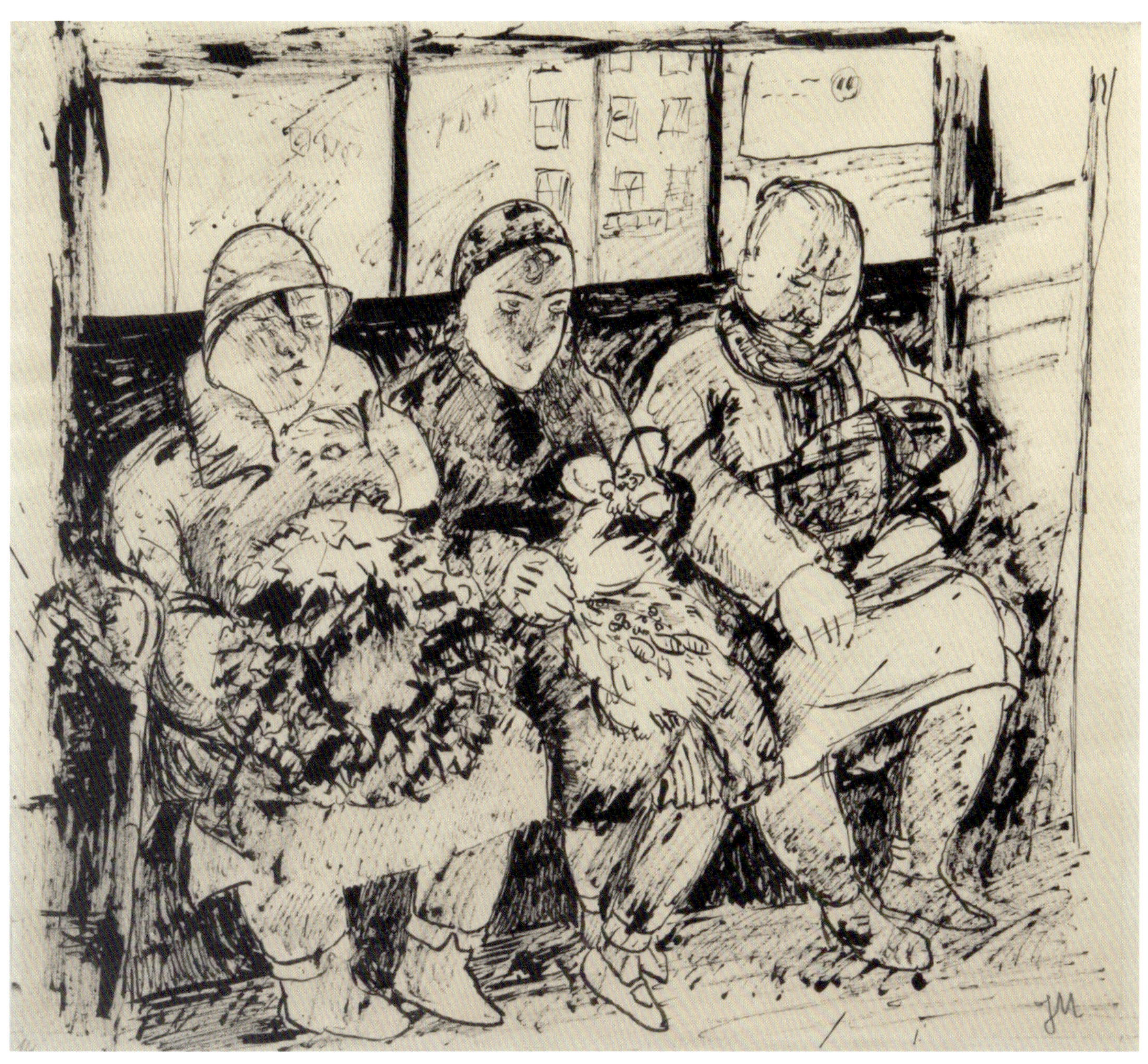

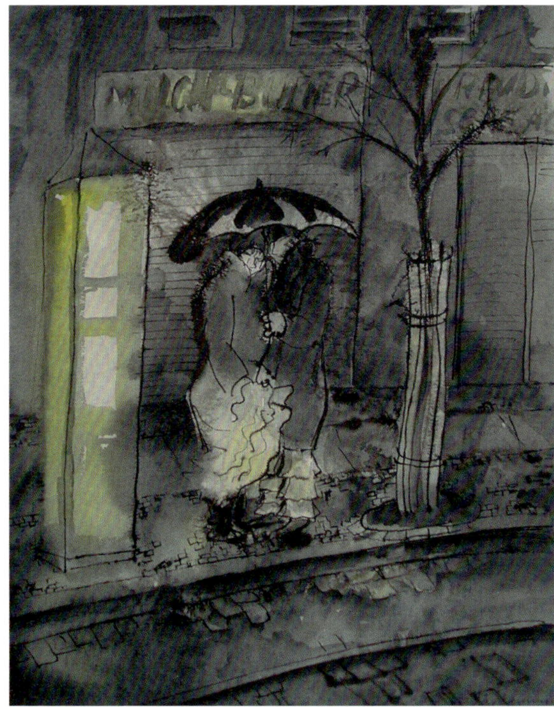

Jeanne Mammen
Paar unter dem Regenschirm, undatiert (um 1933)

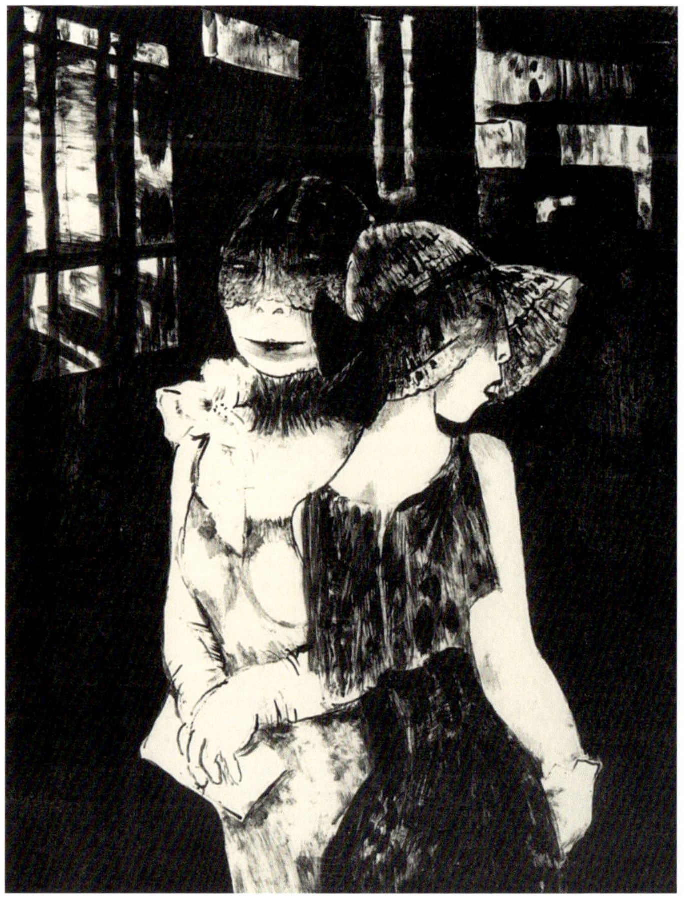

Jeanne Mammen
Auf der Straße (Nutten), um 1930

GESICHTER DER STRASSE
Faces on the Street

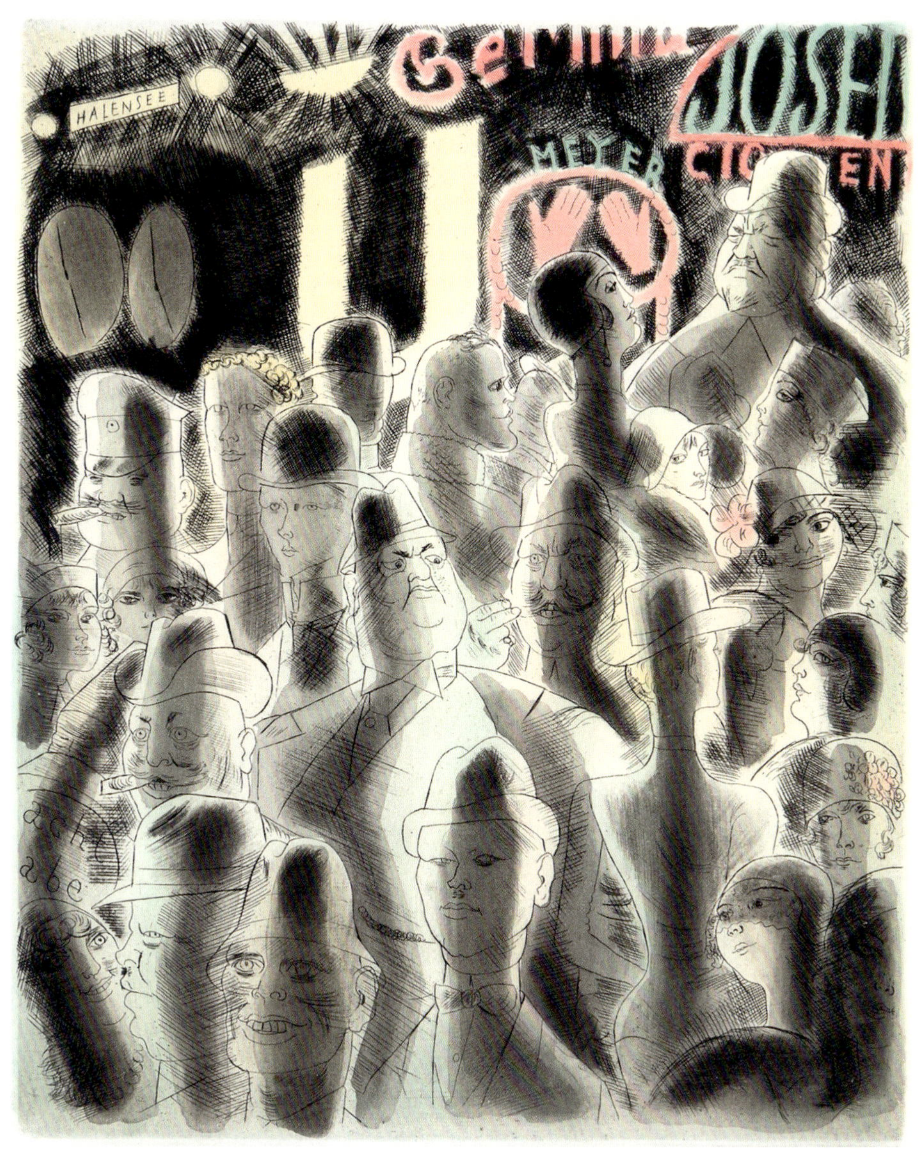

Chas-Laborde

Rues et Visages de Berlin: Friedrichstraße, 1930

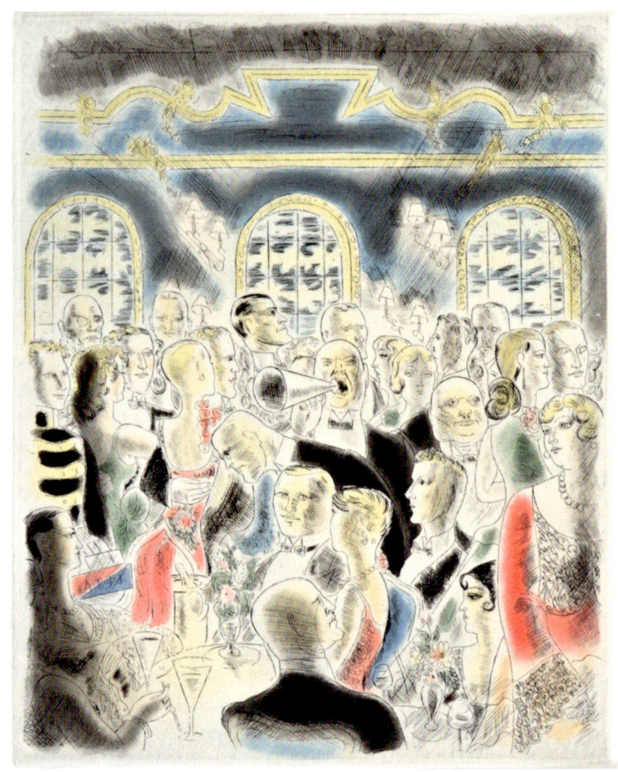

Chas-Laborde
Rues et Visages de Berlin: Casanova, 1930

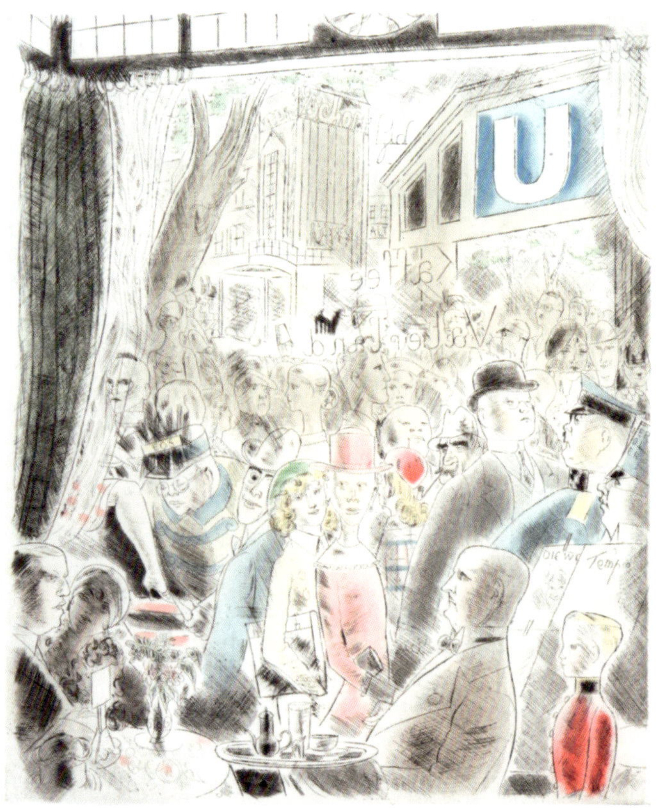

Chas-Laborde
Rues et Visages de Berlin: Potsdamer Platz, 1930

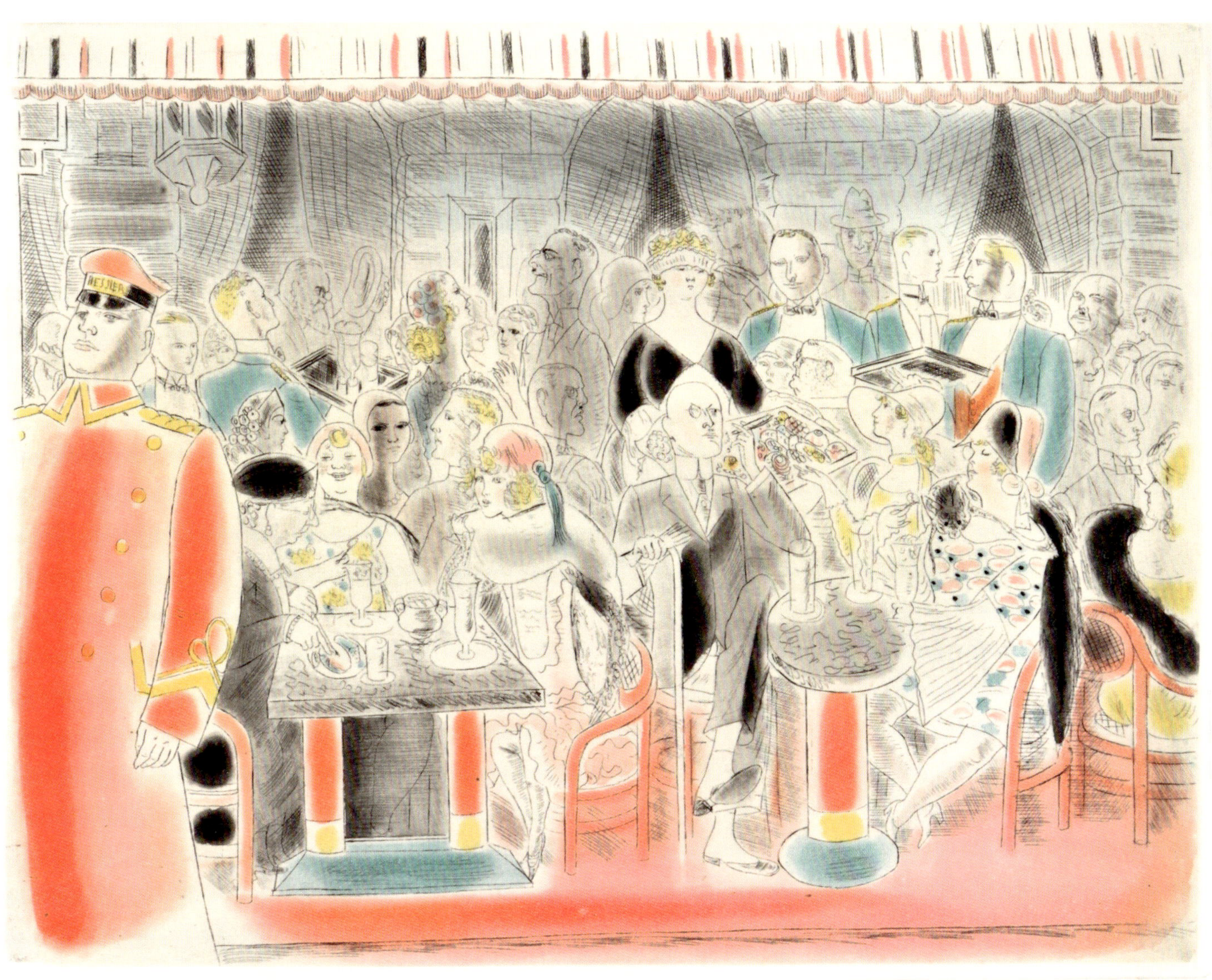

Chas-Laborde

Rues et Visages de Berlin: Westberlin, 1930

Gertrude Sandmann
Wippchen – Berliner Kind, 1931

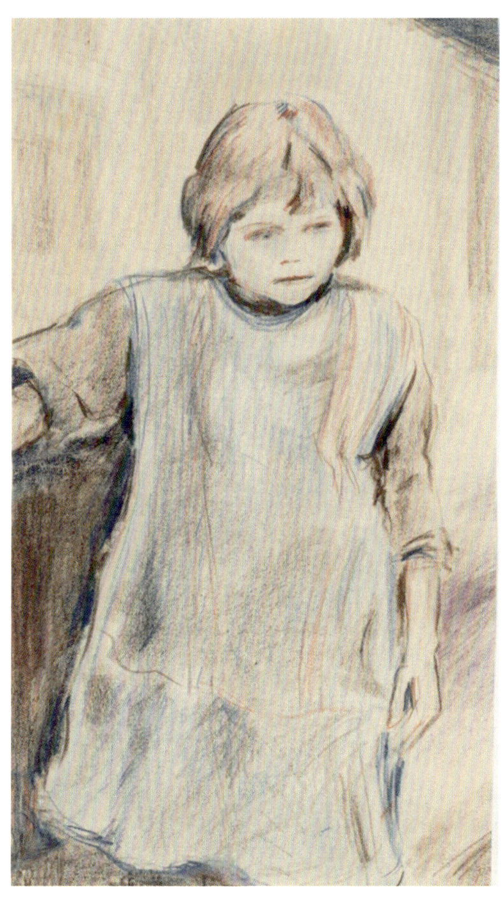

Gertrude Sandmann
Armes Kind, 1930

Gertrude Sandmann, ausgebildet in Berlin und München, wurde in den 1920er Jahren Privatschülerin von Käthe Kollwitz. Mit der älteren Künstlerin verband sie bald eine lebenslange Freundschaft. Anders als diese konzentrierte sich Sandmann jedoch weniger auf sozialkritische Themen. Die Vorliebe der engagierten Feministin lag wie bei ihrer Generationskollegin Jeanne Mammen bei den Frauen: „Ich zeichne Frauen, die natürliche Bewegungen haben, die ausdrücken, was sie fühlen und zeichne Gesichter, die keine Masken sind oder nur Masken, durch die ich hindurch sehen kann."

Die junge Frau mit vollem Gesicht und Bubikopffrisur ist im Dreiviertelprofil gezeichnet. Mit ihrer selbstbewussten Haltung und ihrem frechen Blick füllt sie das Bildformat. Die das Blatt beherrschenden Brauntöne und die schlichte Kleidung lenken nicht vom spitzbübischen Lächeln des Modells ab. Zweifellos hat Gertrude Sandmann hier ein Individuum porträtiert, in dem wir gleichwohl den Typus der Berliner „Göre" erkennen. Ihr Spitzname „Wippchen" bedeutet: Faxen, Unsinn. A. L.

Gertrude Sandmann, who trained in Berlin and Munich, took private tuition in the 1920s from Käthe Kollwitz. She remained close friends with the older artist all her life, but Sandmann did not share her critical focus on social conditions. As a committed feminist, she was particularly interested in women, like her contemporary Jeanne Mammen: "I draw women who move naturally, who express what they feel, and I draw faces which are not masks, or only masks that I can see through."

The full-faced young woman with the page-boy haircut is shown in three-quarter profile. She packs the format with her confident pose and defiant look. The dominant browns and simple attire do not distract from the model's impish smile. Here, indisputably, Gertrude Sandmann has portrayed an individual who personifies our idea of cheeky young Berliners. Her nickname, "Wippchen", means "larking" or "joking".

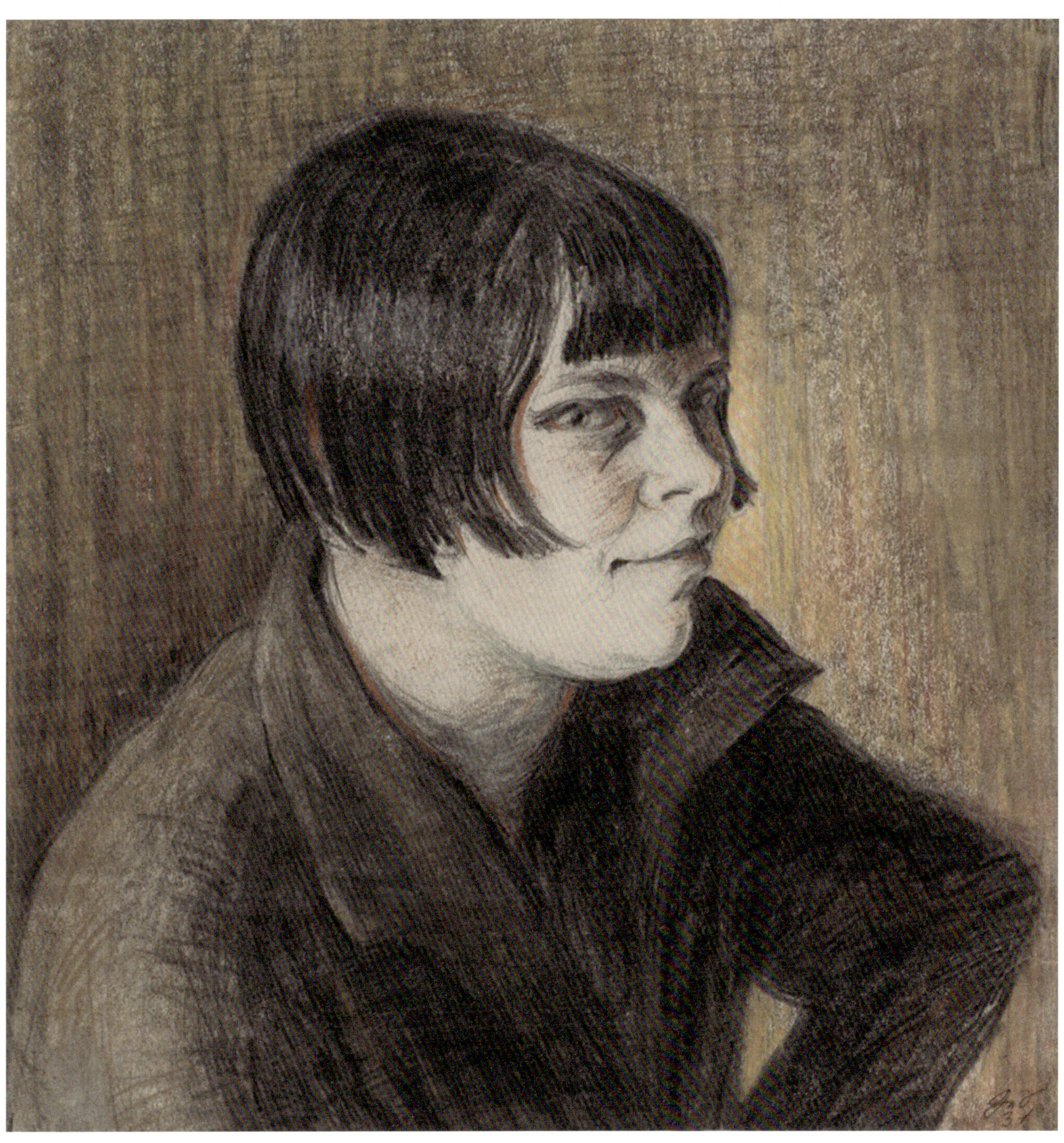

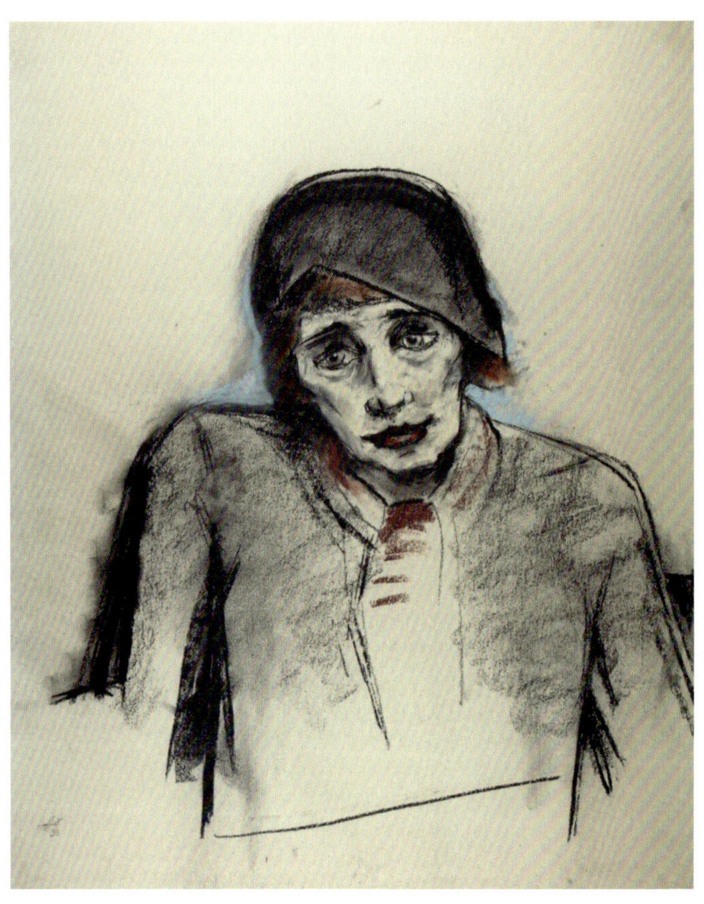

Gertrude Sandmann
Ohne Titel (Frau mit Kappe), 1933

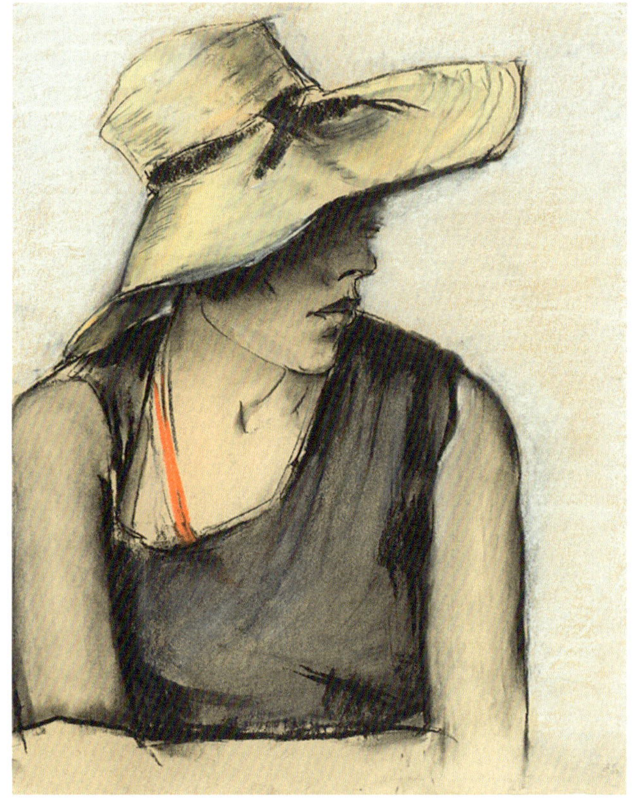

Gertrude Sandmann
Mädchen mit Florentiner Hut, 1933

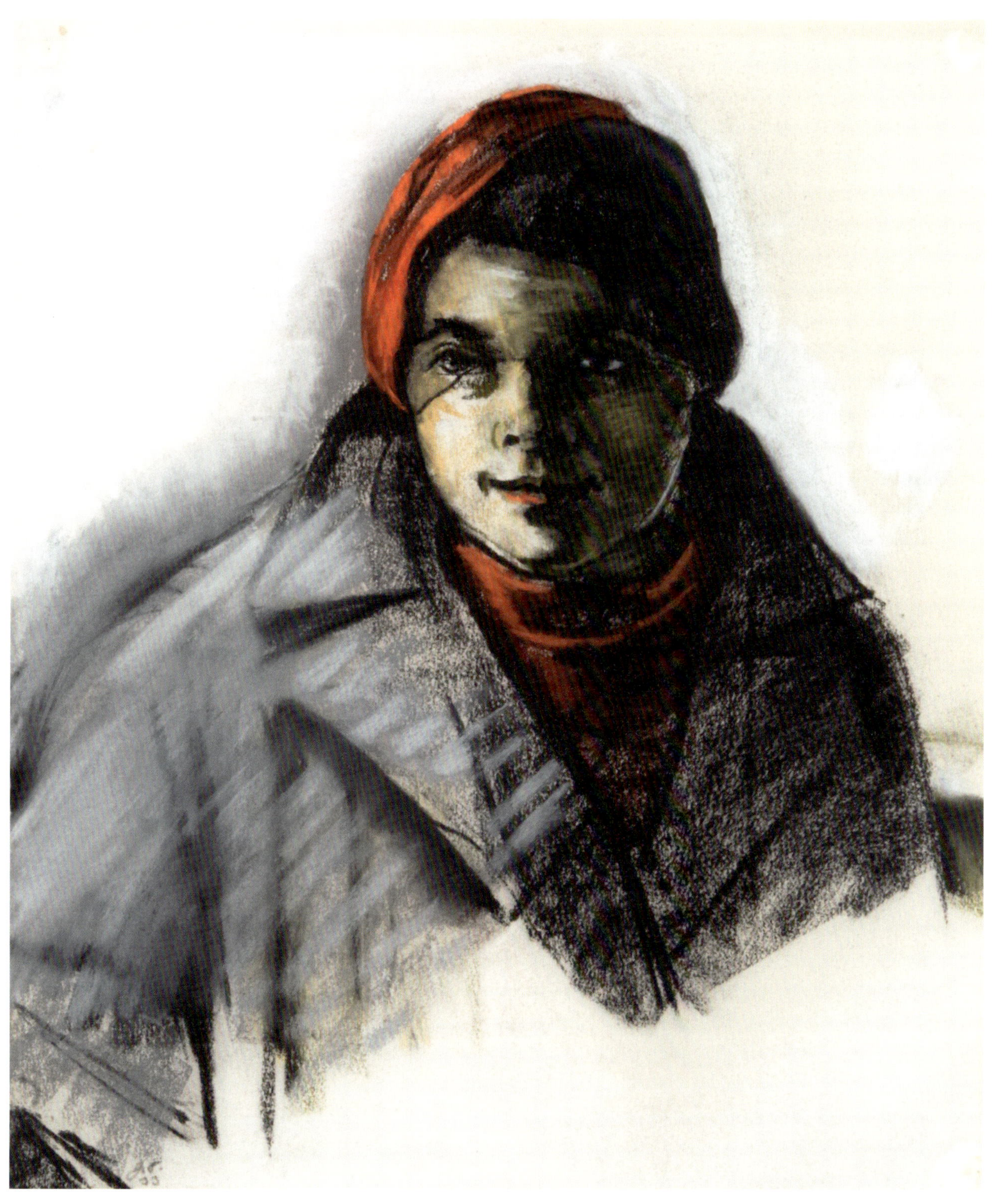

Gertrude Sandmann
Ohne Titel (Frau mit rotem Hut), 1933

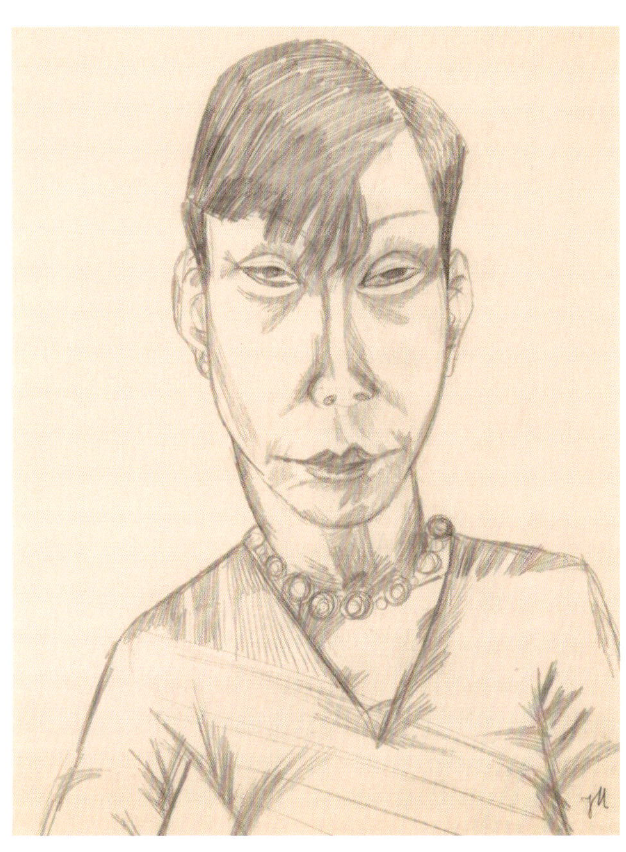

Jeanne Mammen

Frau mit schmalem Kopf und Stirnlocke II, vor 1933

Um sich für ihre Illustrationen einen Fundus von Typen und Köpfen anzulegen, besuchte Mammen seit Mitte der 1920er Jahre einen Abendaktkurs. Sie zeichnete dort nicht nur die Modelle, sondern auch die Teilnehmer, die, vertieft in ihre eigenen Versuche, das Aktmodell aufs Papier zu bringen, nicht bemerkten, dass sie selbst der Zeichnerin als Modelle dienten. So auch eine schlanke Frau mit schmalem Kopf, die Mammen auf fünf Blättern in verschiedenen Posen porträtierte, mal mit Zeichenblock, mal nachdenklich vor sich hin starrend, so wie in dieser Zeichnung. Der Umriss von Kopf und Oberkörper entsteht aus mehreren übereinander gelagerten Linien als feste äußere Form. Das Gesicht erhält Plastizität durch die grobe Schraffur, die Augenhöhlen, Nasenwinkel, Kinn und Wangenpartie angibt. Wir sehen die selbstbewusste Erscheinung einer Frau mittleren Alters, deren schlichte Kleidung dieses Blatt in die späten 1920er Jahre datiert. Der modische Typ wirkt hier nicht geglättet, sondern realistisch und ungeschönt. A. L.

Wishing to build a supply of character types and heads for her illustrations, Mammen began attending an evening class in nude drawing in the mid-1920s. Apart from drawing the models, she would also draw the other participants, so absorbed in their own efforts to commit the sitter to paper that they did not notice they were being drawn themselves. One was the slender woman with the narrow head portrayed on five sheets by Mammen, each time in a different pose, sometimes with her sketchbook, sometimes staring pensively into space like here. The contours of the head and upper body are firmed up by overlapping lines. The face derives plasticity from coarse hatching to mark the eye sockets, the dimples around the nose, the chin and the cheeks. We see a self-assured woman of middle age whose simple clothing dates this sheet to the late 1920s. Her type is fashionable, but her treatment is realistic, not cosmetically enhanced.

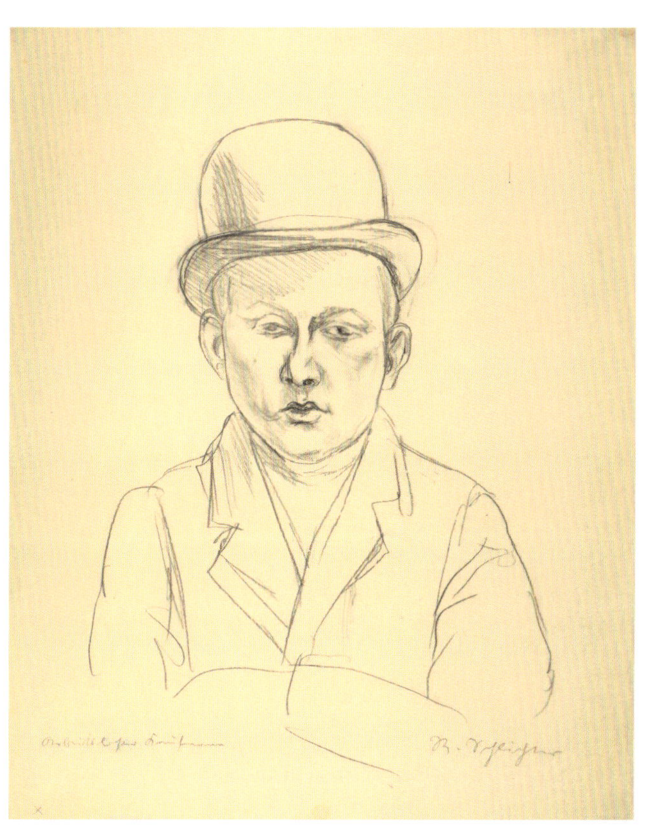

Rudolf Schlichter
Arbeitsloser Kaufmann, undatiert

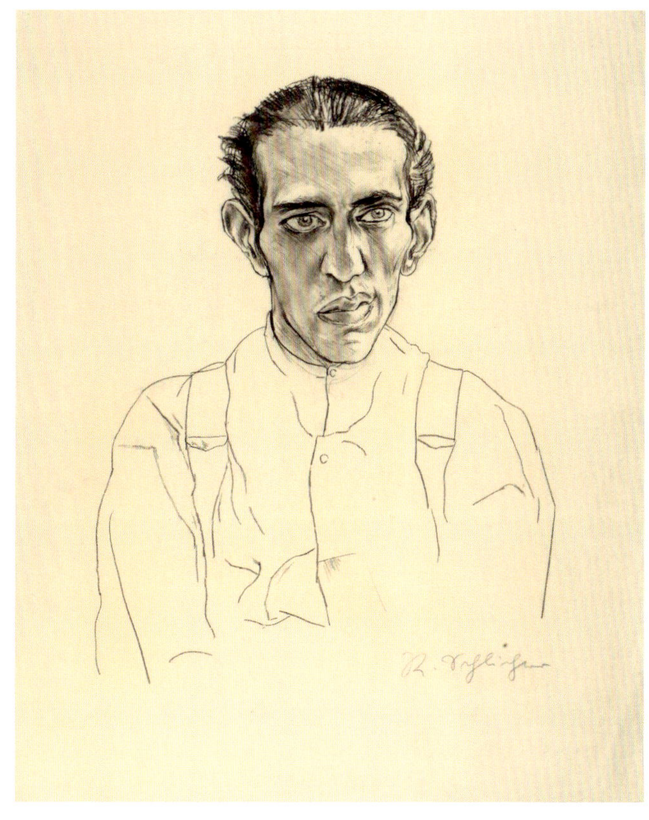

Rudolf Schlichter
Männerporträt, um 1925

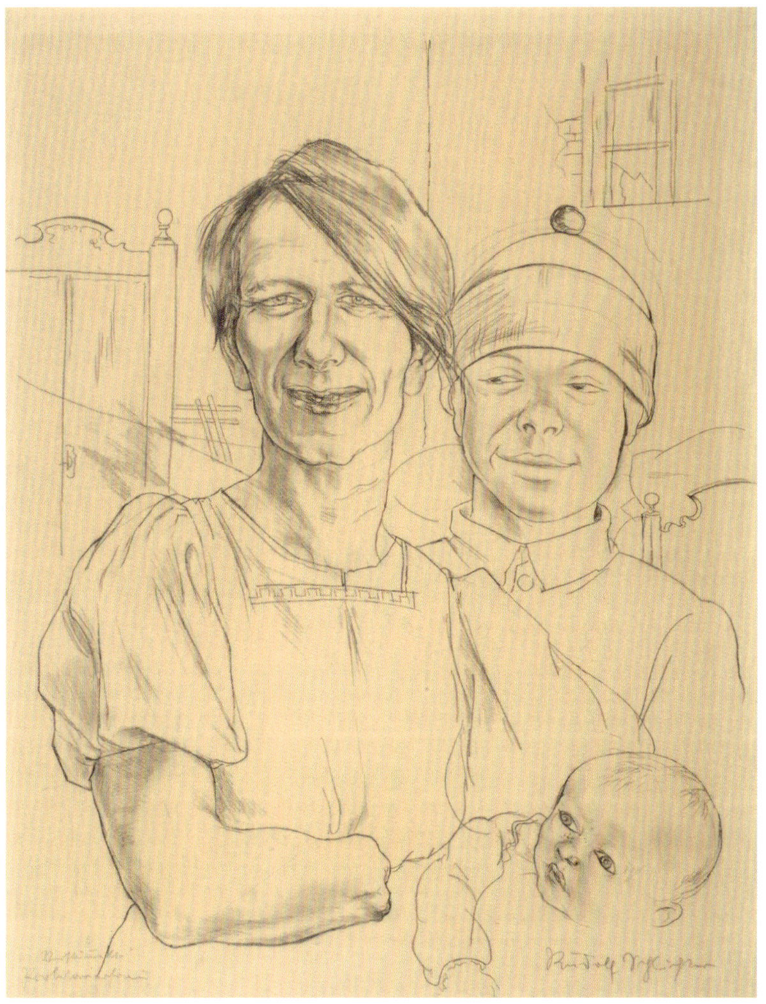

Rudolf Schlichter

Verstümmelte Proletarierfrau, um 1924

Rudolf Schlichter zählt neben George Grosz und Otto Dix zu den Veristen, dem linken Flügel der Neuen Sachlichkeit. Kritische Schilderung der Wirklichkeit hieß für diese Künstler nicht zuletzt, Menschen aus der Arbeiterklasse bildwürdig zu machen. Damit verband sich das genaue Eingehen auf die Individualität des Modells, seine Lebensumstände, seine menschliche Würde. Schlichter zeigt hier eine Proletarierin, der die rechte Hand und ein Teil des Unterarms fehlen. Man denkt unwillkürlich an einen Arbeitsunfall. Umgeben von ihren beiden Kindern inmitten eines ärmlichen Wohnraums, wirkt die Frau heiter und durchaus selbstbewusst. Typisch für Schlichter ist neben der vitalen aber auch eine groteske Note. In der unmittelbaren Nachbarschaft der runden Kindergesichter wirkt die körperliche Versehrtheit der Mutter umso erschreckender. Schlichter verbindet hier die Anprangerung sozialen Elends mit der Lust an der Provokation. A.L.

Rudolf Schlichter, along with George Grosz and Otto Dix, was a Verist. They were the left-wingers of New Objectivity. To these artists, a critical portrayal of reality included treating the working classes as worthy subjects of visual art. That implied a discerning reflection of the model's individuality, personal circumstances and human dignity. Here Schlichter shows a proletarian woman who has lost her right hand and part of her lower arm. We cannot help thinking that an industrial accident was to blame. Flanked by her two children in a modest home, the woman seems serene and confident enough. Typically for Schlichter, however, the life-affirming undertone is accompanied by another, more grotesque element. So close to these chubby childish faces, the mother's physical mutilation seems all the more shocking. Schlichter is combining an indictment of social misery with a desire to provoke.

PORTRÄTS MIT SPITZER FEDER
Portraits With a Pointed Pen

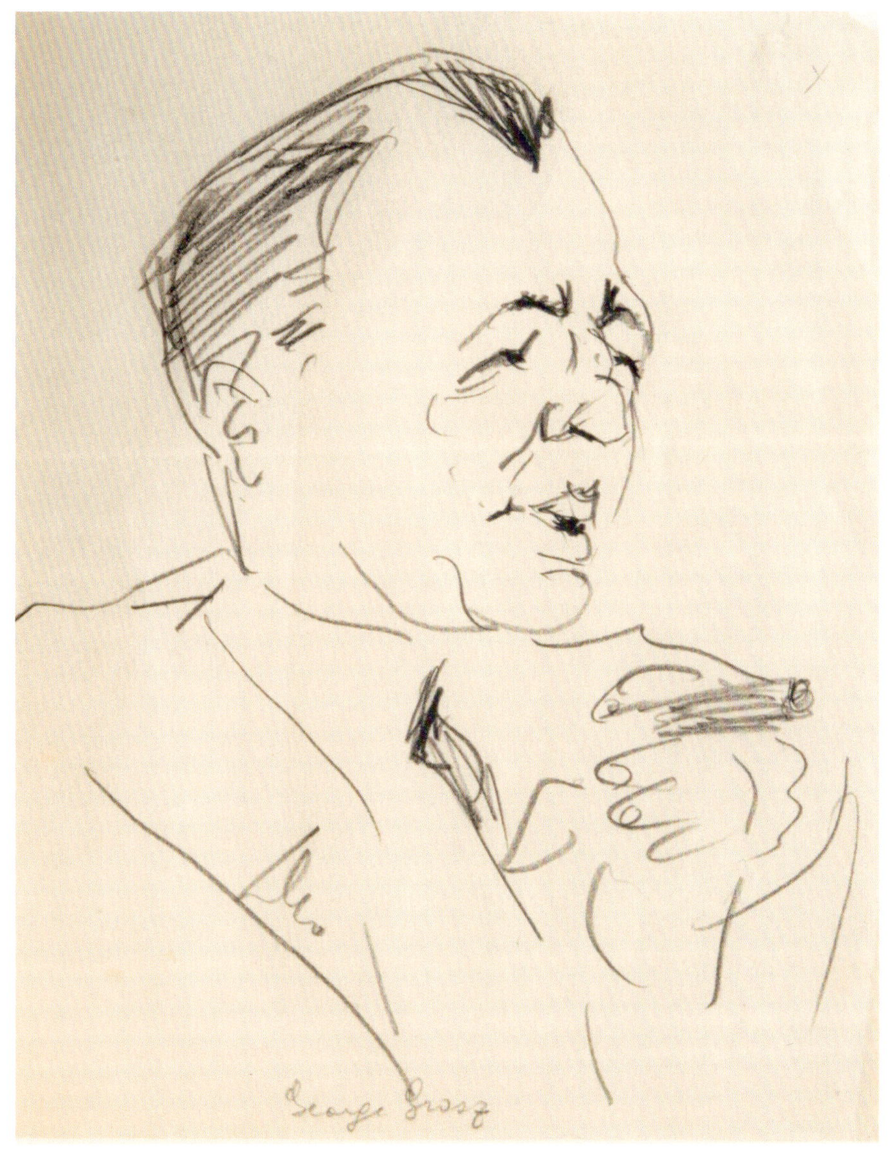

Dolbin
George Grosz, um 1929/30

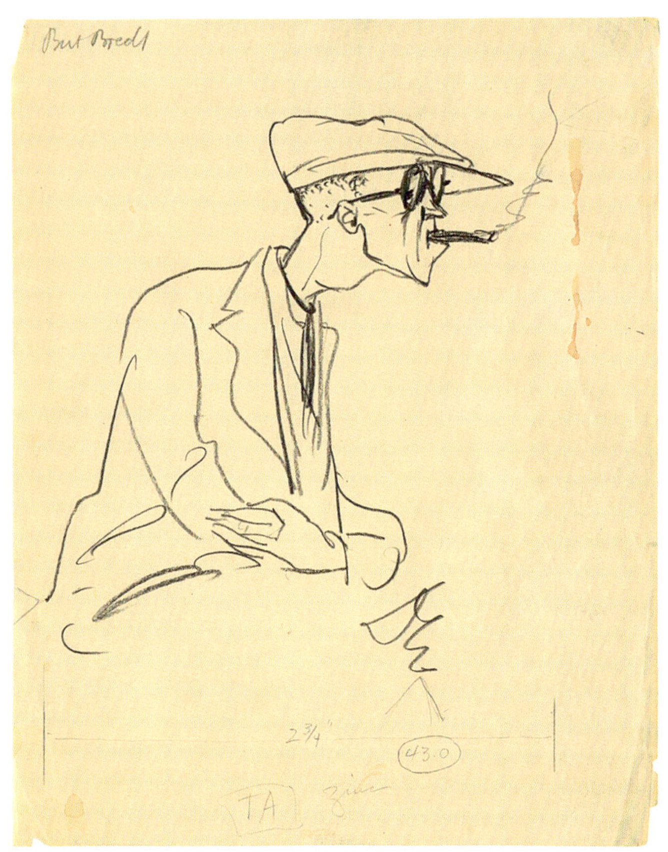

Dolbin
Bert Brecht, um 1929/30

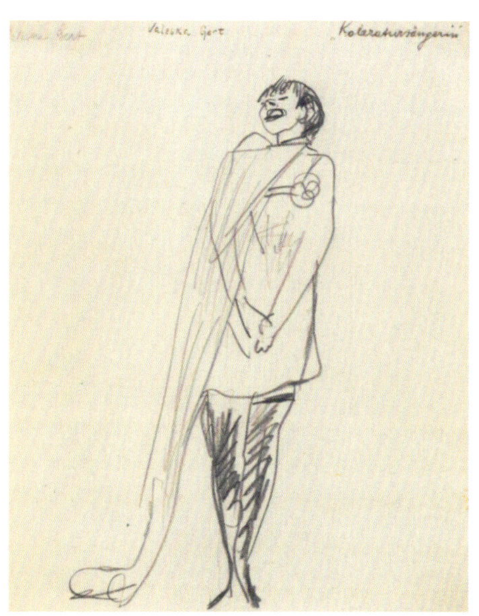

Dolbin
Valeska Gert, um 1929/30

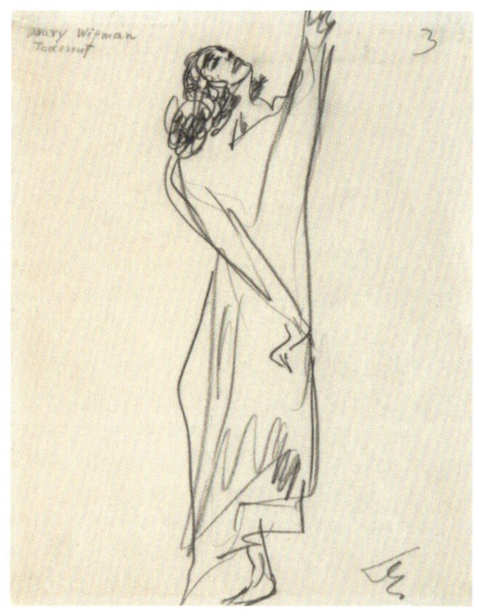

Dolbin
Mary Wigmann – Todesruf, ca. 1931–34

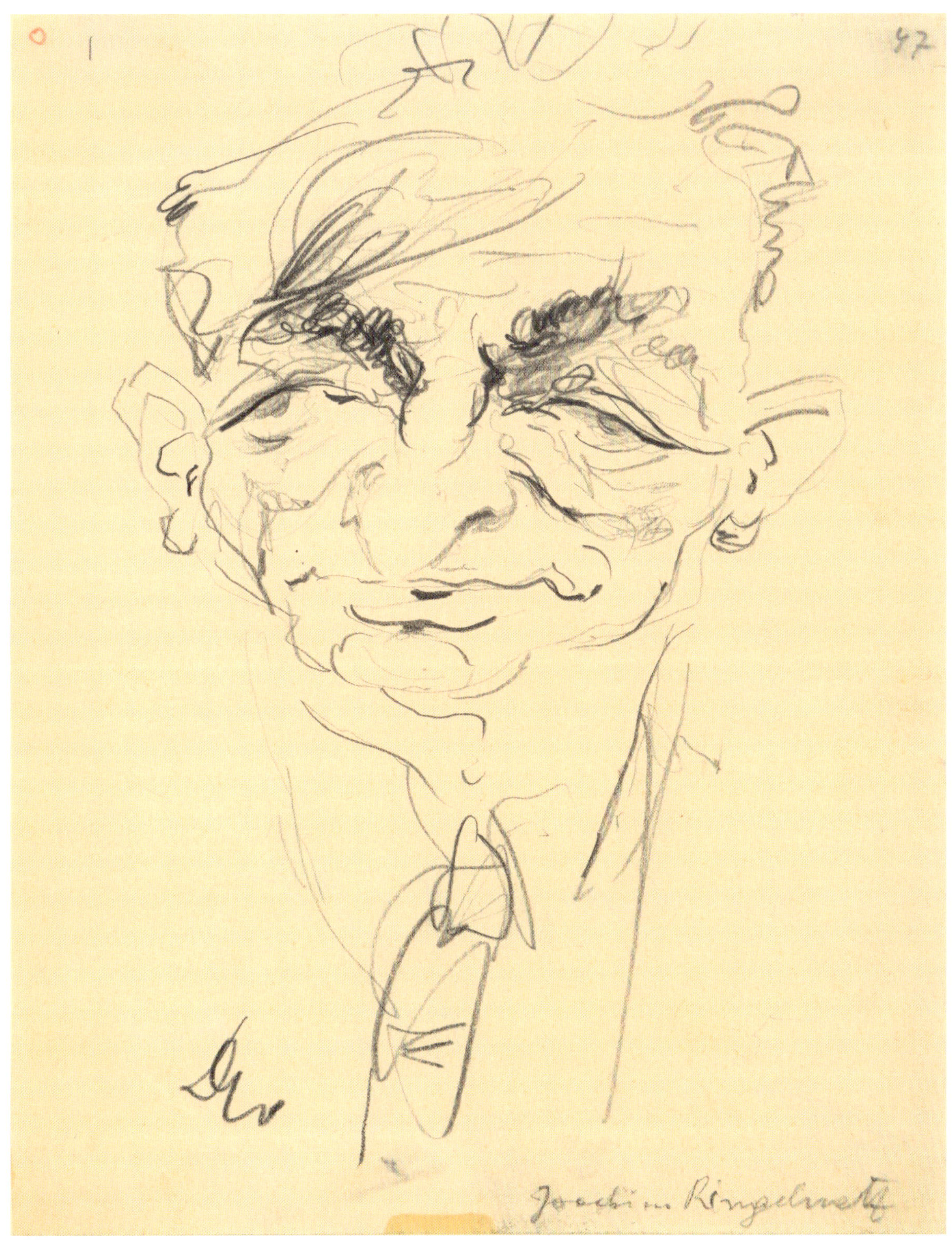

Dolbin
Joachim Ringelnatz, um 1929/30

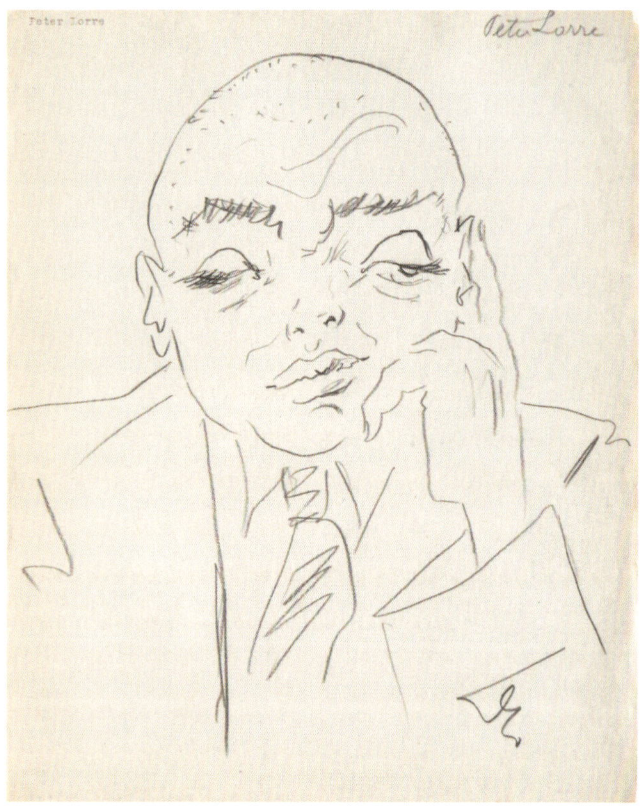

Dolbin
Peter Lorre, um 1929/30

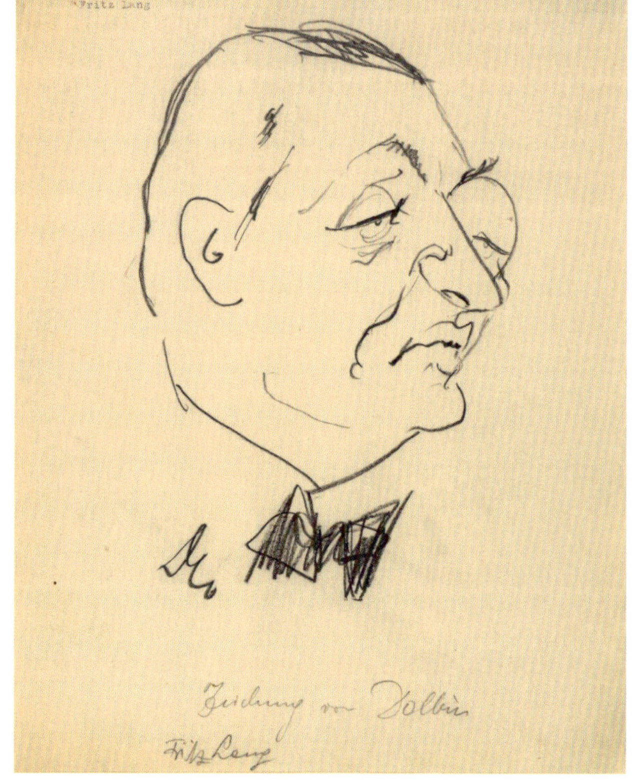

Dolbin
Fritz Lang, um 1929/30

FREIZEIT UND VERGNÜGEN
Leisure and Pleasure

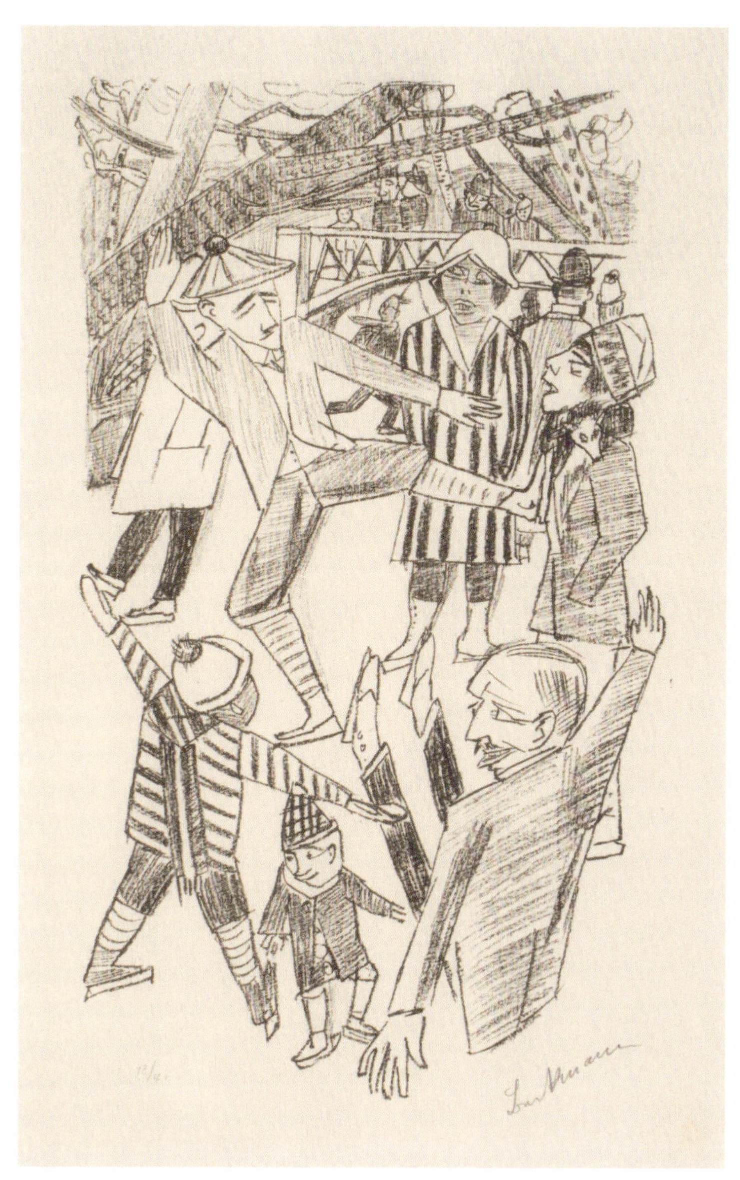

Max Beckmann
Eislauf, 1922

Karl Arnold

Wintersport in Berlin, „Jeden zweiten Tag Eröffnung einer neuen Tanzbar – det wird wieder 'n schwüler Winter", 1927

Skifahrer und Schlittschuhläufer sucht man in Karl Arnolds *Wintersport* vergeblich. Stattdessen drängt sich hier ein vergnügungsfreudiges Partyvolk. Ein Blick auf den Untertitel bestätigt den Verdacht: „Jeden zweiten Tag Eröffnung einer neuen Tanzbar – det wird wieder 'n schwüler Winter." So also sieht Wintersport im Berlin der Weimarer Republik aus. Das erkennt auch Karl Arnold, der – aus Bayern kommend – in den 1920er Jahren regelmäßig in der Hauptstadt auf der Suche nach dem „Absonderlichen dieser verrückten Stadt" unterwegs ist. Als Karikaturist und Pressezeichner für das Satire-Magazin *Simplicissimus* und andere Zeitschriften fängt er mit genauen Strichen und viel Humor die Kuriositäten der amüsierwilligen Gesellschaft ein. Aus seinen zahllosen Zeichnungen spricht mal beißende Ironie, mal Zuneigung für das durch die Straßen Berlins ziehende Volk. Der besondere Witz ergibt sich oftmals erst aus den von ihm selbst verfassten Bildunterschriften, die treffsicher die Szenen des Großstadtlebens charakterisieren.

Ch. K.

There is no sign of skiing or skating in Karl Arnold's *Winter Sport*. These pleasure seekers are out to party. The suspicion is confirmed by the subtitle: "A new dance bar opening every other day – It's going to be another hot winter." This was Berlin's favourite winter sport during the Weimar Republic. The irony did not escape Karl Arnold, who came to the capital from Bavaria and was always on the look-out throughout the 1920s for "quirkiness in this crazy city". As a caricaturist and press artist for the satirical weekly *Simplicissimus* and other magazines, he captured curiosities in this fun-loving society with an accurate pen and plenty of humour. His many drawings speak at times with caustic irony and at times with affection for the people out and about on the streets of Berlin. The punch line is often to be found in his captions, which he wrote himself as hard-hitting comments on urban life.

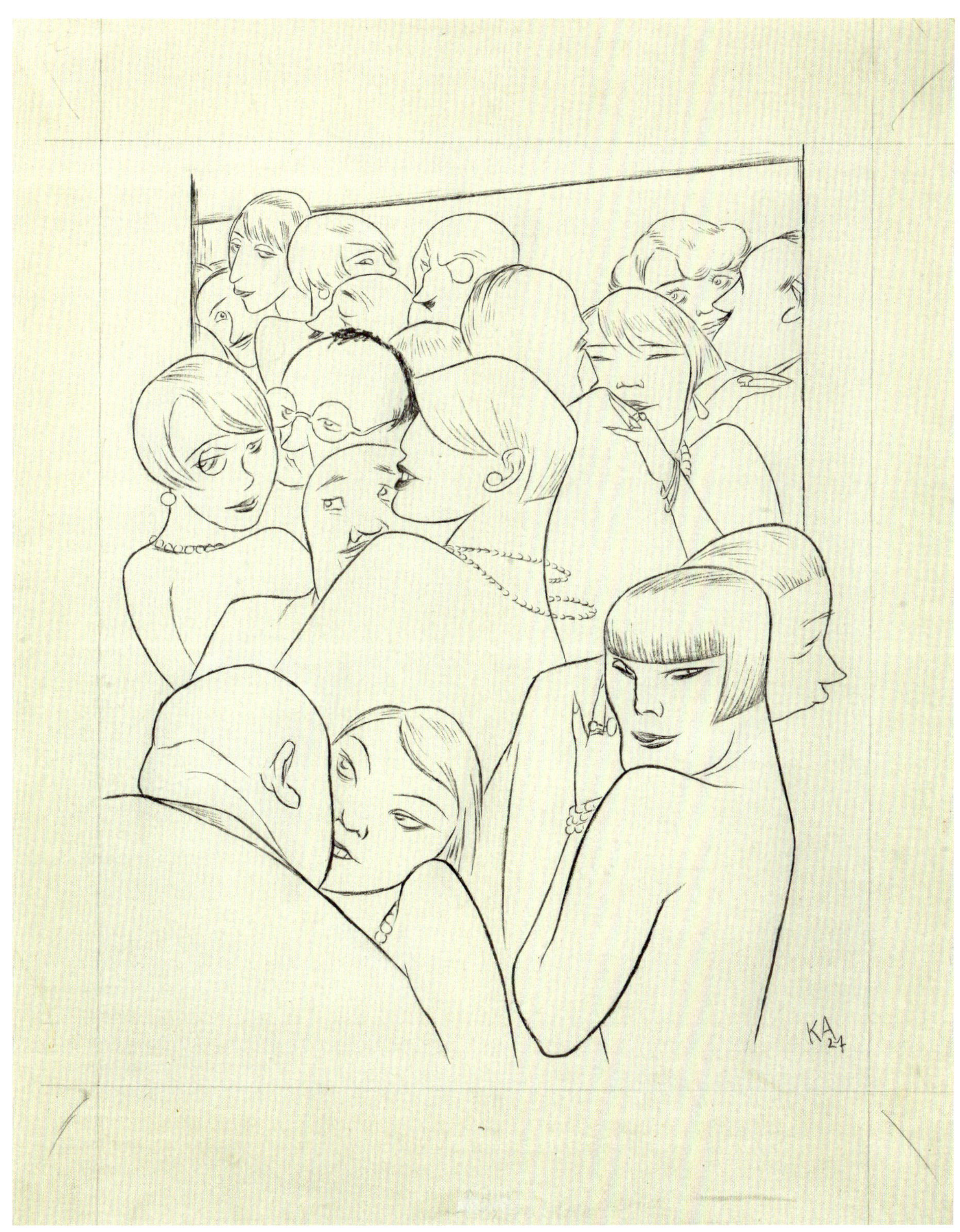
KA 27

Heinrich Ehmsen
Flußpferd, 1929

Ehmsen ließ sich 1929 in Berlin nieder. 1930 zeigte er in der Kunstkammer von Martin Wasservogel eine Folge von Zoo- und Mittelmeeraquarellen, darunter auch das *Flußpferd*. Im Vorwort des Katalogs bekannte der Künstler: „L'art pour l'art ist nicht meine Sache. Ich muss durch Form und Farbe hinaus schreien, was in mir tobt. Mitleid mit der geschundenen Kreatur, Zorn gegen die Peiniger."

Der Zoobesuch wird hier als Freizeitvergnügen für Jung und Alt geschildert. Doch das Beschauliche und das Bedrohliche liegen dicht beieinander. Die Szene rechts im Vordergrund mit Großvater, Kindermädchen und ihren Schutzbefohlenen wird durch die spitze Ecke eines Gitterkäfigs gebrochen, hinter dem ein Flusspferd sein Maul wie zum Schrei aufsperrt. Ehmsen stellt zwischen dem eingesperrten Wildtier und den von Erwachsenen im Zaum gehaltenen Kindern eine Beziehung her, durchaus mit kritischem Unterton. Die starken Größenunterschiede der verschiedenen Gruppen von Zoobesuchern und die über den Bildrand hinausführenden Gitterlinien lassen das Haus für die Tiere wie ein riesiges Gefängnis erscheinen. A. L.

Ehmsen settled in Berlin in 1929. In 1930, at Martin Wasservogel's Kunstkammer, he exhibited a series of watercolours painted at the zoo and by the Mediterranean, including the *Hippopotamus*. In the preface to the catalogue, the artist confessed: "L'art pour l'art is not my thing. I need shape and colour to cry out what rages within me. Pity for the ill-treated creature, anger at the tormentors."

Visiting the zoo is depicted here as a leisure pursuit for young and old alike. However, there is a fine line here between contemplation and threat. The scene in the foreground on the right, with the grandfather, the nanny and her charges, is disrupted by the angled corner of a cage, and behind it a hippo opens its jaws as if to scream. With a critical undertone, Ehmsen creates a link between the wild beast in captivity and the children constrained by the adults. The striking difference in size between the different groups of visitors and the bars bleeding off the page lend the building the air of a huge prison.

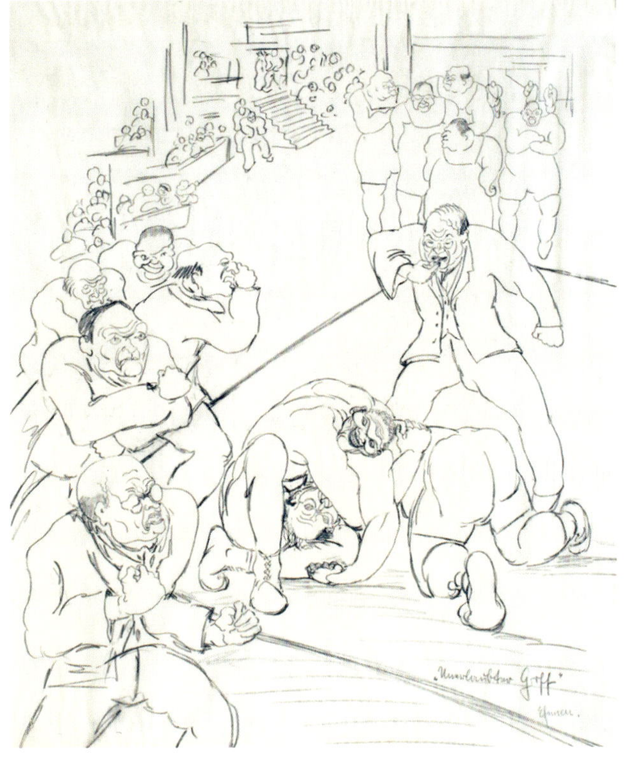

Heinrich Ehmsen
Unerlaubter Griff, um 1927

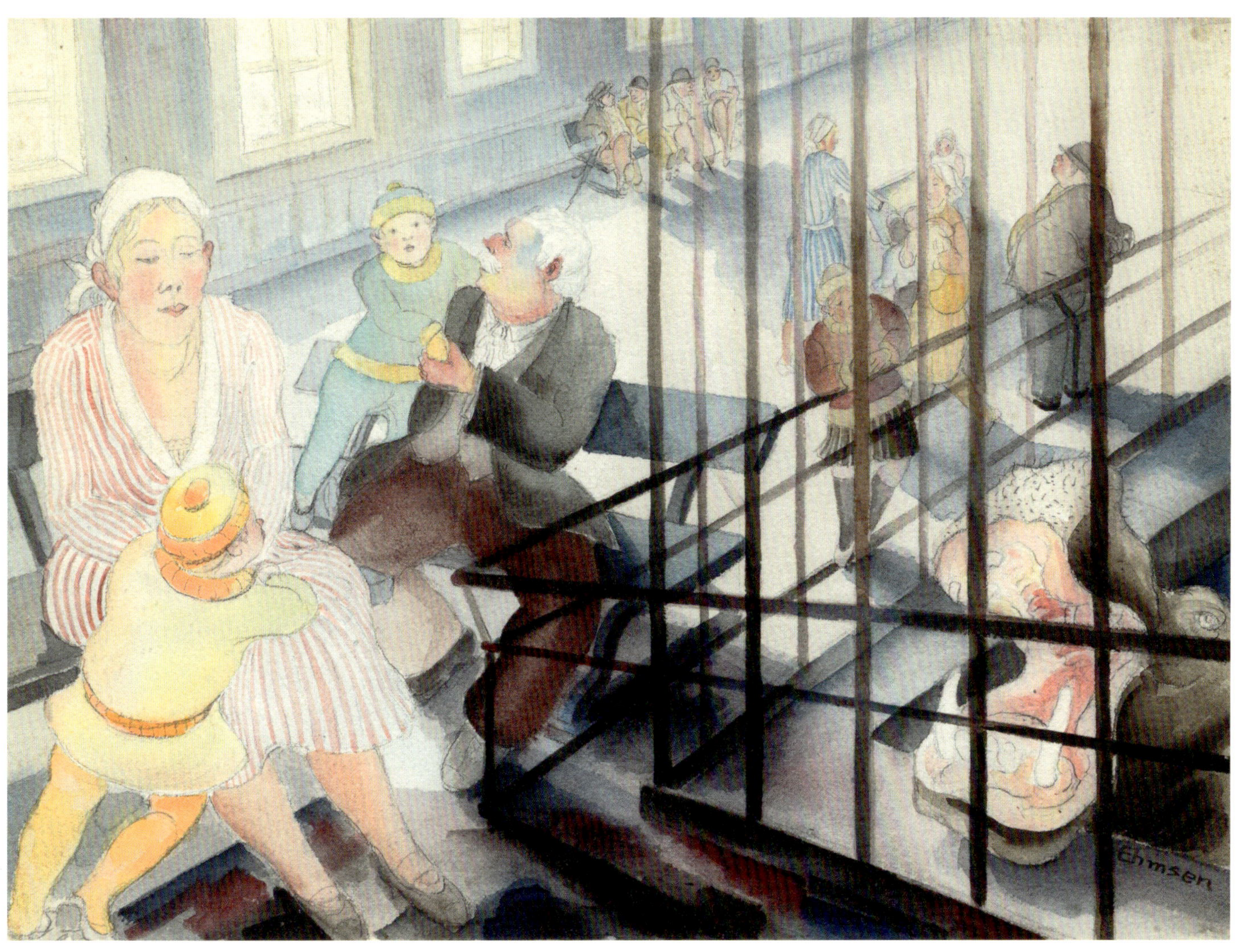
Ehmsen

Rudolf Schlichter

Kraft und Tücke, 1931

Vertrat Schlichter Mitte der 1920er Jahre noch eine veristische Schilderung der Wirklichkeit und die revolutionäre Kraft der Kunst im Klassenkampf, kündigt sich um 1930 sowohl auf künstlerischer als auch auf geistiger Ebene ein Bruch mit den Idealen der linkspolitischen Intellektuellen an. Rudolf Schlichter tauscht seinen genauen Strich der Zeichnung gegen fließendes Aquarell und einen zynischen, undistanzierten Blick. *Kraft und Tücke* zeigt einen in die Jahre gekommenen Boxer mit geballter Faust. Doch sein aus der Form gelaufener massiger Körper lässt diese Pose hohl wirken und ebenso wenig vitale Kraft erkennen wie der dumpfe Blick und das rote Hütchen Tücke. Hier wird kein Sportheld wie Max Schmeling präsentiert, sondern ein kampfunfähiger proletarischer Schaubudenboxer der Lächerlichkeit preisgegeben. Schlichter reflektiert mit dem Blatt auf motivischer und malerischer Ebene die Auflösung der Arbeiterbewegung und drückt seine Resignation über den verlorenen Kampf aus. I. L.

In the mid-1920s Schlichter had a Verist take on reality and a belief in the revolutionary power of art in the class struggle, but around 1930 there are signs that he was breaking with the artistic and intellectual ideals of left-wing politics. Rudolf Schlichter relinquished the sober precision of his pen in favour of flowing watercolours and a cynical, undetached view. *Strength and Cunning* shows an ageing boxer with a clenched fist, but his thick-set body is blubbery that the grand gesture seems hollow. There is as much strength and vitality here as there is cunning in the dull eyes and little red hat. This is no sporting hero like Max Schmeling, but an incompetent proletarian fairground boxer exposed to our ridicule. With this work, Schlichter's choice of motif and his painterly technique reflect the disintegration of the labour movement and convey his own resignation about the lost struggle.

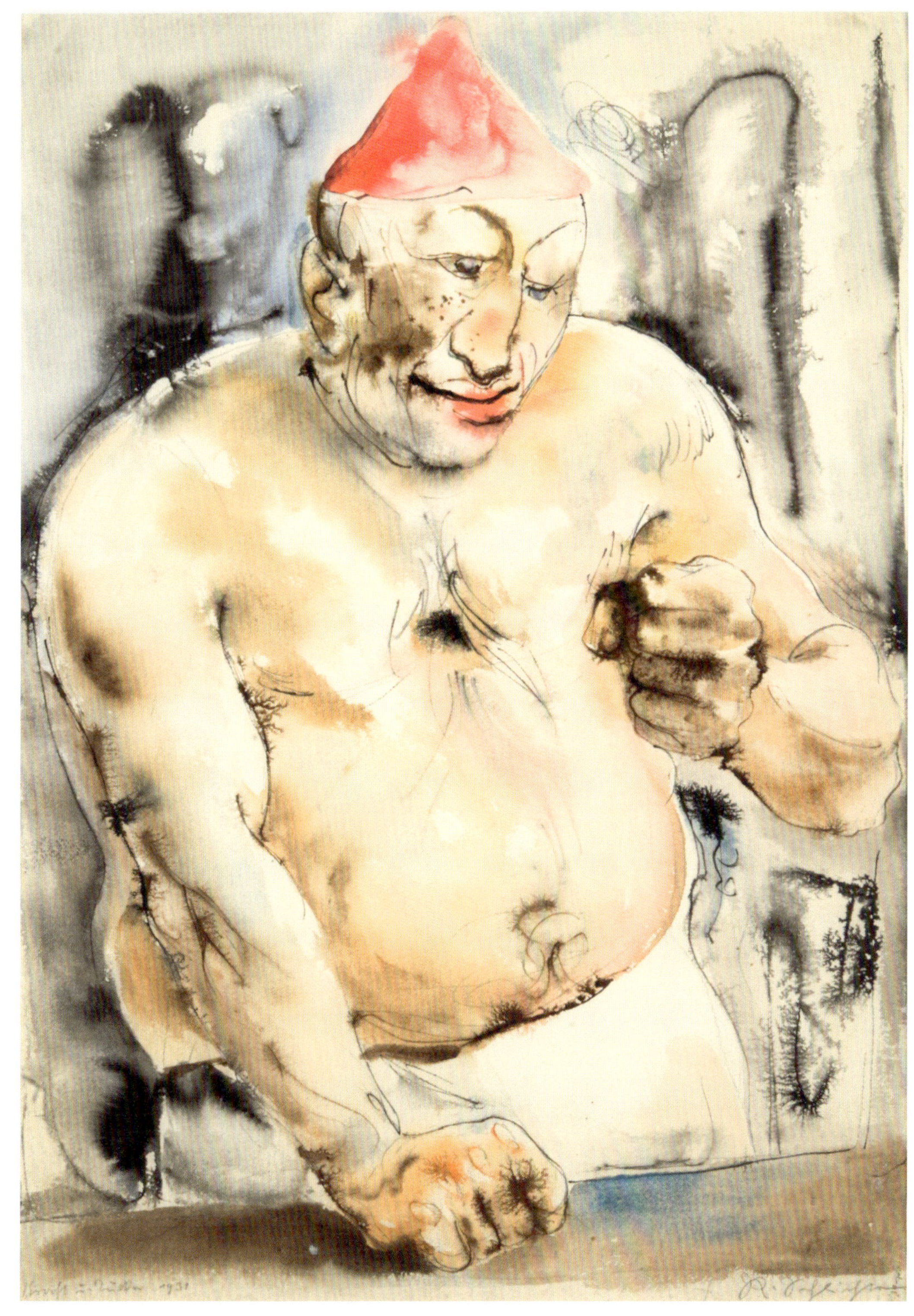

Rudolf Großmann
Cocain – Eine Orgie des modernen Lebens: Lesbos, 1925

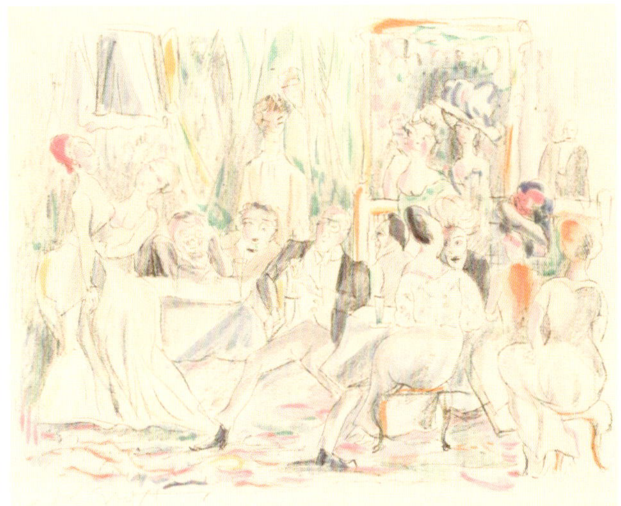

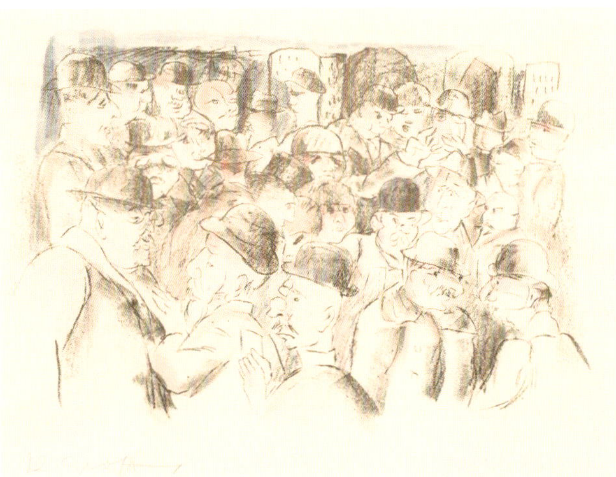

Rudolf Großmann
Cocain – Eine Orgie des modernen Lebens: Schwarze Börse, 1925

Rudolf Großmann entstammt einer badischen Künstlerfamilie. Zwischen 1905 und 1910 lebte er in Paris im Kreis deutscher Künstler um Matisse und war mit dem Zeichner Jules Pascin befreundet. 1910 ging er zum ersten Mal nach Berlin, gefördert von den wichtigsten Kunsthändlern der Stadt, Paul Cassirer und Alfred Flechtheim. Bekannt wurde Großmann, der 1924 nach Berlin übersiedelte, mit seinen Porträts zahlloser Prominenter der Weimarer Republik. Seine 1925 erschienene Mappe *50 Köpfe der Zeit* ist eine wahre Fundgrube aus dem damaligen Kunst- und Kulturleben. Doch der Grafiker und Illustrator, Mitglied der Berliner Secession und freier Mitarbeiter des *Simplicissimus*, interessierte sich nicht nur für das glamouröse Nachtleben der Stadt. In seinen Zeichnungen und Drucken hält er ebenso die soziale Wirklichkeit fest. Auch seine Mappe *Cocain. Eine Orgie des modernen Lebens* schildert neben den mondänen nächtliche Vergnügungen ebenso die sozialen Räume des Geschäftemachens nach der Inflationszeit: die Händler auf dem Schwarzmarkt oder die Industriellen im Aufsichtsrat. Einige der kolorierten Lithografien gehen auf Zeichnungen zurück, die Großmann 1924 im *Simplicissimus* veröffentlicht hatte. In ihrer nüchternen und leicht karikierenden Art funktionieren die Blätter als Sittenbild ihrer Zeit. A.L.

Rudolf Grossmann was from a family of artists in Baden. From 1905 to 1910 he lived in Paris among German artists in the entourage of Matisse, and he was friends with Jules Pascin. He first visited Berlin in 1910 with support from Paul Cassirer and Alfred Flechtheim, the city's principal art dealers. Grossmann moved to Berlin in 1924, establishing a reputation with his portraits of countless well-known figures in the Weimar Republic. The portfolio he published in 1925, *50 Heads of Our Time*, is a real treasure trove which tells us much about the cultural life of the period. However, this graphic artist and illustrator, who joined the Berlin Secession and worked free-lance for *Simplicissimus*, was not interested in the city's glamorous night life. His drawings and print are equally full of social reality, as is his portfolio *Cocaine – An Orgy of Modern Life*. Alongside fashionable nocturnal amusements it depicts the social settings where business was done after the inflation years: dealers on the black market and industrialists on the company board. Some of these hand-coloured lithographs were based on drawings published by Grossmann in *Simplicissimus* in 1924. These sober pictures, caricatures of a mild kind, hold up a mirror to the morality of the time.

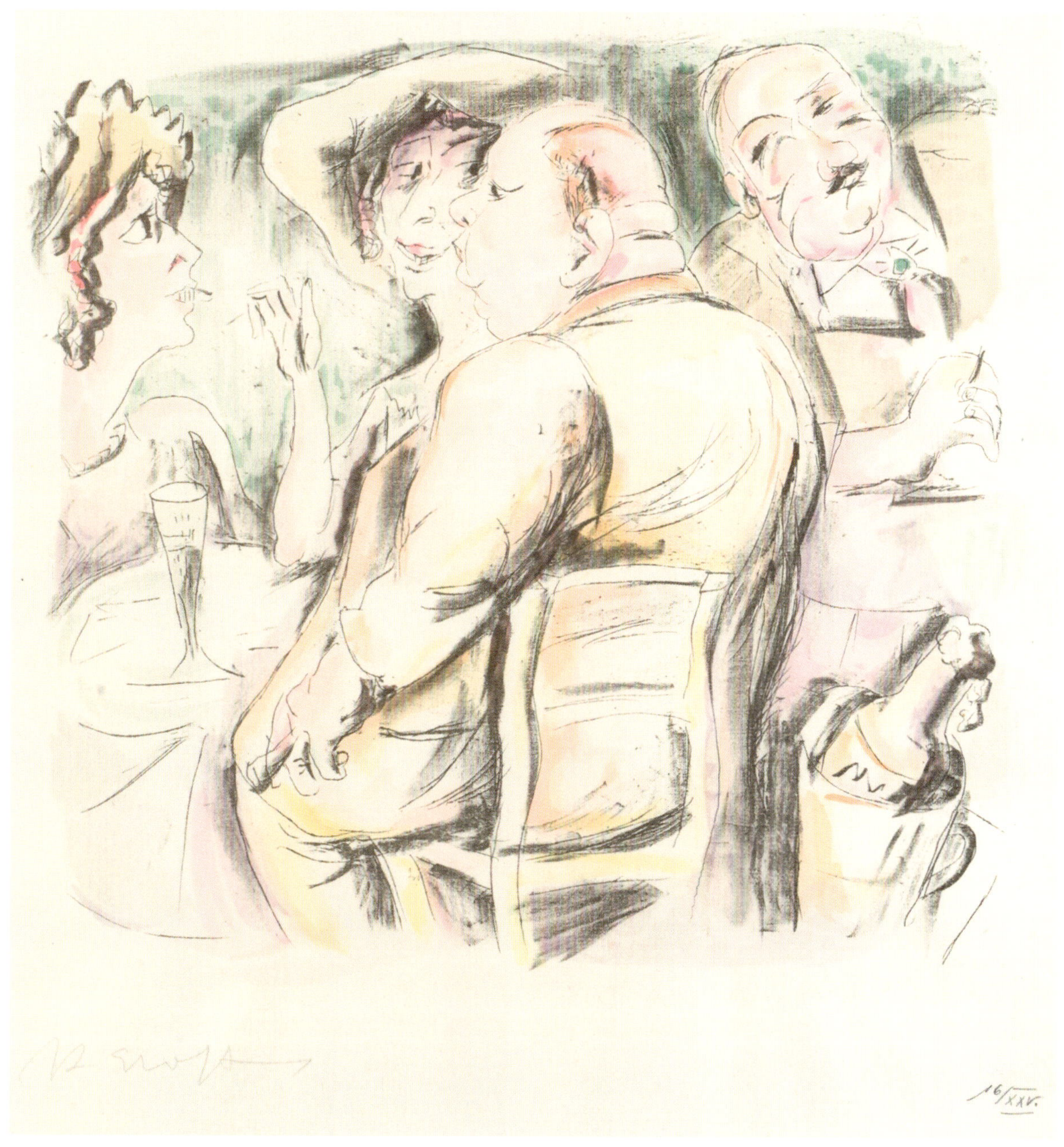

Rudolf Großmann
Cocain – Eine Orgie des modernen Lebens: Schieber, 1925

BÜHNE UND BAR
Pubs, Clubs and Show Business

Der „für die weltstädtische Schaulust inszenierte Travestiebetrieb hat seine Stätte im Elodorado an der Lutherstraße gefunden. Ein Tanzsaal größeren Stils mit einem äußerst eleganten Publikum. Smokings, Fräcke und große Abendroben – so präsentiert sich hier die Normalität." So beschreibt Curt Moreck 1931 im *Führer durch das „lasterhafte" Berlin* den legendären Club. Im Eldorado tummelte sich die großstädtische Welt der Bohemiens und Außenseiter, deren Glamour schnell ein internationales Publikum anzog. Das schwul-lesbische Leben in den Bars war für Künstler wie Jeanne Mammen oder Otto Dix ein reizvolles Thema. Ständig auf der Suche nach dem „unverdünnten Leben" schildert Dix in seinem Aquarell jedoch eine ernüchternde Alltäglichkeit jenseits der Glitzerfassade. Die drei durch weibliche Attribute als Transvestiten gekennzeichneten Figuren scheinen sich zwar zu kennen, doch wirken sie trotz Blickkontakt blasiert und vereinzelt. Die Szene ist geprägt von einer angespannten Atmosphäre, die durch die grelle Farbigkeit der Kleider und des Ortes unterstützt wird. Mit Stift und Aquarell ausgeführt, spiegelt Dix in den verfließenden Farbflächen der Dekorationen und des Make-ups auf seinem Blatt nicht zuletzt die sich auflösenden Grenzen zwischen den Geschlechtern. I. L.

"Drag artists parading for the benefit of cosmopolitan voyeurs set up shop at the Elodorado on Lutherstrasse. A dance floor in grand style with an extremely elegant audience. Smoking jackets, tails and lavish evening gowns – these were the norm." That was how Curt Moreck described the legendary club in 1931 in his *Guide to "Sinful" Berlin*. The Eldorado pulled in an urban clientele of bohemians and misfits, and its glamorous aura was soon a magnet to international visitors. Gay and lesbian activity in the city's bars fascinated artists like Jeanne Mammen and Otto Dix. Ever on the look-out for "undiluted life", Dix nevertheless paints a sober picture of the routine behind the glittering façade. The three figures, identified by their attributes as transvestites, seem to know each other, but despite the eye contact they look off-hand and solitary. There is a tense atmosphere to the scene, reinforced by the garish hues of the clothes and the venue. Working with pencil and watercolour, Dix lets the colour of decorations and make-up flow together, not least reflecting the blurred distinction between the genders.

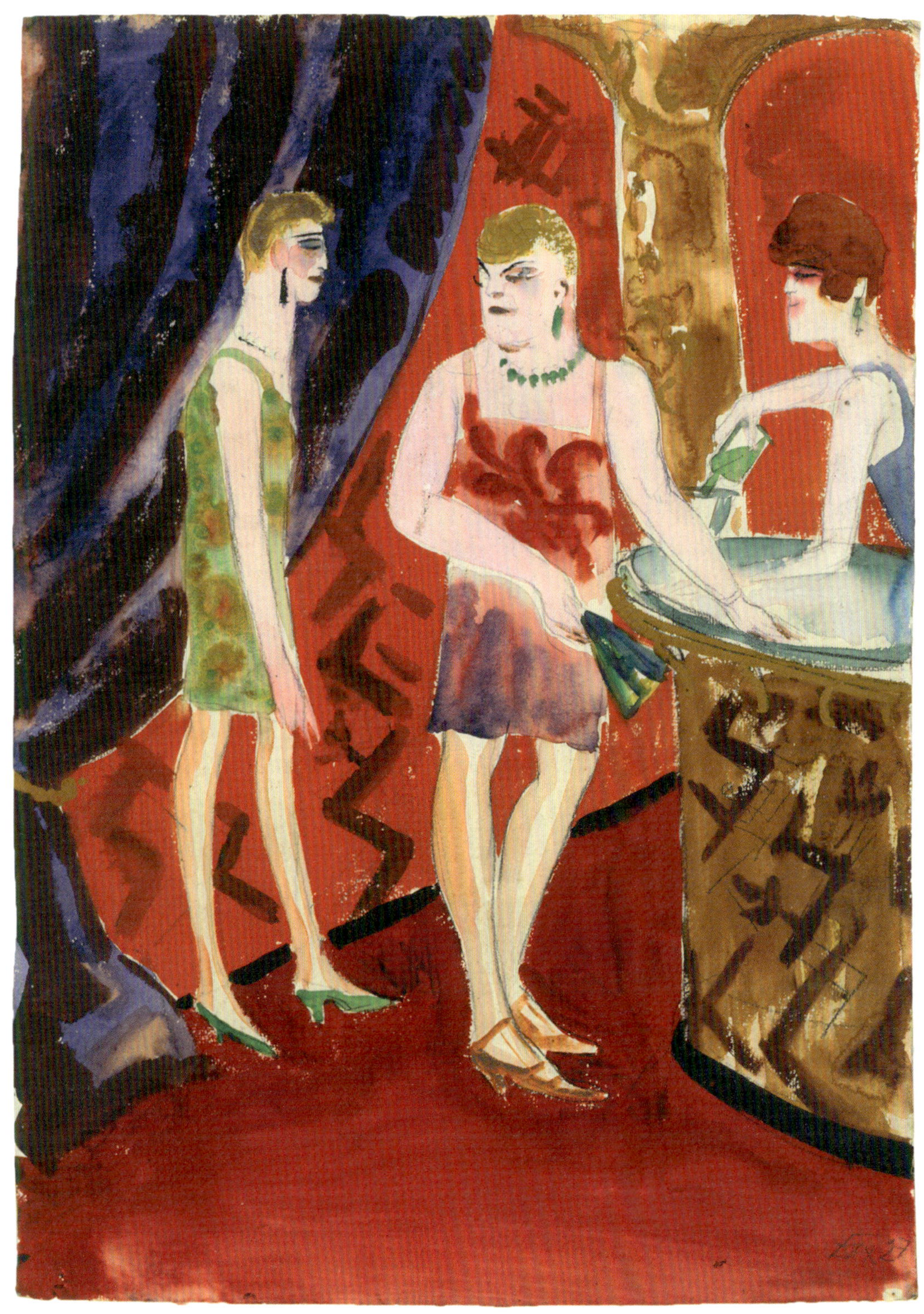

Otto Dix
Eldorado, 1927

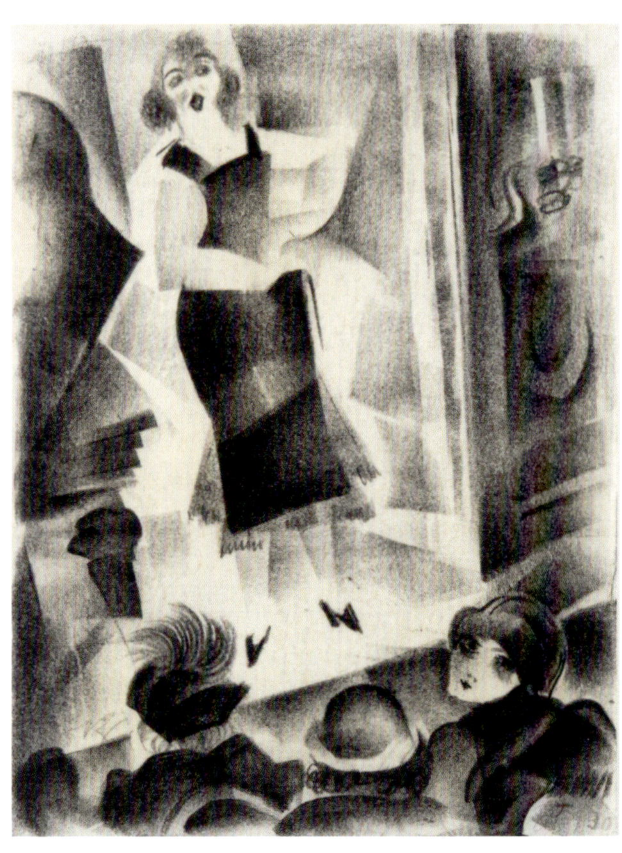

Richard Ziegler
Sängerin im Varieté, 1924

Das Kaffeehaus galt als Inbegriff des gesellschaftlichen Lebens, als der Ort, an dem man sich traf und austauschte oder erotische Beziehungen anbahnte. Die beiden Gestalten sitzen zwar beziehungslos an ihren Tischen, doch könnte im nächsten Moment der Blick von der Zeitung sich heben, die Frau sich umwenden, der Kontakt, auf den sie wartet, stattfinden.

Richard Ziegler, der aus dem württembergischen Calw stammt, wo auch Rudolf Schlichter geboren wurde, kam 1925 nach Berlin und wurde Mitglied der Novembergruppe. Er bewahrte seinen distanzierten Blick auf die Großstadt und sah unter der grellen Schminke die Müdigkeit und Einsamkeit jener Frauen, die als Prostituierte ihren Lebensunterhalt verdienten. Als künstlerischer Autodidakt sondierte er verschiedene zeichnerische Techniken. Neben dem Kantstift, einem viereckigen Kreidestift, bevorzugte er das Pastell. Beide Techniken erlaubten es ihm, schnell zu skizzieren und gleichzeitig malerische Wirkung von intensiver Ausdruckskraft zu erzielen. 1933 wurden seine Ausstellungen in Deutschland verboten, er floh nach Kroatien und später nach England, wo er 1940 unter Pseudonym die Zeichnungsserie *We Make History* veröffentlichte: bitterböse Porträts von NS-Größen kombiniert mit entlarvenden Zitaten. A.L.

The coffee house was the very epitome of socialising, the place where people came to meet and talk or seek out erotic adventures. Although these two figures are sitting disconnected at their tables, at any moment his eyes might lift from the newspaper, she might turn round, the contact the woman awaits might happen.

Ziegler, like Rudolf Schlichter from Calw in Württemberg, came to Berlin and 1925 and joined the *Novembergruppe*. He preserved his detached view of the city, recognising under the garish make-up the weariness and solitude of women earning a livelihood as prostitutes. He had taught himself to draw and liked to try out different techniques. Apart from square chalks, he had a preference for pastels. Both enabled him to sketch quickly and yet achieve a highly expressive painterly effect. In 1933 he was banned from exhibiting in Germany. He fled to Croatia and later to Britain where, under a pseudonym, he published a series of drawings in 1940 called *We Make History*: scathing portraits of leading Nazis combined with revealing quotations.

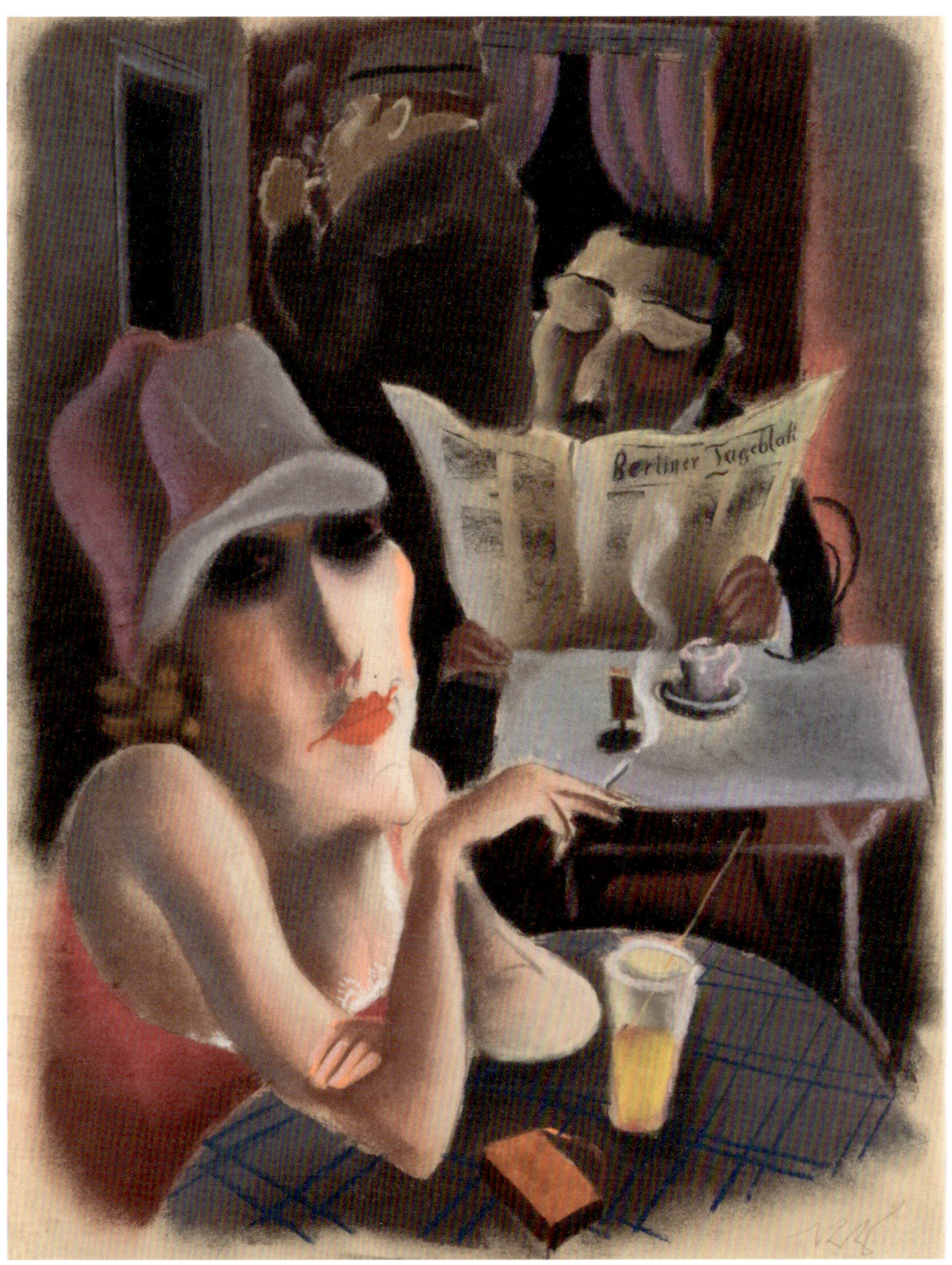

Richard Ziegler
Berliner Tageblatt, 1927/28

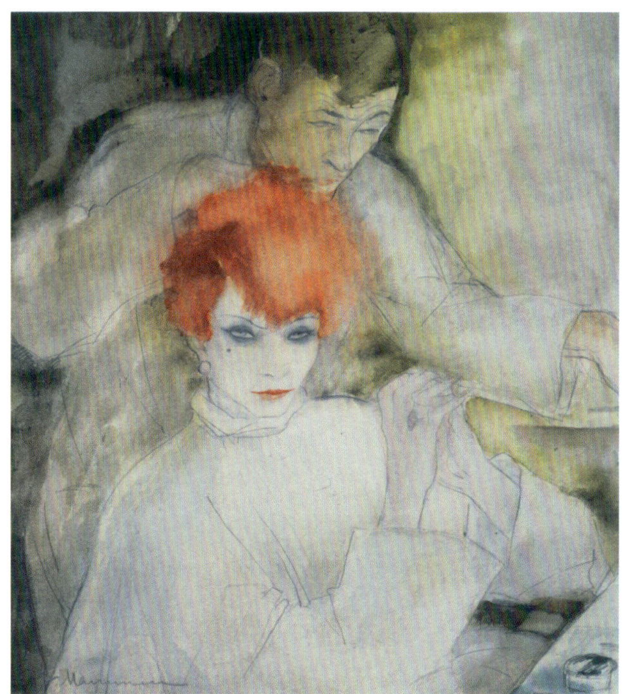

Jeanne Mammen
Die Rothaarige (Gedanken beim Friseur), um 1928

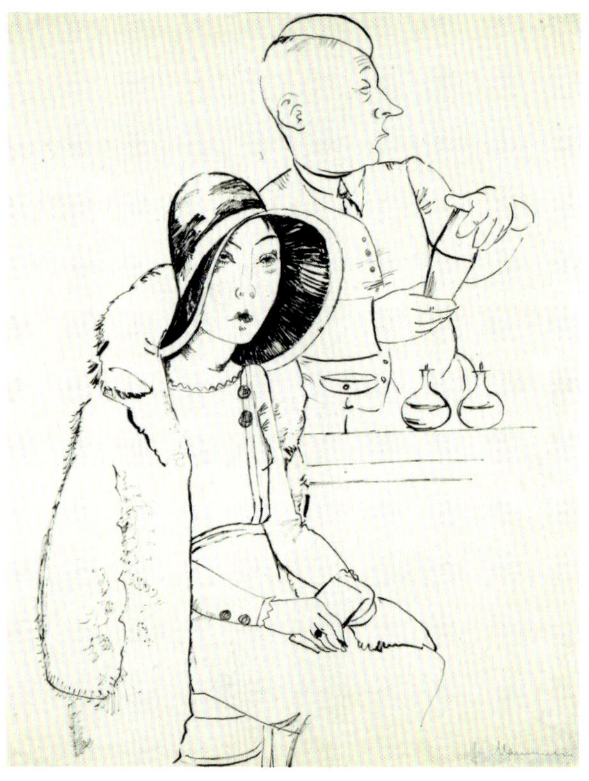

Jeanne Mammen
In der Bar, um 1930

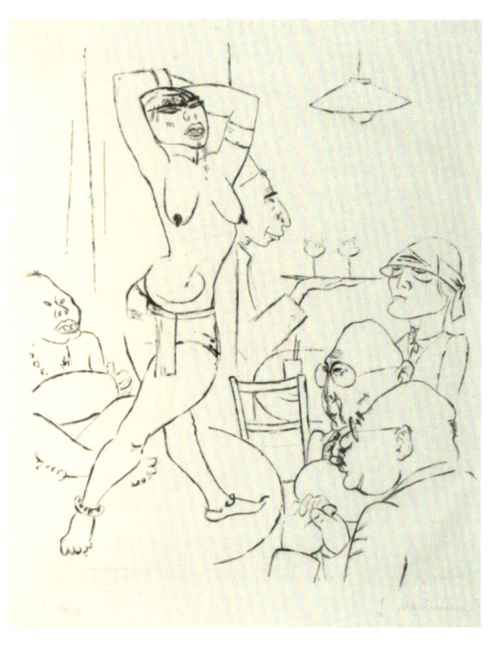

Jeanne Mammen
Arabische Tänzerin, um 1930

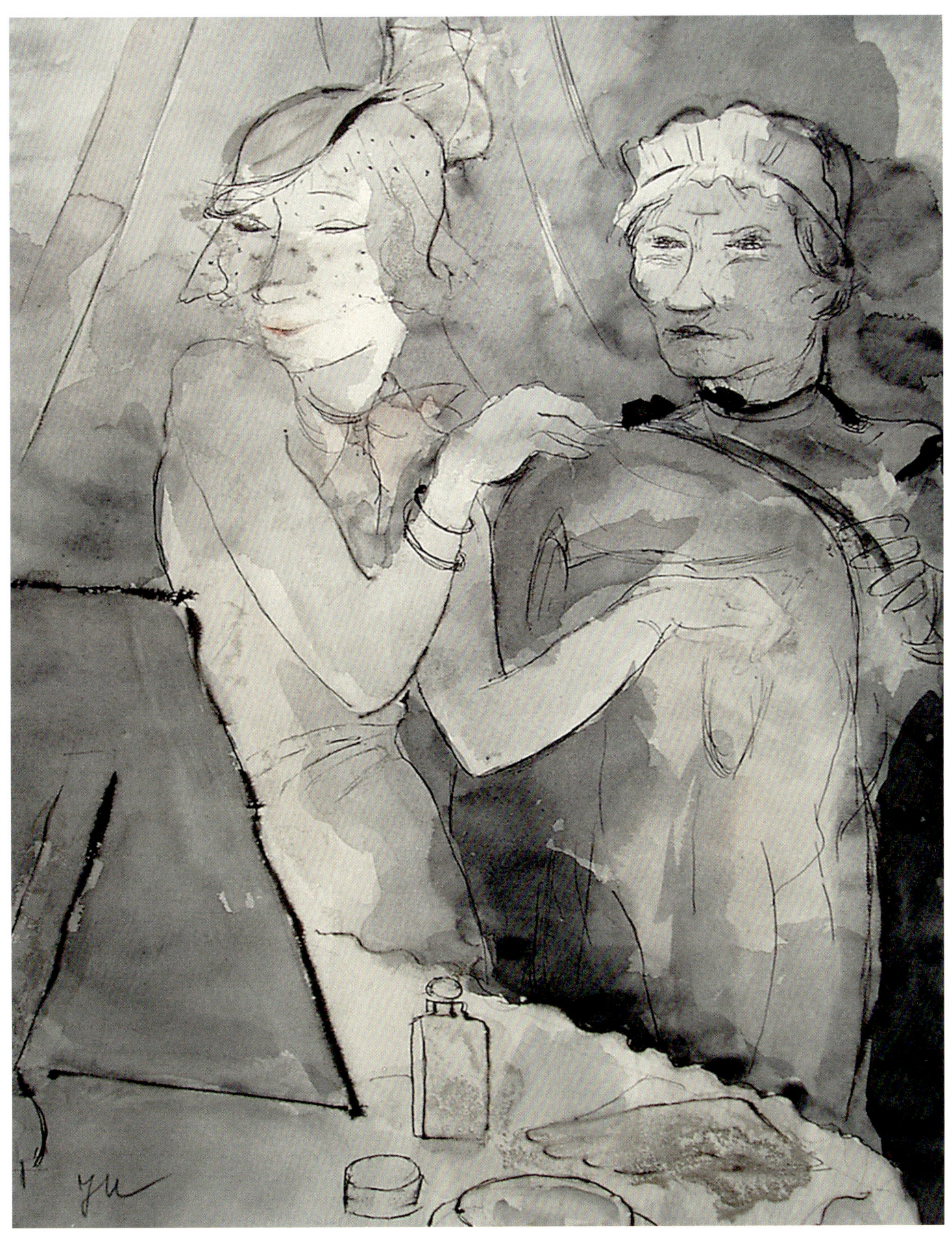

Jeanne Mammen
In der Garderobe, undatiert (um 1927)

Lieselotte Friedlaender war eine der bedeutendsten Modegrafikerinnen der Weimarer Republik. Neben den Modeillustrationen schuf sie zahlreiche Porträts von Freunden und Persönlichkeiten aus der Theater- und Filmwelt. Sie zeichnet die porzellanhafte Schönheit der Brigitte Helm in ihrer Rolle als Alraune, einer geheimnisvollen, auf künstlichem Wege erzeugten Frau im gleichnamigen Film von Henrik Galeen. Die dänische Schauspielerin Asta Nielsen, eine Femme fatale der Leinwand, die unter anderem in der Rolle des Hamlet brillierte, hält sie dagegen im Kostüm einer Dienstmagd, eine ihrer weniger bekannten Filmrollen, fest. Ch.K.

Lieselotte Friedlaender ranks as a major fashion illustrator in the Weimar Republic. Apart from illustrating fashion, she portrayed many friends and celebrities in the world of theatre and cinema. She drew the porcelain beauty of Brigitte Helm in her role as Alraune, a mysterious, artificially created woman in the film of the same name by Henrik Galeen. The Danish actress Asta Nielsen, a "femme fatale" of the big screen, played many outstanding parts, including Hamlet, but Friedländer depicts her dressed as a maid in one of her lesser-known roles.

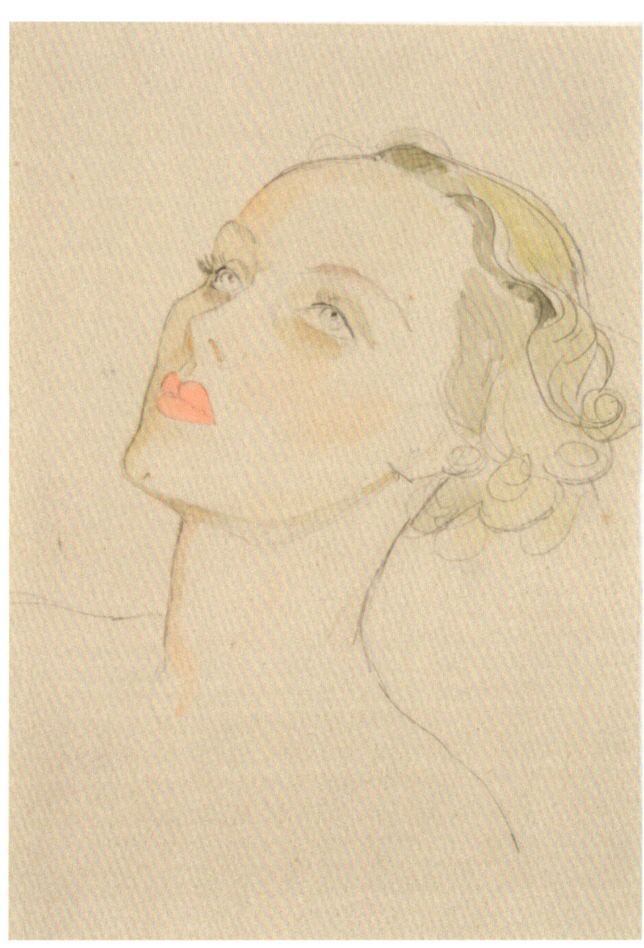

Lieselotte Friedlaender
Brigitte Helm als Alraune, um 1928

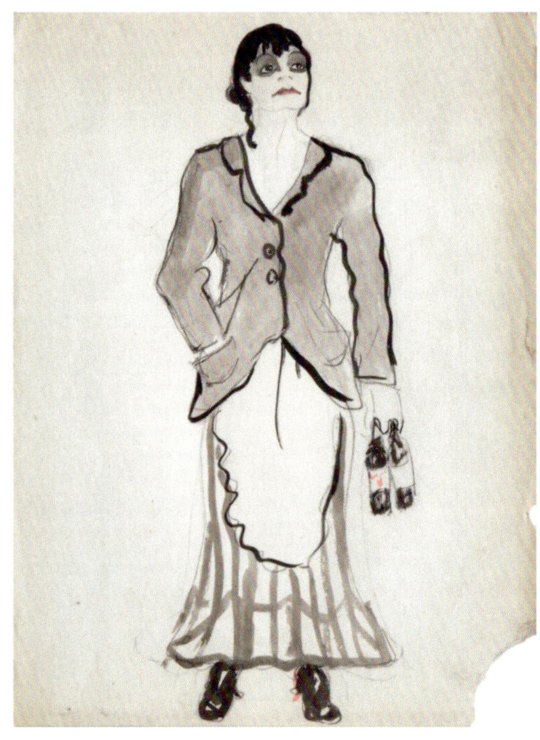

Lieselotte Friedlaender
Asta Nielsen, um 1920

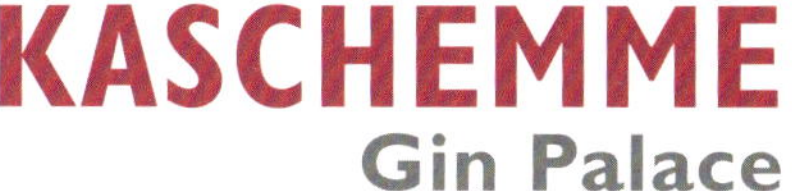

KASCHEMME
Gin Palace

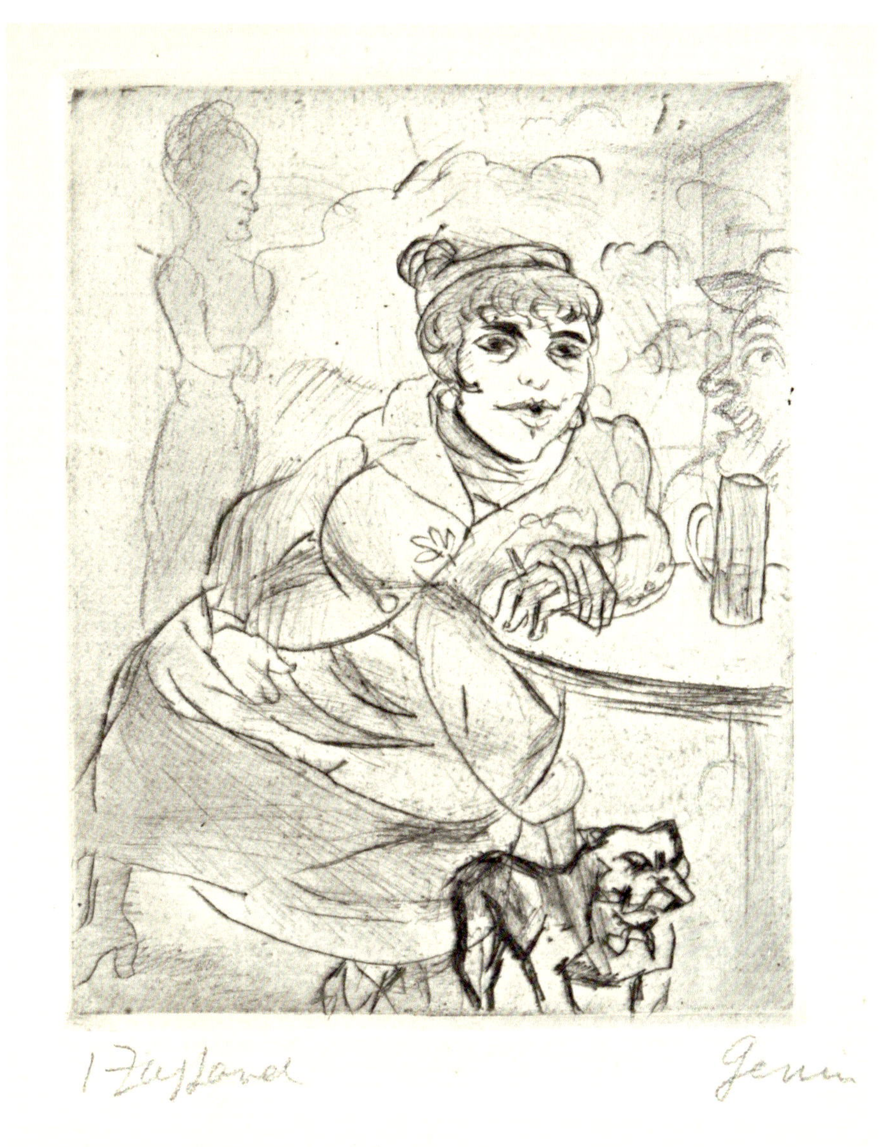

Robert Genin
Die Dirne (aus der Mappe *Aus den Spelunken Berlins*), 1919

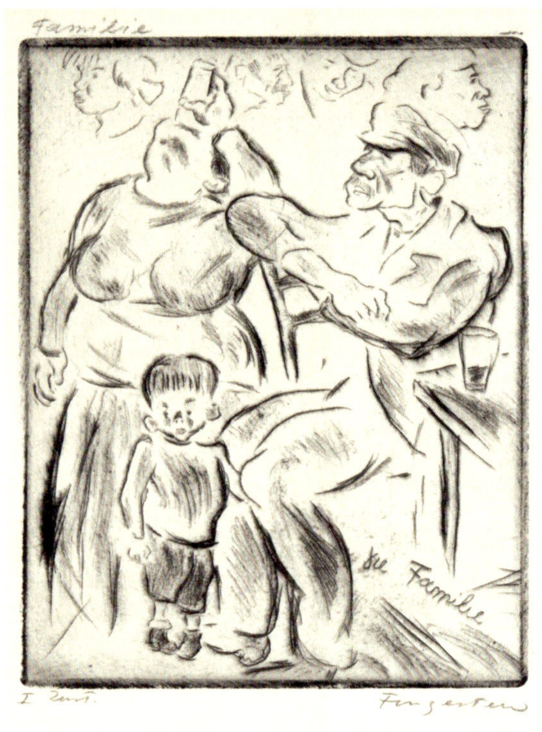

Michel Fingesten
Familie, 1919

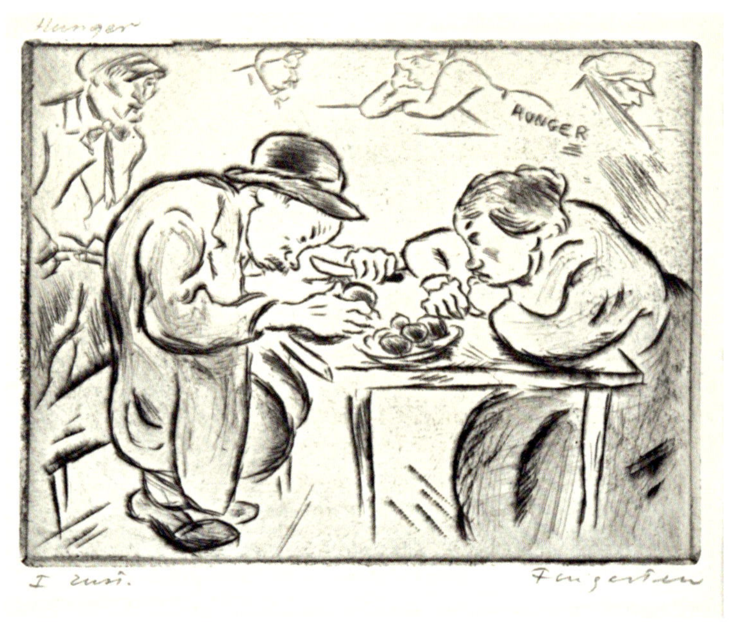

Michel Fingesten
Hunger, 1919

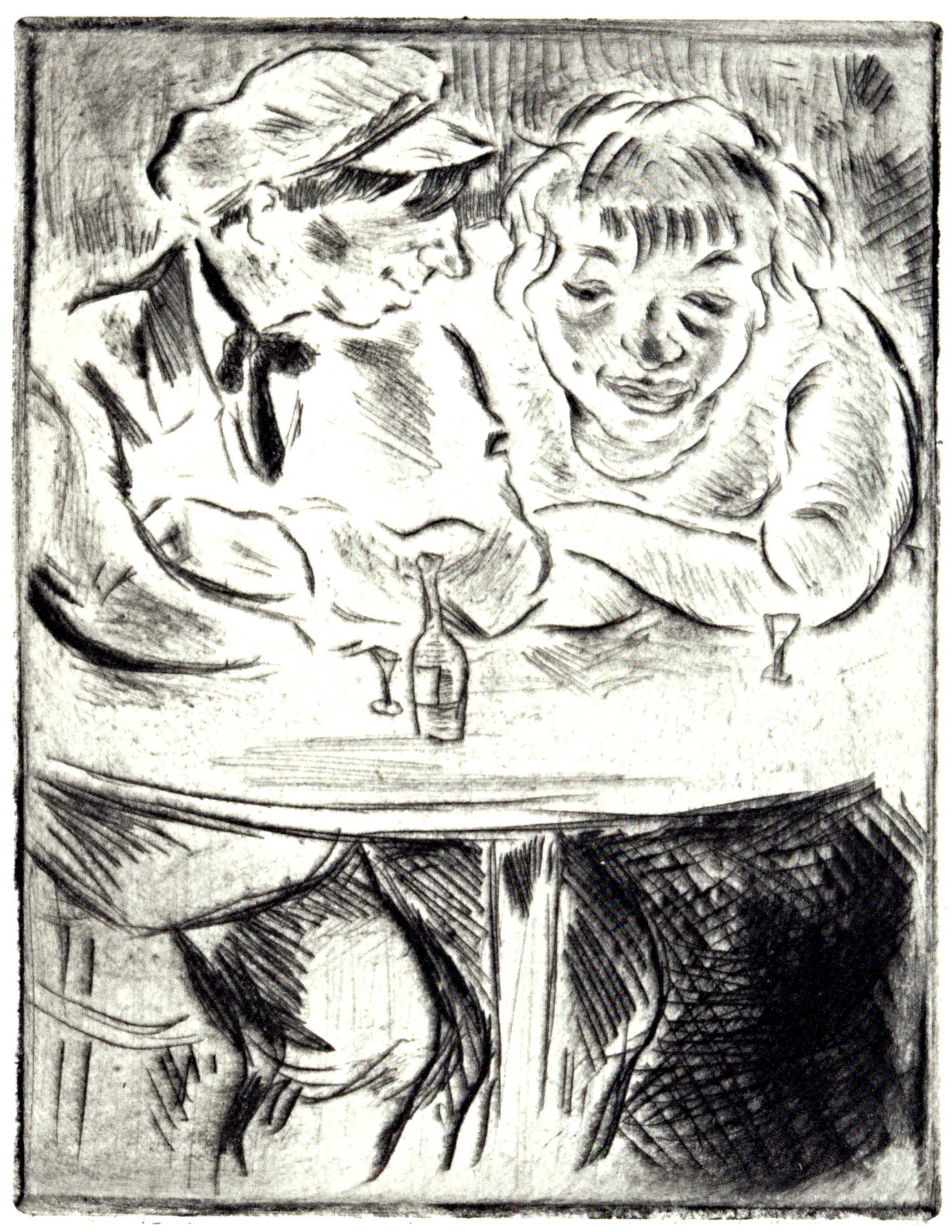

Michel Fingesten
Dirne und Zuhälter, 1919

AUFMARSCH UND ENDE
Fanfare and Finale

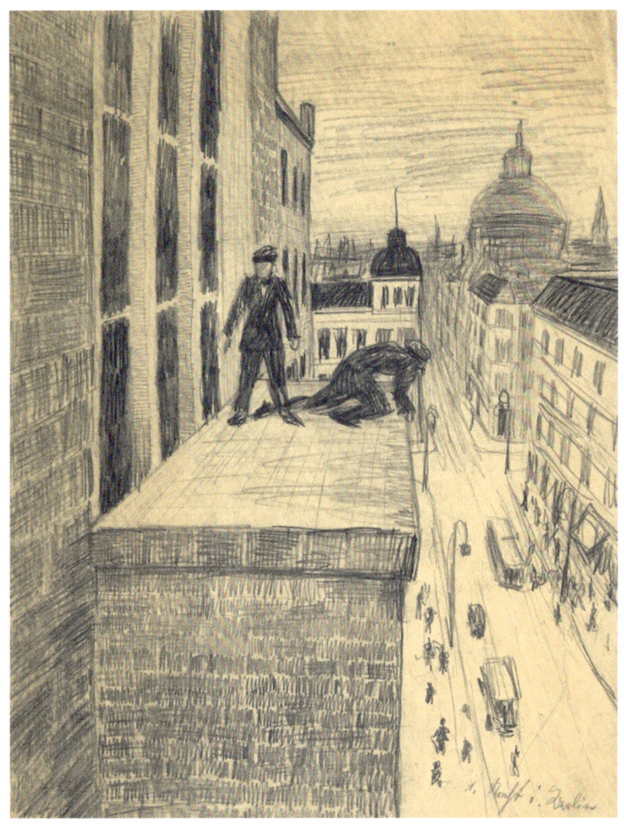

Werner Heldt
I. Nacht in Berlin, um 1930

„Wie man träumt, so soll man malen", schreibt Werner Heldt in seine Tagebücher. Zeit seines Lebens notierte er darin seine oftmals verstörenden, visionären Träume, die ihn immer wieder zu künstlerischer Produktion anregten. Das nach seiner Rückkehr aus Paris entstandene Blatt *I. Nacht in Berlin* ist durch die Atmosphäre des Traumhaften bestimmt: Mit schnellem und nervösem Strich zeichnet Heldt eine Straßenflucht, die sich ins Nichts verliert. Fast die Hälfte des Blattes wird von einer massiven Architektur eingenommen, vermutlich dem Polizeipräsidium in der Dircksenstraße, auf deren Vorsprung zwei Männer zu sehen sind. Während der eine breitbeinig dem Betrachter zugewandt steht, lehnt sich der andere gefährlich weit über den Abgrund. Die albtraumhafte Szene mag zugleich eine Erinnerung an die Straßenkämpfe während der Novemberrevolution sein, die Werner Heldt als Heranwachsender erlebt hatte. Parallel zur zeichnerischen Verarbeitung psychischer Konflikte und Ängste, beschäftigt sich Heldt um 1930 intensiv mit der Revolution von 1848 und dem Aufkommen politischer Massenbewegungen. I. L.

As you dream, so shall you paint," wrote Werner Heldt in his diaries. All his life he jotted down his often disturbing visionary dreams, which again and again prompted his art. The work *First Night in Berlin*, created after his return from Paris, is pervaded by a dream-like atmosphere: quick, jerky lines conjure up a street front vanishing into the void. Almost half the sheet is taken up by a massive building, presumably the police headquarters in Dircksenstrasse, where two men can be seen on a ledge. One stands facing the viewer, legs firmly apart, while the other leans out dangerously over the abyss. This nightmarish scene could also reflect a memory of street fighting during the November Revolution, which Werner Heldt witnessed as a teenager. Apart from using his drawings to work through psychological conflicts and fears, Heldt developed an intense interest around 1930 in the Revolution of 1848 and the rise of political mass movements.

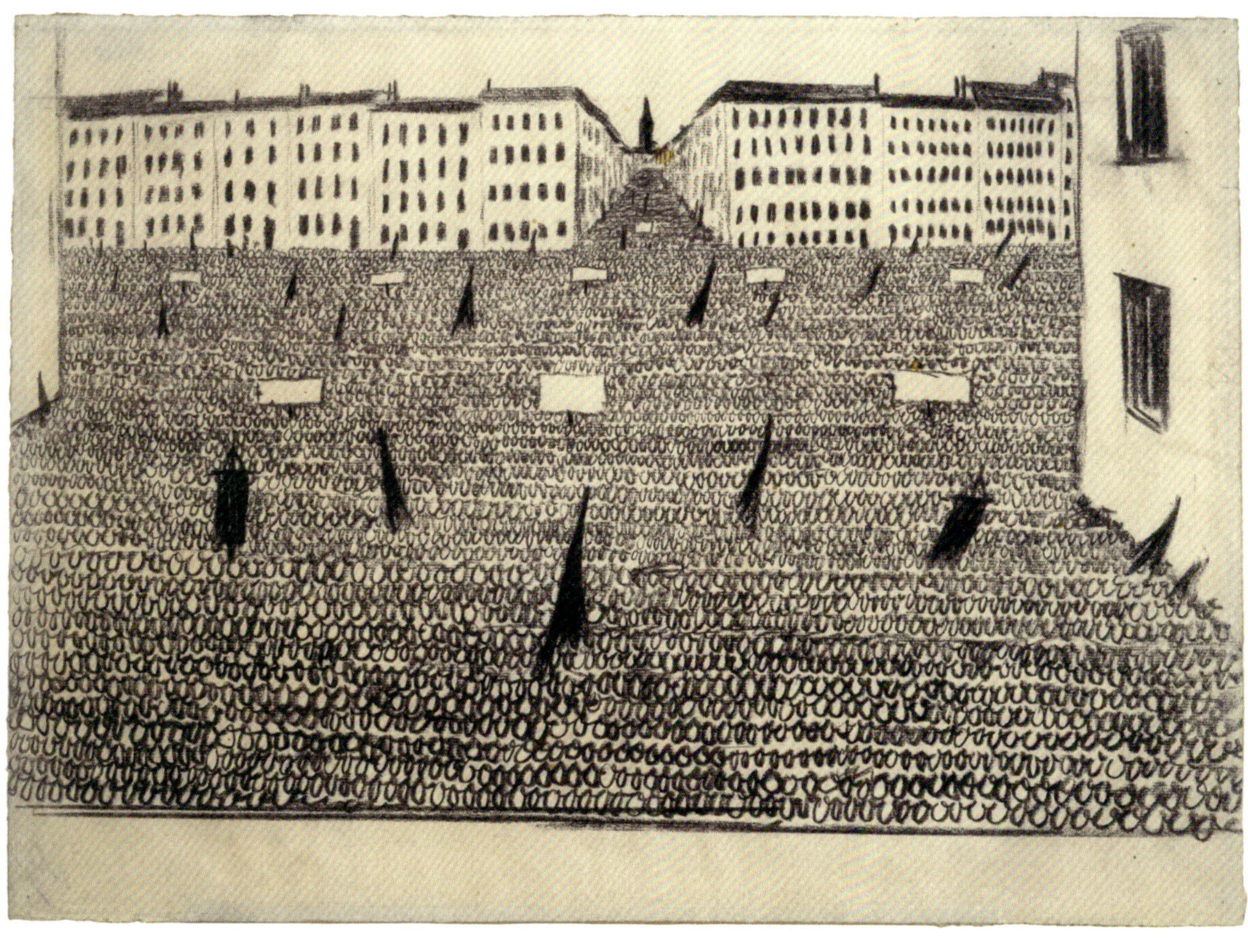

Werner Heldt
Aufmarsch der Nullen (Meeting), 1933/34

Durch die Regierungsübernahme Hitlers und die zunehmende Indoktrinierung der Massen durch nationalsozialistische Propaganda sah Heldt jene Werte gefährdet, die für ihn von zentraler Bedeutung waren: persönliche Freiheit und Kultur. Er floh 1933 aus Deutschland nach Mallorca, wo die Auseinandersetzung mit der „Masse" eine neue Dringlichkeit erfuhr. *Aufmarsch der Nullen (Meeting)* zeugt mit der Darstellung gleichförmig aneinandergereihter Bleistiftkringel von der anonymen Gesichtslosigkeit und Selbstaufgabe des Einzelnen in der Masse. Auf das Kürzel der Null reduziert, findet Heldt eine radikal einfache, aber deutliche Formel für gedankenlose Konformität und folgsame Uniformität, deren Wurzel er in seinem Text *Über die Masse* (1935) beschreibt: „Alleinsein ist gegenwärtig nicht in Mode. […] einer Majorität, einer Partei angehören, das ängstliche Herzchen, das schlafbedürftige Hirnchen vertrauensvoll in die Hände einer von der Mehrheit approbierten Autorität legen, […] das erleichtert, erlöst von persönlicher Verantwortung." I. L.

When Hitler seized power and the masses were subjected to increasing indoctrination by National Socialist propaganda, Heldt recognised the threat to his essential values: personal liberty and culture. In 1933 he fled Germany for Mallorca, where his confrontation with the "mass" acquired a new urgency. In *Meeting* the rows of identical pencil rings stand for the faceless anonymity and self-effacement of the individual in the mass. By reducing everything to zeros, Heldt devises a radically simple but resounding formula for unthinking conformity and obedient uniformity, the roots of which he describes in his text *On the Mass* (1935): "It is not currently fashionable to be alone. […] belonging to a majority, a party, trustfully placing one's fearful heart, one's sleepy little brain, in the hands of an authority with majority approval […] brings relief, absolves us from personal responsibility."

Gert H. Wollheim
Selbstbildnis, 1931

Als Gert Wollheim 1925 nach Berlin kam, hatte er bereits eine bewegte Karriere als Mitglied des Jungen Rheinlands, jener legendären, von der Düsseldorfer Galeristin Johanna Ey unterstützten expressionistischen Künstlergruppe hinter sich und dort mit schonungslosen Kriegsbildern Furore gemacht.

Im Selbstporträt aus der Sammlung Feldberg stellt sich Wollheim in Dreiviertelporträt in leichter Aufsicht dar. Die lebhaften, dichten Linien und Schraffuren der Pastellkreiden entwerfen ein hageres, zerfurchtes Gesicht mit verschatteten Augen, spitzer Nase und zusammengepressten Lippen. Im Gegensatz dazu fallen die Linien seiner Kleidung weich, fast lässig. Der Künstler als bitterer Sonderling, müde und enttäuscht nach seinen zahlreichen politischen und künstlerischen Aktivitäten? In den Zügen dieses kritischen Geistes vermag sich das Erlebte mit dem Erahnten zu vermischen. 1933 emigrierte Wollheim nach Frankreich. Seine Bilder wurden als „Entartete Kunst" verfemt. Nach Internierung, Flucht und Versteck in den Pyrenäen gelang ihm 1947 schließlich die Emigration nach New York. A.L.

When Gert Wollheim came to Berlin in 1925, he already had a turbulent career behind him as a member of *Junges Rheinland*, the legendary Expressionist group supported by gallery owner Johanna Ey in Düsseldorf, where he had triggered a furore with his merciless images of war.

In his three-quarter-length *Self-Portrait* from the Feldberg Collection Wollheim is shown from a raised angle. The lively thick lines and pastel hatching draw a gaunt, furrowed face with rings round the eyes, a sharp nose and firmly pressed lips. By contrast, the lines of his clothes are soft, almost casual. The artist as an embittered loner, left weary and disappointed by his prolific political and artistic activity? There seems to be a blend of experience and foreboding in the features of this critical spirit. In 1933 Wollheim emigrated to France. His pictures were pilloried as "degenerate art". Following internment, escape and a period hiding in the Pyrenees, he finally reached New York in 1947.

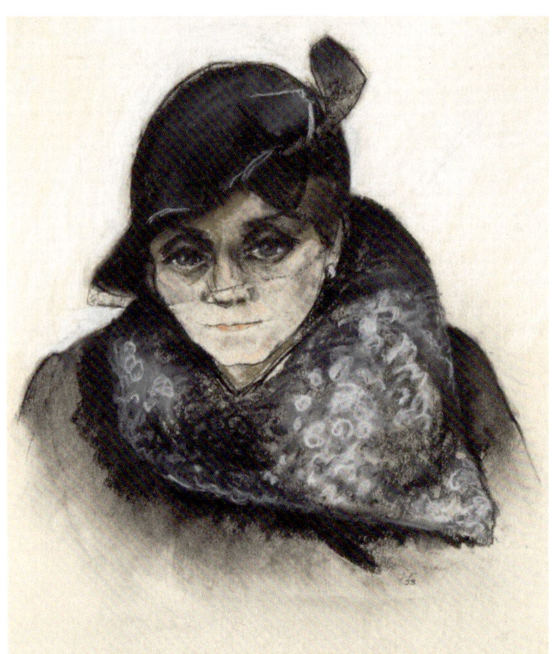

Gertrude Sandmann
Emigrantin I, 1933

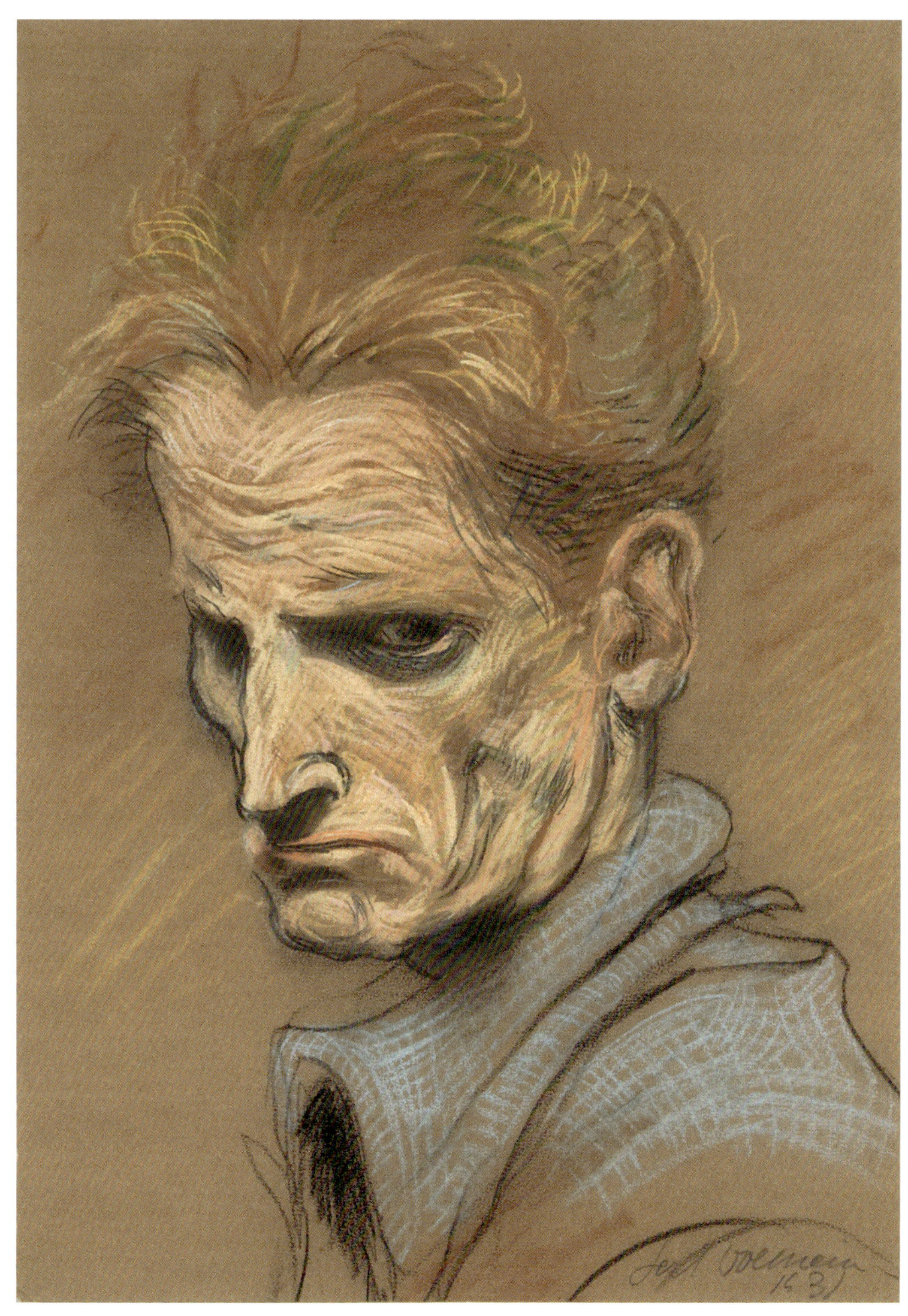

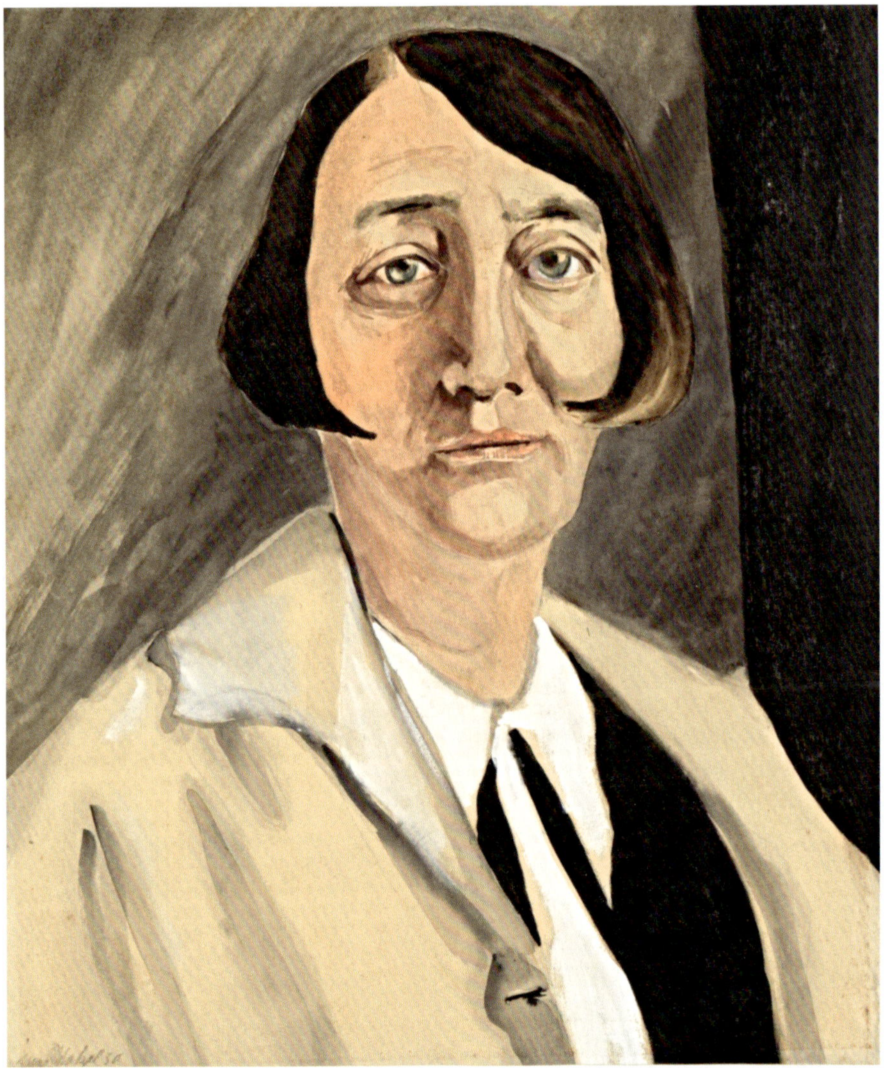

Ines Wetzel
Selbstbildnis, 1930

Ines Wetzel ist eine der heute vergessenen Künstlerinnen, die in den 1920er Jahren aktiv am Berliner Kunstleben teilnahmen. Sie studierte in Berlin und München, wurde 1919 Mitglied der Novembergruppe und beteiligte sich zwischen 1926 und 1929 sowie 1931 an deren Ausstellungen. Die Malerin nahm immer wieder kulturpolitisch Stellung. 1927 unterstützte sie die Protesterklärung gegen die Zerstörung der Barkenhoff-Fresken Heinrich Vogelers. In Zeitschriftenartikeln kritisierte sie die Auseinandersetzungen zwischen gegenständlicher und abstrakter Kunst. Sie selbst malte im Stil der Neuen Sachlichkeit. Ihr Selbstbildnis zeigt die 52jährige ganz uneitel als moderne Frau mit Bubikopf und in schlichter Kleidung. Als Teil des Konvoluts von Selbstbildnissen der Sammlung Feldberg kam es in die Berlinische Galerie, rares Zeugnis eines verschollenen oder zerstörten Lebenswerks. Ines Wetzel wurde 1940 mit ihrem Sohn in das Konzentrationslager Dachau deportiert und ermordet. A. L.

Ines Wetzel is one of those forgotten women artists who played an active role in the arts in Berlin during the 1920s. She studied in Berlin and Munich, joined the *Novembergruppe* in 1919, and took part in the group's exhibitions from 1926 to 1929 and again in 1931. She was a painter who repeatedly expressed her views on cultural policy. In 1927 she supported the protest against the destruction of Heinrich Vogeler's frescoes at Barkenhoff. She wrote articles in journals objecting to the conflict between representational and abstract art. She herself painted in the style of New Objectivity. Her self-portrait at the age of 52 shows her without vanity as a modern woman with short hair and simple clothes. The Berlinische Galerie acquired this work among other self-portraits from the Feldberg Collection, and it is a rare specimen of an oeuvre that has essentially been lost or destroyed. Ines Wetzel and her son were deported to Dachau concentration camp in 1940 and murdered.

Viel zu erzählen

Grafikzyklen der 1920er Jahre

Clemens Klöckner

In Programmatik und erzählerischem Charakter, ebenso wie in Wirkungsabsichten und tatsächlicher Wirkung, unterscheiden sich die in „Straßen und Gesichter" vertretenen Grafikzyklen unterschiedlich stark. Während Arbeiten von Max Beckmann, Otto Dix und George Grosz unser heutiges Bild der beginnenden 1920er Jahre prägen, vertiefen die Mappenwerke von Erich Godal, Robert Genin, Michel Fingesten und Rudolf Großmann den Einblick in das Charakteristische einer eigenwilligen Ausdrucksform, die zu diesem Zeitpunkt eine beispiellose Hochkonjunktur erlebte. Ihre Besonderheit liegt darin, dass ein thematischer Zyklus, ähnlich einem Buch, nur sukzessive erfasst werden kann, dafür aber inhaltliche Zusammenhänge durch das Zusammenwirken mehrerer Darstellungen differenzierter auszuleuchten in der Lage ist.[1]

Die unüberschaubare Flut an Grafikserien in Mappen, Vorzugsbuchausgaben, Kunst- und Luxuszeitschriften, die sich seit dem Ersten Weltkrieg bis 1925 auf den Kunstmarkt ergoss, entstand vor dem Hintergrund tagesaktueller politischer, wirtschaftlicher und künstlerischer Umstände, hatte ihre Wurzeln aber bereits in der sukzessiven Emanzipation und Popularisierung von Grafik als Künstlermedium und Sammlerobjekt im 19. Jahrhundert. Durch die Brücke-Künstler endgültig als Experimentierfeld für künstlerische Innovation etabliert und nicht zuletzt durch den sprunghaften Anstieg der Zahl an Kunst- und Galerieverlagen seit Beginn des 20. Jahrhunderts weiter begünstigt,[2] war Grafik unversehens „Mode" geworden. „In den letzten fünf Jahren ist mehr Graphik in Deutschland geschaffen worden wie in den vorangehenden fünfzehn", liest man in einem Sammlerhandbuch[3] des Jahres 1923, und der Galerist Paul Westheim sprach zur selben Zeit abschätzig von grafischen Blättern als einem Derivat für Wertpapiere in wirtschaftlich schwierigen Zeiten.[4]

Zwei Jahre später, nach der Stabilisierung von Währung und Wirtschaftslage, kollabierte dieser völlig übersättigte Markt.[5] Mit dem Absprung der Spekulanten und der gleichzeitigen Konsolidierung des Marktes für Gemälde verlegten sich Künstler wie Dix und Beckmann, die zeitweise zu den produktivsten „Griffelkünstlern" gehörten, wieder ausschließlich auf Malerei. Es sind gleichwohl nicht nur wirtschaftliche Gründe, aus denen sich die Blüte der Grafikzyklen in der frühen Weimarer Zeit und ihr nachmaliges abruptes Verschwinden erklären lassen: Die gesteigerte Produktion verweist auf die rege Anteilnahme der Künstler an einer Zeit, in der bloße Formexperimente vor dem Hintergrund gesellschaftlichen Zusammenbruchs deplatziert erschienen. Ein gesteigertes Mitteilungsbedürfnis benannte Otto Dix später als maßgebliche Motivation für sein fünfzigteiliges grafisches Haupt-werk *Der Krieg* (1924): „Ich hatte viel zu erzählen, ich hatte ein Thema."[6]

Ein Thema hatte auch George Grosz und soviel zu erzählen wie kaum sonst ein Grafiker seiner Zeit. „Stellung beziehen", einen ursprünglich militärischen, dem Künstler aus eigener Kriegsverwendung nur zu gut bekannten Ausdruck, überträgt er sinnbildlich vom Schwert auf die Feder: Kunstproduktion wird zum kämpferischen Akt, die „Griffelkunst" zur massenhaft einsetzbaren Waffe. Sie trifft den preußischen Spießer, Heinrich Manns *Untertan*, die Kriecher und die Blutsauger der Weimarer Republik. Hingestreckt reihen, häufen, türmen und überlagern sie sich in chaotischem Strichgewirr neben ihren Opfern, den Arbeitern, Soldaten und gesellschaftlichen Randfiguren auf zahllosen Blättern. Grosz war ein Zeichner, dessen im Malik-Verlag der Gebrüder Herzfelde seit 1917 herausgegebene Umdrucklithografien letztendlich primär den Zweck erfüllten, durch Vervielfältigung und Veröffentlichung in linkspolitischen Zeitschriften wie der *Pleite* ein möglichst breites Publikum zu erreichen. Damit steht er in der Nachfolge Honoré Daumiers, dessen sozialkritische Karikaturen als Lithografien zum Großteil in Zeitschriften wie *Le Charivari* überliefert sind. Zugleich bewegen sich seine regelmäßig veröffentlichten Mappen mit Originalgrafik in einer Traditionslinie agitatorischer Grafikfolgen, die sich bis ins 16. Jahrhundert zurückverfolgen lässt. Bereits damals war es die Kombination aus ironischem, leicht dechiffrierbarem Bildinhalt und bissigem Kommentar, welche etwa Holbeins *Bilder des Todes*, eine reformatorisch geprägte Sittenkritik in Abwandlung traditioneller Totentanzdarstellungen, so beliebt und wirkungsvoll machte. Der bis heute prominenteste und auflagenstärkste, ebenso wie Grosz' Werke mehrfach indizierte Totentanz steht nicht nur in seiner grundsätzlichen Obrigkeitskritik Pate für diverse Arbeiten des dadaistischen Unruhestifters. Betrachtet man etwa die „Gesundbeter", so erscheint das zerrupfte Skelett im Mittelgrund, welches als „KV" (kriegsverwendungsfähig) klassifiziert wird, zunächst als Opfer, ähnlich dem am Boden liegenden Skelett zu Füßen des Ratsherren bei Holbein („Ratsherr", *Bilder des Todes*, 1538). Doch ebenso wenig Aufmerksamkeit, wie der Ratsherr der an sein Lebensende gemahnenden Sanduhr in der Hand des Todes schenkt, verschwenden die anwesenden Militärbonzen auf das seltsame, unheilverkündende Grinsen im Gesicht ihres Patienten. Hier kündigt sich die Vision eines kommenden Aufstands des Proletariats, die Revolution gegen die bestehende Gesellschaftsordnung an, die Grosz bereits seit 1916 und später mit Dada in Berlin auf dem Gebiet der Kunst erprobte.

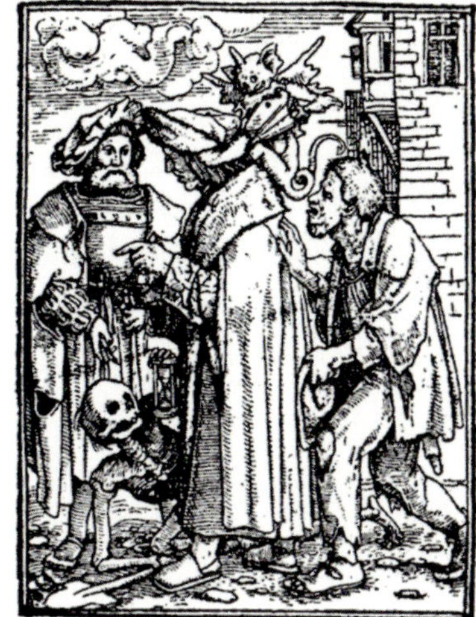

Hans Holbein d. J.
Der Ratsherr (aus der Mappe *Bilder des Todes*, Blatt 22 von 40), 1538, Holzschnitt, 6,5 x 5 cm

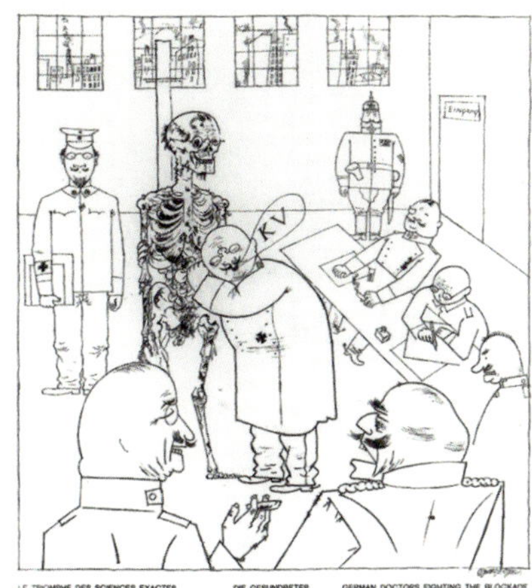

George Grosz
Die Gesundbeter (Le triomphe des sciences exactes – German Doctors Fighting the Blockade, aus der Mappe *Gott mit uns*, Blatt 5 von 9), 1919/1920, Fotolithografie, 31,6 x 29,6 cm

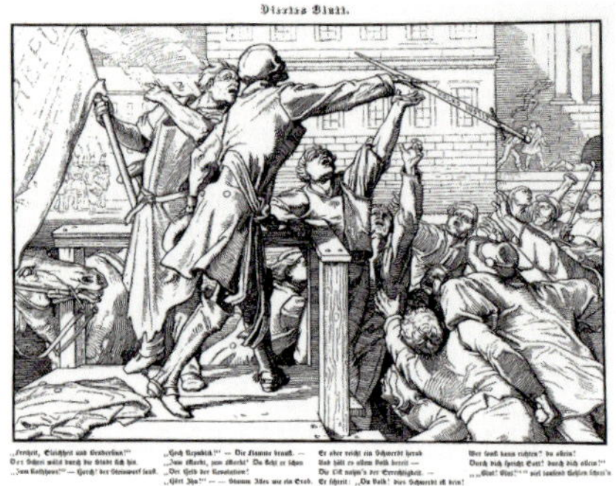

Alfred Rethel
Der Tod als Volksredner (aus der Mappe *Auch ein Totentanz aus dem Jahre 1848*, Blatt 4 von 6.), 1849, Holzschnitt, 22,3 x 32,3 cm

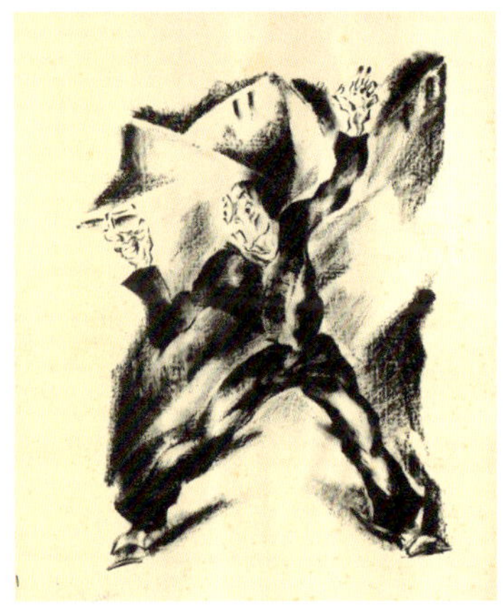

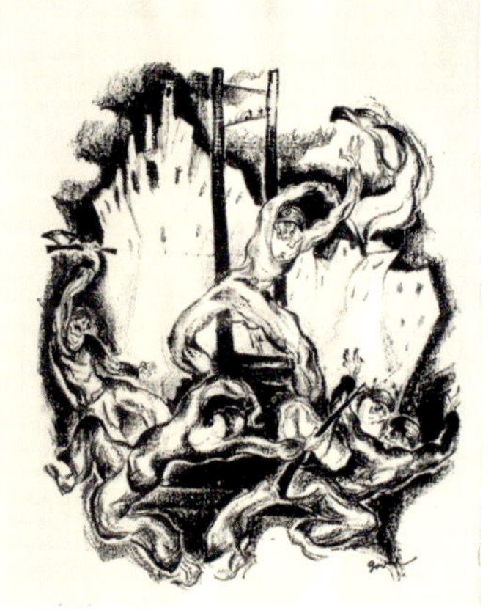

Erich Godal
Angriff (aus der Mappe *Revolution*, Blatt 6 von 13), 1920, Lithografie, 64,5 x 49,2 cm

Totentanz (aus der Mappe *Revolution*, Blatt 13 von 13), 1920, Lithografie, 68 x 49,3 cm

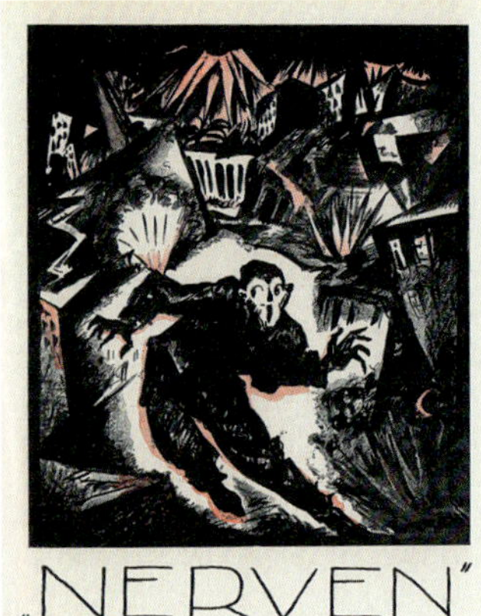

Josef Fenneker
Werbeanzeige zum Film *Nerven*, in: *Der Film*, Jg. 4, H. 20, 1919, Lithografie, 28,2 x 22 cm

Die *Revolution* Erich Godals (1920) scheint ein ähnliches Ziel zu verfolgen, doch bleibt die Mappe eine Ausnahmeerscheinung im Œuvre des Illustrators und Lebenskünstlers, das zwar zahlreiche Karikaturen gegen das Naziregime enthält, nach seiner Emigration in die USA allerdings tendenziell „zahmer" erscheint. Um 1920 geriet Godal in den Dunstkreis des Antiquars und Kunsthändlers Wilhelm Brass, der eine Sammlung linkspolitisch engagierter Kunstwerke zusammentrug (hierunter unter anderem auch ein Exemplar der *Arbeitslosendemonstration* von Karl Holtz, vgl. Abb. S. 40) und die „Genossenschaft für proletarische Kunst" ins Leben rief.[7] Gegründet mit dem Ziel, die proletarische Bevölkerung für Kunst zu interessieren und sie im Hinblick auf einen kommenden politischen Umsturz als neue Kunstsammler zu etablieren, gab die Genossenschaft einige Grafikwerke selbst heraus, so auch Godals Mappe. Für deren Inhalt lassen sich zwei dominante Orientierungspunkte ausmachen: *Auch ein Totentanz aus dem Jahre 1848*, der Revolutionstotentanz Alfred Rethels und zeitgenössische Filme beziehungsweise Filmplakate. Rethels Totentanzmappe, in einer Auflage von 4.500 Stück und einer zusätzlichen Volksausgabe von 10.000 Exemplaren weit verbreitet und Godal zweifellos bekannt,[8] schildert den Tod als Anstifter und Triumphator der Revolution. Auch bei Godal tanzen auf dem finalen Blatt Skelette in Jakobinermützen um die Guillotine: Veränderung erfordert Opfer und Zerstörung des Althergebrachten. Formal orientiert er sich dabei an einer Filmästhetik à la *Das Cabinet des Dr. Caligari* (1920), was besonders im Blatt *Angriff* deutlich wird: Die Parallelen in Gesicht, Händen und Hintergrund verweisen auf ein 1919 entstandenes Plakat zum Film *Nerven* als Inspirationsquelle.

Rudolf Großmanns *Cocain. Eine Orgie des modernen Lebens* (1925) unterscheidet sich bereits im Ansatz grundlegend von den bisher besprochenen Folgen. (Abb. S. 68/69) Während Dix, Grosz und Godal ihre Blätter von Anfang an in Serie planten und ausführten, waren es bei Großmann teilweise bereits in Satirezeitschriften erschienene Blätter, die durch die Überschrift einen neuen, gemeinsamen Kontext erhielten. So wird etwa der feiste Zigarrenraucher, der im *Simplicissimus* unter der Überschrift „Er kennt sich aus" bereits ein Jahr zuvor seine Wirtschaftsweisheiten an die entzückten Tischnachbarinnen weitergibt („Wenn Ihnen Ihr Bankier ein Papier empfiehlt und Sie machen einen Profit, so war's ein Irrtum des Bankiers"),[9] zum „Schieber", der seine Rolle in Großmanns gesellschaftlichem Kaleidoskop einnimmt. Als Sittenschilderungen stehen die Blätter in der Tradition bekannter Karikaturisten von William Hogarth über Thomas Rowlandson bis Honoré Daumier, ähnlich wie die seines Zeitgenossen Karl Arnold. Ihre Veröffentlichung in handkolorierter Fassung als Mappenwerk wird indes wirtschaftlich motiviert gewesen sein und als Sammler möglicherweise die eben darin ironisierte Klientel im Blick gehabt haben.

Schildert Großmann die Oberschicht seiner Zeit, so zeigen Michel Fingesten und Robert Genin in *Aus den Spelunken Berlins* (1919) die Kehrseite der Gesellschaft. (Abb. S. 77–79) Die Blätter haben zuweilen ein humoristisches, tragikomisches Moment, ähnlich wie die niederländische Genremalerei eines Jan Steen die *Verkehrte Welt* bereits im 17. Jahrhundert wiedergegeben hatte. Man kann sich bisweilen kaum entscheiden, ob die hier vorgeführten Tischgesellschaften trauriger oder lustiger sind als jene Großmanns, zumindest erscheinen sie wahrhaftiger, vom schweren Alkohol erdgebundener als die kokaingeschwängerten Szenarien der Kriegsgewinnler. Fingesten erkundet die Schmuddelecken Berlins. Im Gegensatz zu Grosz ätzendem Spott spricht tiefes Mitgefühl aus seinen Schilderungen der gesellschaftlichen Verlierer, den Milieufiguren eines Heinrich Zille vergleichbar, mit dem er freundschaftliche Kontakte pflegte. Mit dem russischstämmigen Genin, dessen rote Gesinnung ihn später als (leider erfolglosen) Freskenmaler in die Sowjetunion zurückführt, arbeitet er anscheinend nur für dieses eine Projekt zusammen. Dass beide Künstler nahezu in Vergessenheit geraten sind, mag an ihrem tragischen Ende liegen: Genin beging 1943 in Moskau Selbstmord, Fingesten starb im selben Jahr in einem italienischen Konzentrationslager.

Im Gegensatz zu diesen Bildfolgen beruht Max Beckmanns *Stadtnacht* (1920) nur bedingt auf äußerer Beobachtung, eher auf einer auf das Äußere projizierten Innenwelt. (Abb. S. 37) Er wählte expressionistische Gedichte der halberblindeten Lili von Braunbehrens aus, einer seinerzeit intensiven Gesprächspartnerin aus seinem engeren sozialen Umfeld, und versah sechs davon mit lithografischen Textinterpretationen. Diese bewegen sich zwar nah am Wortlaut, sind jedoch nie bloße Illustration, sondern destillieren den Inhalt in charakteristische Momentaufnahmen, die eine emotionale Atmosphäre heraufbeschwören. Beckmann, der bereits im Jahr zuvor die Hölle der Großstadt in seiner gleichnamigen Lithografiemappe aus eigener Ansicht geschildert hatte, reduziert im Gegensatz zu dieser nicht nur deutlich das Personal, sondern gelangt durch den Filter der fremden Erfahrungen zu komprimierteren, trotz ihrer stellenweisen Chaotik übersichtlicheren Bildlösungen, die von Ein- und Ausblicken durch nächtliche Fenster geprägt sind. So krümmt sich der Arbeiter am Vorstadtmorgen unter dem Gepäcknetz seines Zugabteils, die Hände auf die Ohren gepresst, um die schrillen Fahrgeräusche auszuschließen und den Blick auf die unbarmherzigen schwarzen Häuser nicht ertragen zu müssen, die Braunbehrens schildert. (Abb. S. 36) In dieser Geste und der Kommunikationslosigkeit zwischen seinen Protagonisten fängt Beckmann das Lebensgefühl des verlorenen Großstädters kongenial ein.

Anmerkungen

1 Vgl. auch Waltraud Neuerburg, *Der graphische Zyklus im deutschen Expressionismus und seine Typen 1905–1925* (Diss.). Bonn 1976, S. 9–17.

2 Maßgeblich ist hier vor allem Paul Cassirer mit seinen Zeitschriften *Pan*, *Kriegszeit* und *Der Bildermann*, aber auch mit der Herausgabe kunsttheoretischer Schriften, vgl. Inka Bertz, „Herrmann Strucks Erfolgsbuch ‚Die Kunst des Radierens und sein Einfluß auf die Künstler im Paul Cassirer Verlag'", in: Rahel Feilchenfeldt und Thomas Raff (Hg.), *Ein Fest der Künste. Paul Cassirer. Der Kunsthändler als Verleger.* München, S. 123–138. Auch andere Galeristen wie zum Beispiel Fritz und Wolfgang Gurlitt, Paul Westheim oder J. B. Neumann sorgten für die verstärkte Präsenz von Auflagengrafik in Publikationen und Mappeneditionen.

3 Hans Wolfgang Singer, *Handbuch für Kupferstichsammler.* Leipzig 1923, S. 67.

4 Paul Westheim, *Für und Wider. Kritische Anmerkungen zur Kunst der Gegenwart.* Potsdam 1923, S. 26.

5 Alfred Kuhn, „Die Lage auf dem Markt moderner Graphik", in: *Cicerone*, 18. Jg., 1926, S. 646–647.

6 Diether Schmidt, *Otto Dix im Selbstbildnis.* Berlin 1981.

7 Die Sammlung von Brass wurde bereits im November 1920 von einer sowjetischen Delegation als Grundstock für eine Sammlung revolutionärer Kunst angekauft und befindet sich heute in der Eremitage St. Petersburg. Vgl. *Tovariscestvo proletarskogo iskusstva. Fridricha Brassa: kollekcija nemeckogo avangarda v Sovetskoj Rossii.* Ausst.-Kat. Eremitage St. Petersburg 2009.

8 Das Phänomen günstiger und auflagenstarker Volksausgaben zur Verbreitung der Werke findet sich z. B. bei Dix (*Der Krieg*) und Beckmann (*Die Hölle*) wieder.

9 *Simplicissimus*, 28. Jg., 1924, Nr. 51, S. 631.

Plenty to Say:
Print Portfolios in the 1920s

Clemens Klöckner

As manifestos and as narratives, in terms of their intended impact and their actual effect, the cycles of prints on show in "Streets and Faces" stand out from one another to varying degrees. Whereas works by Max Beckmann, Otto Dix and George Grosz have conditioned our view of the early 1920s, the portfolios by Erich Godal, Robert Genin, Michel Fingesten and Rudolf Grossmann provide some telling insights into an idiosyncratic form of expression that was enjoying unprecedented popularity during those years. Its peculiarity is that, while a thematic cycle of works – rather like a book – can only be digested piece by piece, connected content is placed in a far more differentiating light by allowing a set of depictions to interact together at the same time.[1]

The sheer avalanche of serial prints that flooded into the art market between the First World War and 1925, in portfolios, limited-edition books, art journals and luxury periodicals, were created against a backcloth of topical political, economic and artistic content, but the roots lay further back in the 19th century, in the gradual emancipation and popularisation of the art print as an artistic medium and a collector's item. Finally established by the Brücke artists as a field of experiment for artistic innovation and further encouraged since the turn of the century by a dramatic proliferation of publishing companies either specialising in fine art or backed by a gallery,[2] art prints had suddenly "[...] become the fashion. More prints have been produced in Germany in the last five years than in the previous fifteen," claims a collectors' handbook[3] of 1923, and gallery manager Paul Westheim spoke disdainfully at around the same time of prints as financial derivatives in a difficult economic environment.[4]

Two years later, when the currency and the economy had stabilised again, the utterly saturated market imploded.[5] As speculators shifted their attention elsewhere and the market for paintings picked up, artists such as Dix and Beckmann, who had been among the most prolific wielders of the pencil, returned exclusively to the brush and palette. The economic climate was probably not, however, the only reason why print cycles had blossomed in the early Weimar years, only to fade away again. The rampant growth in output reflects conscious engagement by artists during a period of social breakdown, when merely experimenting with form seemed out-of-place. Otto Dix would later mention a greater desire to communicate as one of the key motives behind his principal graphic work, the fifty-part *Der Krieg* [The War] (1924): "I had plenty to say, I had an issue."[6]

George Grosz had an issue too, and more to say than most other print-makers of his day. "Take your stand" had been a military expression, and one the artist knew only too well from his own wartime experience, and now he transferred it metaphorically from the sword to the stylus. Making art became a militant act, and this was a weapon of mass distribution. Its targets were the Prussian bourgeois, Heinrich Mann's *Man of Straw*, the sycophants and parasites who were sucking the blood of the Weimar Republic. On innumerable sheets of paper, in a chaotic tissue of pencil strokes, they were lined, piled, stacked and layered alongside their victims, the workers, soldiers and social outcasts. Grosz was a cartoonist whose lithographs, printed from 1917 onwards by the Herzfelde brothers in their Malik-Verlag, ultimately served the prime purpose of reaching the broadest possible readership, boosted by reproduction and publication in left-wing political magazines such as *Pleite*. Thus he became a successor to Honoré Daumier, whose social criticism has largely survived in the form of lithographic caricatures in magazines like *Le Charivari*. His portfolios of original prints, published at regular intervals, likewise figure within a tradition of the political print that can be traced as far back as the 16th century. From the outset, the popularity and impact of such works lay in their ability to combine easily decipherable ironic content with acerbic commentary, as did Holbein's *Dance of Death*, a Reformation-inspired comédie de mœurs that transformed traditional images from this macabre genre. The best-known and most widely published dance of death to date – and one which, like the works of Grosz, repeatedly found itself on the index – functioned as a model for a number of prints by the Dadaist trouble-maker, not only because it was fundamentally critical of worldly and religious authority. When we look at the "Gesundbeter" [German Doctors Fighting the Blockade], fig. p. 87), the cannibalised skeleton at the centre, who is just being declared "KV" or fit to serve, resembles a victim on first sight, rather like the skeleton begging at the feet of Holbein's senator in the *Dance of Death* (fig. p. 87). However, the military top-brass pay as little heed to the patient's strange, sinister grimace as does the senator to the hour-glass in the hand of Death, seeking to remind him of his mortality. This print heralds a vision of imminent proletarian uprising, a revolution against the existing order, which Grosz had been rehearsing in the field of art since 1916 and later with Dada in Berlin.

Erich Godal's *Revolution* (1920) appears to pursue a similar goal, but the portfolio remained an exception in the œuvre of this illustrator and jack-of-all-trades, and although he produced many caricatures lampooning the Nazis, once he emigrated to the United States he seems to have tempered his tone somewhat. Around 1920 Godal fell in with Wilhelm Brass, a dealer in art and antiquities, who put together a collection of committed left-wing works (including a copy of *Arbeitslosendemonstration* [Jobless Demonstration] by Karl Holtz, fig. p. 40) and proclaimed the "Cooperative for Proletarian Art".[7] Founded with a view to stimulating proletarian interest in art and building a new working-class community of art collectors in preparation for the coming political uprising, the cooperative also published prints of its own, among them Godal's portfolio. The content takes its cue from two key essential threads: *Auch ein Totentanz aus dem Jahre* 1848 [Yet Another Dance of Death] (fig. p. 88), a series of etchings by Alfred Rethel commenting on the Revolution of 1848, and contemporary cinema, or rather posters for films. The Rethel set was widely known, having been printed in an edition of 4,500 with an additional popular version that ran to 10,000 copies, and Godal was certainly familiar with it.[8] It shows a triumphant Death inciting the revolution. In Godal's cycle, too, on the final sheet skeletons in Jacobin hats leap about a guillotine: change calls for sacrifice and killing the old. Formally he is influenced by a cinema aesthetic in the mould of *The Cabinet of Dr Caligari* (1920), and this is particularly evident in the print *Angriff* [Attack] (fig. p. 88): similarities in the face, hands and backdrop reveal that a poster for the film *Nerves* (1919) served him as a source of inspiration.

Rudolf Grossmann's *Cocain: Eine Orgie des modernen Lebens* [Cocaine – An Orgy of Modern Life] (1925) (fig. p. 68/69) adopted a fundamentally different approach. Whereas Dix, Grosz and Godal intended their prints to appear in series and devised them accordingly, Grossmann would to some extent recycle prints he had already published in satirical magazines for use in his portfolios. The title placed them within a new, shared context. The stout cigar-smoker, already seen in Simplicissimus a year earlier under the heading "He knows the ropes" as he bestows his financial wisdom on delighted ladies at the table ("If your banker recommends stock for you to invest in and you make a profit, the banker made a mistake"),[9] is now the "Profiteer", with a role to play in Grossmann's social kaleidoscope. As genre pieces, these works belong to a tradition fostered by eminent caricaturists from William Hogarth through Thomas Rowlandson to Honoré Daumier, rather like those of his contemporary Karl Arnold. Their publication in hand-coloured versions, however, presumably had commercial motives, and the same clientele who had once borne the brunt of the artist's irony were now possibly being eyed as potential collectors.

If Grossmann depicted the social élite of his day, Michel Fingesten and Robert Genin focused on the other end of the spectrum in *Aus den Spelunken Berlins* [From Berlin Dives] (1919). These prints (fig. p. 77–79) often display a humoristic, tragicomic touch, rather like the Dutch genre painting of Jan Steen, who portrayed his *World Turned Upside Down* in the 17th century. It is hard to make up one's mind whether the company portrayed there is merrier or more miserable than Grossmann's. At least the characters seem more real, more grounded by the weight of their alcohol than the war profiteers in their hazy world of cocaine. Fingesten delves into the grubbier corners of Berlin. Unlike Grosz with his sardonic derision, he betrays deep sympathy with his social losers, comparable to the characters sketched in a proletarian milieu by Heinrich Zille, with whom he was on friendly terms. This seems to have been the only project he worked on with Genin, a Russian by origin whose communist views would later lead him back to the Soviet Union to paint frescos (sadly without success). The fact that both artists have been all but forgotten may have something to do with their tragic end: Genin committed suicide in Moscow in 1943, and Fingesten died that same year in an Italian concentration camp.

By contrast to these series, Max Beckmann's *Stadtnacht* [City Night] (1920) (fig. p. 37) is based only to a limited degree on external observations, deriving rather from an inner world of the soul projected onto physical reality. For this he selected several Expressionist poems by the almost-blind Lili von Braunbehrens, a member of his own circle with whom he had been conducting many an earnest conversation. His lithographs interpret six of her texts. Although these prints are quite faithful to the wording of the poems, they are more than illustrations, for they distil the lyrical content in snapshots which capture a flavour and conjure up an emotional atmosphere. Beckmann, who only a year earlier had provided his own artistic view of the Hölle [Hell] of urban life in a lithographic portfolio of that name, not only reduces the cast of characters considerably, but uses the filter of another's experience to compress his compositions, intelligible despite their sporadic chaos. He builds his images around a view in or out of a nocturnal window. Thus a worker commuting in from the suburbs one morning is creased up beneath the luggage net of his train compartment, his hands clapped to his ears to ward off the shrill noise of the train and to block out the view of the relentless black buildings described by Braunbehrens (fig. p. 36). Through this gesture and the lack of communication between his protagonists, Beckmann empathetically encapsulates the feeling of being lost in the urban metropolis.

Notes

1 See also Waltraud Neuerburg, *Der graphische Zyklus im deutschen Expressionismus und seine Typen 1905–1925* (diss.). Bonn 1976, pp. 9–17.

2 Paul Cassirer was a trendsetter here with his magazines *Pan*, *Kriegszeit* and *Der Bildermann*, not to mention the works of art theory he published; see Inka Bertz, "Herrmann Strucks Erfolgsbuch 'Die Kunst des Radierens und sein Einfluß auf die Künstler im Paul Cassirer Verlag'", in: Rahel Feilchenfeldt and Thomas Raff (eds.), *Ein Fest der Künste. Paul Cassirer. Der Kunsthändler als Verleger*. Munich, pp. 123–138. There were other gallery managers, too – Fritz and Wolfgang Gurlitt, Paul Westheim and J. B. Neumann, for example – who encouraged the visibility of the art print in publications and portfolios.

3 Hans Wolfgang Singer, *Handbuch für Kupferstichsammler*. Leipzig 1923, p. 67.

4 Paul Westheim, *Für und Wider. Kritische Anmerkungen zur Kunst der Gegenwart*. Potsdam 1923, p. 26.

5 Alfred Kuhn, "Die Lage auf dem Markt moderner Graphik", in: *Cicerone*, year 18, 1926, pp. 646–647.

6 Diether Schmidt, *Otto Dix im Selbstbildnis*. Berlin 1981.

7 The Brass collection was snapped up by a Soviet delegation in November 1920 to lay the foundations for a collection of revolutionary art. It is now housed in the Eremitage in St Petersburg. See *Tovariscestvo proletarskogo iskusstva. Fridricha Brassa: kollekcija nemeckogo avangarda v Sovetskoj Rossii*. Exhib. cat. Eremitage St Petersburg 2009.

8 The phenomenon of cheap, extended-run editions to popularise these works can also be observed, for example, in the case of Dix (*Der Krieg* [War] and Beckmann (*Die Hölle* [Hell]).

9 *Simplicissimus*, year 28, 1924, no. 51, p. 631.

Der Kopfjäger Dolbin ist unterwegs

Eine Spurensuche

Christina Korzen

Immer und überall war dieser Mann schon da. Sein bevorzugtes Jagdrevier stellten die Künstlercafés dar, allen voran die Weinstuben Schwanneke. Eine Original-Speisekarte des Lokals im Besitz der Berlinischen Galerie („Beluga-Malossol-Kaviar mit Butter und Toast: 6,50"), geziert mit einem rückseitigen schnellen Selbstporträt („wünsche wohl gespeist zu haben"), legt Zeugnis ab von seiner nimmermüden Tätigkeit als Zeichner. Aber auch in den Zuschauerräumen der Theater und bei Filmpremieren, bei Sportveranstaltungen und Kunstauktionen war man vor dem Kopfjäger nicht sicher, der seinen Stift gleich einem Lasso auswarf und die Gesichter seiner Zeitgenossen damit einfing.[1] Die Zeit der Blitzlichtgewitter war noch nicht gekommen und so war es der schnelle Strich der zahllosen Pressezeichner, dem sich die geistige und künstlerische Prominenz der Zeit zu stellen hatte.[2] Eine Aufnahme in das „Panoptikum" Dolbins bedeutete durchaus eine gewisse Arriviertheit.[3] Nicht selten geschah es, dass er um (Auftrag-)Porträts gebeten wurde – ein Gesuch, das er nahezu immer ablehnte.

1924/25 als Benedikt Fred (Pollak) Dolbin aus Österreich nach Berlin gekommen, verbrachte der Künstler rund zehn Jahre in der „Weltstadt", die seine produktivsten und stilbildenden werden sollten. Die meisten seiner Blätter zeigen die Prominenz dieser Jahre in einer schier unerschöpflichen Zahl. Angaben über den genauen Umfang variieren: Er selbst sprach von Zehntausenden, Zeitgenossen von Hunderttausenden. Die 48 Blätter im Besitz der Berlinischen Galerie – Künstler, Schauspieler, Musiker, Literaten – scheinen im Vergleich dazu eine nahezu marginale Auswahl zu sein. Gleichwohl besteht hier reichlich Forschungsbedarf. Denn wie alle seine Blätter haben sie weite Wege zurückgelegt, und diese nachzuvollziehen, ist nicht immer leicht. Seit ihrem Erwerb 1977 aus dem Kunsthandel, sechs Jahre nach Dolbins Tod, wurden sie pauschal auf 1929/30 datiert. Aufgrund biografischer und stilistischer Details ist davon auszugehen, dass die meisten dieser Blätter tatsächlich aus Berliner Zeiten stammen und seine anschließende Emigration in die USA mitgemacht haben, um dort auch in amerikanischen Magazinen zu erscheinen. Ein Porträt wie das Marc Chagalls mit dem typischen schnellen und treffsicheren Strich bildet mit seiner handschriftlichen Datierung „1929" eine Ausnahme. Entgegen der Datierung in die späten Jahre der Weimarer Republik gibt es Hinweise, dass einige der Zeichnungen erst im New Yorker Exil entstanden sind.

Anders als andere Verfolgte hat der „Nichtarier" Dolbin Deutschland nicht überstürzt verlassen müssen, sondern plante mit Hellsicht seine rechtzeitige Auswanderung. 1935 verließ er Berlin gen Bayern,

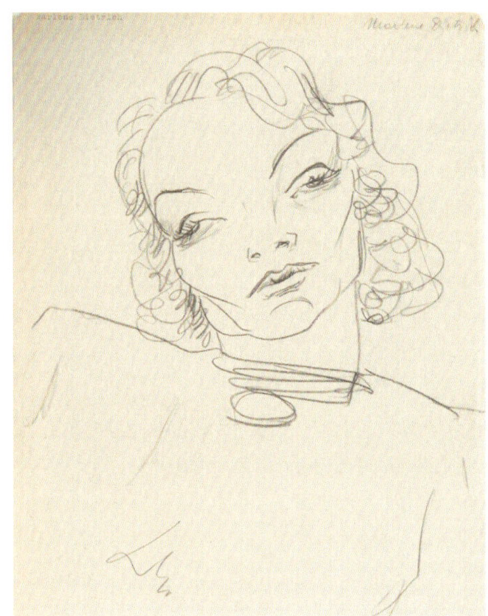

Marlene Dietrich, um 1929/30

um von dort aus gemeinsam mit seiner Ehefrau Ellen Herz in die USA zu reisen: Im Gepäck sämtliche Besitztümer, darunter auch seine zahllosen Zeichnungen. Wenn auch in der (deutschen) Emigrantenszene New Yorks kein Unbekannter, fiel es Dolbin zunächst schwer, sich auf dem amerikanischen Markt zu behaupten. Sein bissiger Strich kam hier nicht an. Zu Recht fragte er sich: „Was fange ich hier mit meiner schönen Sammlung von Köpfen aus der Geistes- und Kunstwelt an?"[4] Sein gänzlich untypisches Porträt von Kurt Weill, das im November 1948 in der Zeitschrift *Musical America* erschienen ist, liest sich vor diesem Hintergrund wie ein Zugeständnis an den naturalistischeren Geschmack der Amerikaner. Mit der Zeit jedoch konnte er Fuß fassen, vor allem in der Theater- und Opernszene. Veröffentlichungen finden sich etwa in den Musikzeitschriften *Musical America* oder *Stage*, wie auch in der deutschen Emigrantenzeitung *Aufbau*, für die er lange Jahre als Zeichner und Kritiker tätig war, wobei er auch hier noch von seinen Berliner Erfolgen profitierte. Mit Namen wie Kurt Weill, George Grosz oder Marlene Dietrich ließ sich eben auch in Amerika Geld machen.[5]

Alten Bekannten aus Berlin begegnete er etwa bei den Proben für die von Franz Werfel und Kurt Weill geschriebenen Oper *The Eternal Road* (dt. Der Weg der Verheißung, 1937 im Manhattan Opera House New York uraufgeführt) unter der Regie von Max Reinhardt. In *Stage* erschien im Februar 1936 ein „Werkbericht", der den Blick hinter die Kulissen und auf die Beteiligten aus Dolbins Feder illustriert. Sowohl das Porträt von Max Reinhardt, als auch das von Lotte Lenya, die eine der kleineren Rollen übernommen hatte, befinden sich heute im Besitz der Berlinischen Galerie.

Eine rein stilistische Analyse der Zeichnung von Lotte Lenya ließe eine Entstehung in Berlin vermuten. Der Blick in die zeitgenössische Presse jedoch verrät anderes: Eine der zahlreichen Studien Dolbins während der Proben 1936 zeigt im Hintergrund eine Lotte Lenya mit nahezu identischem Gesichtsausdruck und dem charakteristischen gepunkteten Kleid mit Puffärmeln, was eine zeitgleiche Entstehung nahelegt. Wie dieses Beispiel zeigt, bedarf es für eine präzisere Einordnung detektivischen Spürsinns und des genauen Blicks auf das Original. Oft sind es die Bildträger, die Papiere, die auskunftsfreudiger sind als der Strich selbst. Über die Hälfte (29) der Blätter im Besitz der Berlinischen Galerie trägt beispielsweise ein Wasserzeichen der Berliner Papierfirma MK-Papier[6] und gibt so einen Hinweis auf Entstehung zu Berliner Zeiten. Vereinzelt finden sich handschriftliche Vermerke wie bei der Zeichnung der Pianistin Elly Ney, deren Porträt den Zusatz „27. 9. 50 Jahre" trägt – ein Indiz, das darauf hindeutet,

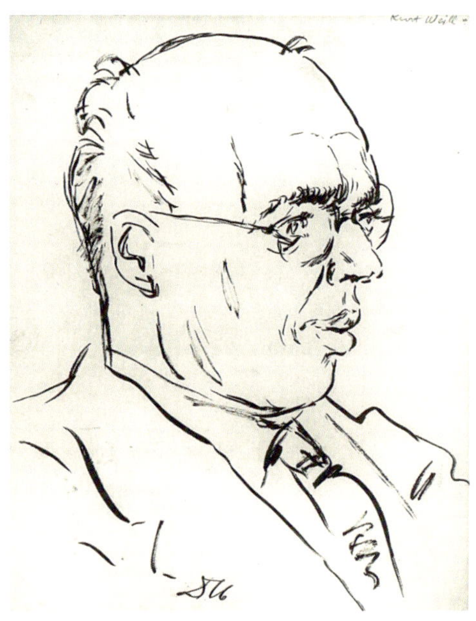

Kurt Weill, um 1936

dass es zum 50. Geburtstag Elly Neys am 27. September 1932 entstanden oder anlässlich ihres Geburtstages in der Presse erschienen ist. Nicht selten zeichnete Dolbin nämlich „auf Vorrat". In einem Interview von 1927 antwortete Dolbin auf die Frage des Reporters, mit welcher Methode er so erfolgreich sei: „Sehen Sie, das ist jetzt sehr einfach. Irgendein Prominenter wird fünfzig Jahre, ein[e] Diva hat einen Skandal, ein Politiker einen Prozeß, ein Journalist seinen großen Coup. Da greife ich hier in meinen Menschenstall. Ein Rohrpostbrief flattert einer Redaktion auf den Tisch und einige Geldscheine flattern zurück..."[7] Dieser „Menschenstall" bestand nicht etwa aus einem kunterbunten Durcheinander von Zeichnungen, sondern einem von ihm angelegten, alphabetisch nach Gruppen geordneten System.

Aussagekräftig sind auch die handschriftlichen Notizen der Zeitungsverlage, die – zumeist auf der Rückseite, zum Teil aber auch direkt unter der Zeichnung – Maßangaben, Registriernummern, Deadlines beinhalten, darunter sowohl solche der Berliner Zeitschrift *Querschnitt* (Joachim Ringelnatz) als auch der amerikanischen Emigrantenzeitschrift *Aufbau*. Die Maßangaben in Zentimetern werden abgelöst von solchen in Inches und verweisen damit auf eine Verwendung in amerikanischen Magazinen. Ein gutes Beispiel ist das Porträt von Fernand Léger, das sowohl die Beschriftung „Aufbau, 2" und den Stempel „NO BLOCK" trägt als auch eine naturalistischere Darstellung mit einem ähnlich harten Bleistift zeigt wie andere, die nachweislich auf die 1950er und 1960er Jahre datiert sind.[8] Auch das englischsprachige Wasserzeichen „Kenwood dependable text" der Tuschezeichnung von Fritz Kortner, der sein Exil ebenfalls dort verbracht hat, belegt mit relativer Sicherheit eine Entstehung in den USA.

Eine Schwierigkeit bei der genaueren Einordnung liegt in der unglaublichen Ähnlichkeit vieler seiner Porträts von Personen, die er wiederholt gezeichnet hat und die in verschiedenen Zeitungen erschienen sind. Die Zeichnungen unterscheiden sich bisweilen so geringfügig, dass der Verdacht aufkommt, Dolbin habe sich selbst kopiert oder die Fotolithografie für den Druck minimal überarbeitet beziehungsweise abgepaust.[9] Eine unerlässliche Hilfestellung für die Datierung leistet der Blick in die Zeitschriften und Magazine der Zeit. Der Dolbin-Nachlass, der im Institut für Zeitungsforschung Dortmund verwahrt wird, enthält 28 von ihm selbst angelegte Mappen mit Originalzeitungsausschnitten, darunter auch solche der Blätter aus der Sammlung der Berlinischen Galerie, so zum Beispiel die von Joe May, Yvette Guilbert und Heinrich Zille aus den Jahren 1928 bis 1931. Nahezu identische Skizzen finden sich von Joachim Ringelnatz aus dem Jahr 1927. Mit einer ähnlichen Aufmachung des Dichters trägt

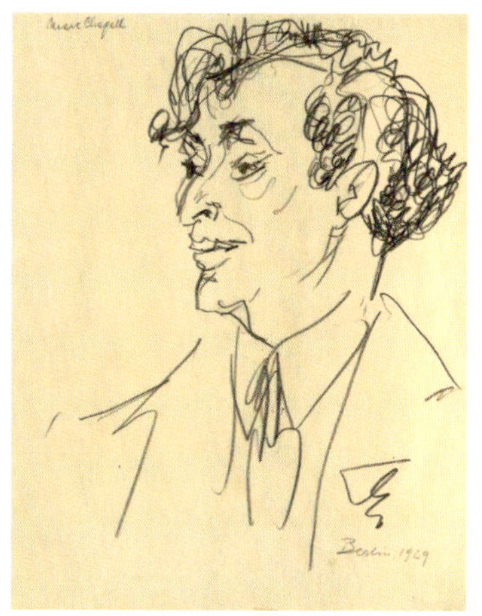

Marc Chagall, 1929

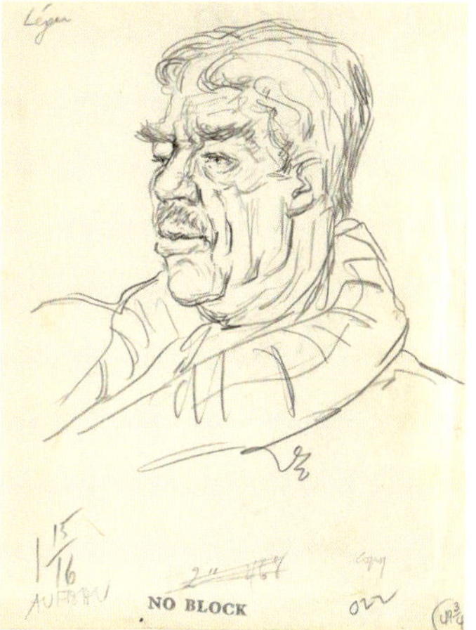

Fernand Léger, um 1940

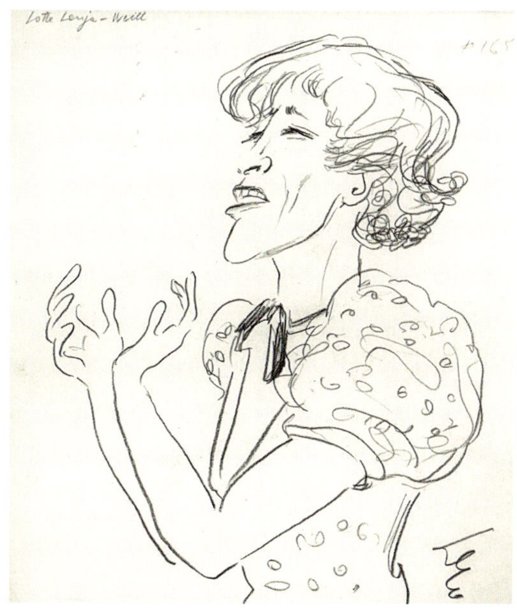

Lotte Lenya-Weill, um 1936

das Bild die Unterschrift: „Joachim Ringelnatz, Matrose, Dichter und Maler, stellt zur Zeit bei Witschek aus und liest dort seine Gedichte."[10]

Aus den schnell hingeworfenen Strichen, mit denen Dolbin Tänzerinnen wie Valeska Gert oder Mary Wigman auf der Bühne einfängt, spricht seine über die Jahre andauernde Leidenschaft für den Tanz. Darstellungen finden sich immer wieder, sowohl in Ausgaben des *Berliner Tageblatts* von 1928 als auch solchen der *Deutschen Allgemeinen Zeitung* von 1934.[11] Die handschriftliche Hinzufügung Todesruf des Mary Wigman-Blattes aus der Berlinischen Galerie meint das gleichnamige Tanzwerk aus dem Jahr 1931. (Abb. S. 58) Beim Durchblättern der Pressemappen fallen Arbeiten ins Auge, die immer wieder abgedruckt wurden, sowohl in deutschen Zeitschriften zu Berliner Zeiten als auch in amerikanischen im New Yorker Exil. Ein Beispiel ist das Bert Brecht-Porträt, das sowohl das Berliner Wasserzeichen enthält, als auch den vorderseitigen Hinweis „2 ¾", also eine amerikanische Maßangabe. Der relativ mitgenommene Zustand des Blattes spricht dafür, dass es durch viele Hände gewandert ist. Dem sorgfältigen Umgang Dolbins mit seinen eigenen Arbeiten ist es zu verdanken, dass sie immer den Weg zu ihm zurück gefunden haben und heute in verschiedenen Sammlungen weltweit erhalten sind.

Obwohl Dolbin nie wieder europäischen Boden betreten hat, knüpfte er – wie viele andere Emigranten auch – ab den 1950er Jahren neue Kontakte nach Deutschland und nahm alte wieder auf. Es ist dem Engagement einzelner Personen wie Will Schaber, seinem späteren Nachlassverwalter, zu verdanken, dass Dolbin nach Ende des Zweiten Weltkriegs in Deutschland neue Aufmerksamkeit erfuhr. Wesentlichen Anteil daran hatte die Ausstellung seiner Werke 1958 im Haus am Waldsee in Berlin, die anschließend auf Tournee durch Deutschland ging (Karlsruhe, Bremen, Hamburg), und darüber hinaus die Publikation *Gesicht einer Epoche*, 1962 im Ullstein-Verlag erschienen. Äußerungen wie „[…] seit der Eröffnung meiner Ausstellung im Haus am Waldsee werde ich von Briefen, Anfragen, Vorschlägen, Angeboten überschüttet"[12] finden sich in diesen Jahren in zahlreichen seiner Briefe. Boleslaw Barlog vom Berliner Schiller-Theater, dem er diese Worte schrieb, bemühte sich bereits in den 1950er Jahren um einen Ankauf für seine Sammlung. Dieses Konvolut, überwiegend bestehend aus Schauspieler-Porträts, befindet sich heute im Besitz der Stiftung Stadtmuseum Berlin. Auch der Ullstein-Verlag fragte größere Konvolute der von ihm veröffentlichten Zeichnungen an.

So wurden aus den ehemals inflationär und günstig produzierten Pressezeichnungen, deren Bedeutung oft in ihrer Tagesaktualität lag, gefragte Originale. Während die Blätter anderer Pressezeichner zumeist im Papierkorb landeten, nachdem sie in Druck gegangen waren, stiegen bei Dolbin die Preise und veränderte sich die Art der Präsentation. Eine Zeichnung, für die er in den ersten Exiljahren noch zehn Dollar verlangte, kostete in den 1950er Jahren bereits mehrere hundert Mark; was in den 1920ern bis 1950ern in zahllosen Zeitungen gedruckt wurde, landete gerahmt an den Wänden institutioneller Ausstellungen. Über die Gründe lässt sich spekulieren. Im Nachkriegsdeutschland glaubte man mit Dolbin einen Künstler gefunden zu haben, der dank seiner frühen Emigration einen ungetrübten Blick auf die unglaublich reiche, nun ausgelöschte Kultur Berlins in der Zwischenkriegszeit erlaubte. Die Stadt, die ihm ab 1933/34 keine Lebens- und Arbeitsgrundlage mehr geboten und die er 1935 rechtzeitig verlassen hatte, „begrüßt[e] es [1958] besonders, die deutsche Wiederbegegnung mit dem Zeichner Dolbin ausstellerisch beginnen zu können".[13]

Die Werke dieses Mannes, der einmal überall war, sind nicht verschwunden, doch ruhen seine so weit gereisten „Köpfe", die sich nicht immer entscheiden können, ob sie lieber (psychologisches) Porträt oder bissige Karikatur sein wollen, heute viel zu häufig in den Schubladen der Depots. Ein gelegentliches Wiederöffnen und Ausstellen gibt nicht nur der lebendigen Kultur der 1920er Jahren und ihrer Zerstörung nach 1933 ein Gesicht, sondern ermöglicht gesellschaftliche und psychologische Studien der Zeit. Dolbins Leidenschaft für den Auftritt, für diesen Moment der absoluten Spannung und konzentrieren Emotion lässt sich in ihnen wiederfinden.

Anmerkungen

1 Alexander Lenk zitiert Dolbin: „[…] the best notion drawing is a stenogram […]. The stenodesigner will throw his line at the dancer as a lasso and catch as catch can." Dolbin-Nachlass, I AK 2002/302-39, Blatt 0160.

2 Als Illustration des tagespolitischen Geschehens eignete sich für die Presse der 1920er die Zeichnung eher als die Fotografie, die zu der Zeit noch großer Apparaturen bedurfte und aufgrund der Halbtöne schwieriger zu drucken war.

3 Tatsächlich gab es in der von Stefan Großmann herausgegebenen Berliner Zeitschrift Tage-Buch eine lose Porträt-Serie Dolbins, die den Titel „Aus meinem Panoptikum" trug.

4 Brief an Stephan Ehrenzweig 1936, Dolbin-Nachlass, I AK 2002/302-21, Blatt 0162.

5 Das Wiedertreffen alter Bekannter kommentierte er durchaus mit einigem Spott: „Auf Schritt und Tritt begegne ich mießen aber bedeutenden Europäern, die einen mit amerikanischem Helloh-Geschrei begrüßen. Brecht, George Groß, Hanns Eisler, Werfel, Weill, Höllering, die lieben ‚Kollegen' […] streuen gelbe Flecke in das Stadtbild Manhattans […]." Brief an Stephan Ehrenzweig 1936, Dolbin-Nachlass, I AK 2002/302-21, Blatt 0162.

6 Gegründet von Max Krause 1865 in Berlin. 1923 entstand das Logo mit dem Doppelkreis, 1924 der populäre Werbevers „Schreibste mir, schreibste ihr, schreibste auf MK-Papier". Vgl. auch Rolf Buscher, *Vom Wasserzeichen zum Markenpapier. Die Papiermarkierung als Mittel der Absatzpolitik im 20. Jahrhundert.* Trier 2007, S. 160.

7 Zitiert nach Will Schaber, B. F. Dolbin. *Der Zeichner als Reporter.* München 1976, S. 57.

8 Vgl. die Blätter Caspar Neher, datiert mit 1959, und Karl-Heinz Stroux, datiert mit 1962, in der Theatersammlung der Stiftung Stadtmuseum Berlin, GHZ 74/22,90 und GHZ 74/22,108.

9 Vgl. etwa die „durchgepauste" Zeichnung im Blatt Ralph Arthur Roberts in der Theatersammlung der Stiftung Stadtmuseum Berlin, GHZ 74/22,99.

10 Dolbin-Nachlass, II AK 75-15, Mappe 03, Blatt 19.

11 Dolbin-Nachlass, II AK 75-15, Mappe 08, Blatt 01 und Mappe 21, Blatt 05.

12 Dolbin-Nachlass, I AK 2002/302-24, Blatt 01518.

13 So Karl Ludwig Skutsch in seinem Vorwort zum Katalog der Ausstellung im Haus am Waldsee, Berlin 1958, o. S.

On the trail of Dolbin, the prowling head-hunter

Christina Korzen

Invariably the man had been there, everywhere. His favoured hunting ground was the artists' cafés, especially the Schwanneke wine bars. An original menu from this establishment, in the Berlinische Galerie collection ("Beluga-Malassol caviar with toast and butter: 6.50"), adorned with a quick self-portrait on the back ("Hope you enjoyed it"), bears witness to his tireless talent for drawing. But in theatre auditoriums too, and at film premieres, sporting events and art auctions, there was no hiding from the head-hunter, who wielded his pen like a lasso to capture his contemporaries.[1] The time of popping flash bulbs still lay ahead, and so the intellectual and artistic celebrities of the time relied upon the swift strokes of countless newspaper artists.[2] A sketch in Dolbin's "Panoptikum" meant that one had definitely arrived. [3] He was often asked to draw a (commissioned) portrait – an entreaty he almost always declined.

Benedikt Fred (Pollak) Dolbin moved to Berlin from Austria in 1924/5. The ten years or so he spent in the great metropolis were to be his most productive and refining. Most of his works portray the prominent figures of those times in almost inexhaustible numbers. Estimates of the exact amount vary: he himself spoke of tens of thousands, contemporaries of hundreds of thousands. The 48 sheets belonging to the Berlinische Galerie – featuring artists, actors, musicians, writers – appear in comparison to represent an almost marginal selection; they offer, however, satisfactory material for investigation. For like all his sheets they have come a great distance, and tracing the trail back is not always easy. Following their purchase on the art market in 1977, six years after Dolbin's death, they were attributed blanket-fashion to the period around 1929/30. Biographic and stylistic details suggest that most of these works do, indeed, date from his Berlin days and went with him upon his subsequent emigration to the United States, where they were also to appear in American magazines. A portrait of Marc Chagall (fig. p. 95), with its typical fast and assured strokework, is an exception with its handwritten dating of "1929". Defying the assumption that these works were drawn in later years of the Weimar Republic, there are indications that some first appeared during exile in New York.

Unlike other victims of persecution, the "non-Aryan" Dolbin did not have to flee Germany overhastily, but shrewdly planned his timely departure. In 1935 he left Berlin for Bavaria, travelling from there with his wife Ellen Herz to the United States. His luggage contained all his worldly belongings, including his countless drawings. Although not unknown to the (German) émigré scene of New York, Dolbin found it hard at first to establish himself in the American market: his waspish hand did not hit the spot. He rightly asked himself: "What am I doing here with my fine collection of heads from the intellectual and artistic world?"[4] His completely atypical portrait of Kurt Weill (fig. p. 94), which appeared in November 1948 in the magazine *Musical America*, appears in this context to be a concession to the naturalistic tastes of the Americans. Notwithstanding, he was able to find his feet in time, especially in the theatre and opera milieu. His work was published in the music magazines *Musical America* and *Stage*, for example, and also in the émigré paper *Aufbau*, to which he contributed for many years as cartoonist and critic, thereby cashing in on his Berlin achievements. With names like Kurt Weill, George Grosz or Marlene Dietrich money could be made even in America.[5]

He bumped into old Berlin acquaintances at rehearsals for the Franz Werfel and Kurt Weill opera *The Eternal Road* (Der Weg der Verheissung, which premièred at the Manhattan Opera House in 1937), directed by Max Reinhardt. In February 1936 there appeared in the theatrical publication *Stage* a "work report", which gave a behind-the-scenes glimpse of the players, as illustrated by Dolbin. The portrait of Max Reinhardt, as well as that of Lotte Lenya (fig. p. 95), who had taken on a minor role, are today in the Berlinische Galerie's collection. A purely stylistic analysis of the Lotte Lenya drawing might lead one to suspect a Berlin provenance. A look in the contemporary press, however, tells a different story: One of Dolbin's many studies from the 1936 rehearsals reveals Lotte Lenya in the background wearing an almost identical expression and the characteristic polka dot dress with puffed sleeves, suggesting a contemporary origin. As this example shows, precise classification requires a detective's instinct and a careful perusal of the original. More informative in many cases is the material that bears the picture, the paper itself, rather than the drawing. More than half (29) of the sheets belonging to the Berlinische Galerie have a watermark from the Berlin paper firm MK-Papier[6], thereby hinting at a Berlin dating. Occasionally there are hand-written annotations, such as the drawing of the pianist Elly Ney, whose portrait bears the note "27.9.50 Jahre" – an indication that it was drawn on Elly Ney's 50th birthday on 27 September 1932, or else appeared in the press to mark the occasion, for Dolbin would often draw "on spec". When asked in an interview in 1927 what method had made him so successful, he told the reporter: "You see, it's really very simple. Some famous person turns 50, a diva has a scandal, a politician lands in court, a journalist has a great scoop. I just reach into my menagerie of people and send a piece of copy through the tubes. It flutters onto the editorial desk and a few bank notes flutter back..."[7] This "menagerie of people" was not a chaotic jumble of drawings, but an orderly system, arranged alphabetically in categories and personally filed.

Convincing evidence is also supplied by the hand-written notes of the newspaper publishing companies, which – usually on the back, but sometimes directly beneath the drawing –include measurements, registration numbers, deadlines; amongst them some from the Berlin magazine *Querschnitt* (Joachim Ringelnatz), and some from the émigré paper *Aufbau*. Measurements in centimetres give way to inches, indicating an appearance in the American press. A good example is the portrait of Fernand Léger (fig. p. 95), which bears the labelling "Aufbau, 2" and the stamp "No Block", as well as a more naturalistic depiction with a hard pencil, similar to others that are demonstrably dated to the 1950s and 1960s.[8] The watermark "Kenwood dependable text" also establishes with relative certainty that the ink drawing of Fritz Kortner, who likewise spent his exile in there, originated in the United States.

A difficulty for precise archiving lies in the extraordinary similarity of many of his portraits of people that he drew more than once, and which appeared in different periodicals. The drawings are in some cases distinguished by such tiny details that one cannot help suspecting Dolbin may himself have copied them, possibly traced them, or made minimal alterations to the photolithography for printing.[9] Taking a look at the newspapers and magazines of the time is of essential to correct dating. The Dolbin fonds preserved at the Institute for Newspaper Research in Dortmund, comprises 28 folders of original press clippings, compiled by himself, including the sheets from the Berlinische Galerie collection, such as, for example, those of Joe May, Yvette Guilbert and Heinrich Zille from the years 1928 to 1931. There are almost identical sketches of Joachim Ringelnatz from 1927. Beneath the picture, in a style similar to that of the poet, is inscribed "Joachim Ringelnatz, sailor, poet and painter, currently exhibiting in Witschek, where he is reading his poetry."[10]

The swiftly dashed off strokes, with which Dolbin captures dancers like Valeska Gert or Mary Wigman on stage, express his long-held passion for dance. Pictures keep showing up, be it in issues of the *Berliner Tageblatt* from 1928 or the *Deutsche Allgemeine Zeitung* from 1934.[11] The hand-written note *Todesruf* [Death Call] on the Mary Wigman sheet at the Berlinische Galerie refers to the dance piece of the same name from 1931 (fig. p. 58). Flicking through the press folders certain highlights catch the eye, published again and again, in German periodicals from the Berlin era, as well as American ones from the New York exile. One example is the Bertolt Brecht (fig. p. 58) portrait, both with the Berlin watermark and with "2 ¾" on the front, indicating an American measurement. The rather worn condition of the sheet shows that it has been through many hands. It is thanks to Dolbin's careful handling of his own works that they always found their way back to him and are preserved today in various collections around the world.

Although Dolbin never set foot again on European soil, he – like many other émigrés – established new links with Germany, and revived old ones, from the 1950's onwards. Thanks to the dedication of individuals like Will Schaber, later executor of his will, Dolbin enjoyed renewed interest in Germany after the Second World War. A large part was played by the exhibition of his work in the Haus am Waldsee in Berlin in 1958, which later toured Germany (Karlsruhe, Bremen, Hamburg), and further by the publication of *Gesicht einer Epoche* [Face of an Epoch], by Ullstein-Verlag, 1962. Phrases such as "[...] since the opening of my exhibition at the Haus am Waldsee I have been showered with letters, enquiries, suggestions and offers"[12] appear in many of his letters from these years. Boleslaw Barlog of the Berlin Schiller-Theater, to whom he wrote these words, was already making efforts to arrange a purchase of his collection during the 1950s. This mixed bag, mainly consisting of portraits of actors, is now owned by the Stiftung Stadtmuseum Berlin. The publishing house Ullstein-Verlag also enquired after larger collections of his published drawings. Thus, cheaply produced and well-flouted press drawings, whose significance often lay in their day-to-day actuality, ended up as sought-after originals. While the drawings of other press artists usually landed in the waste paper basket after they had gone to press, Dolbin's rose in value and found new ways of being presented. A drawing for which he was still charging only ten dollars in his first years of exile cost several hundred marks by the 1950s; drawings that were printed in countless newspapers from the 1920s to 1950s ended up framed on the walls of institutional exhibitions. The reasons for this give room for speculation. Post-war Germany found in Dolbin an artist who, thanks to his early emigration, allowed an untroubled view of the incredibly rich, now vanished interwar culture of Berlin. The city which after 1933/34 no longer offered him a place to live or work, and which he had left in good time in 1935, "welcomed the opportunity [in 1958] to reacquaint itself in exhibitions with the cartoonist Dolbin."[13]

The works of this man who once was everywhere have not disappeared. However, his so widely travelled "heads", which cannot always decide whether to be (psychological) portraits or biting caricatures, are today all too often found in archive drawers. Occasional reopening and exhibition not only puts a face to the often glorified 1920s and their destruction, but allow for social and psychological studies of the time. In them we rediscover Dolbin's passion for the performance, that moment of absolute tension and concentrated emotion.

Notes

1 Alexander Lenk quotes Dolbin: "[...] the best notion drawing is a stenogram [...]. The steno designer will throw his line at the dancer as a lasso and catch as catch can." Dolbin-Nachlass, I AK 2002/302-39, Blatt 0160.

2 As illustrations for daily political events, the press of the 1920s preferred drawings to photographs, which required much larger equipment. Besides, half-tones were harder to print.

3 In fact the Berlin daily paper Tage-Buch, published by Stefan Grossmann, ran a series of loose Dolbin portraits under the title "Aus meinem Panoptikum" ["From my Panopticon"].

4 Letter to Stephan Ehrenzweig 1936, Dolbin-Nachlass, I AK 2002/302-21, Blatt 0162.

5 He commented upon reencounters with old acquaintances rather sneeringly: "At every turn I bump into dodgy, but significant Europeans, who greet one with the American shout of 'hello'. Brecht, George Gross, Hanns Eisler, Werfel, Weill, Höllering, the dear 'colleagues' [...] making yellow marks on the Manhattan cityscape [...]" Letter to Stephan Ehrenschweig, 1936, Dolbin-Nachlass, I AK 2002/302-21, Blatt 0162.

6 Founded by Max Krause in Berlin, 1865. In 1923 appeared the logo with the double circle, in 1924 the popular advertising jingle "Schreibste mir, schreibste ihr, schreibste auf MK-Papier" ("write to me, write to her, write on MK paper". See also Rolf Buscher, *Vom Wasserzeichen zum Markenpapier. Die Papiermarkierung als Mittel der Absatzpolitik im 20. Jahrhundert.* Trier 2007, p. 160.

7 Quoted by Will Schaber, B. F. Dolbin. *Der Zeichner als Reporter.* Munich 1976, p. 57.

8 See the works Casper Neher, dated 1959, and Karl-Heinz Stroux, dated 1962, in the theatre collection of the Stiftung Stadtmuseum Berlin, GHZ 74/22,90 and GHZ 74/22,108.

9 See the 'traced' drawing Ralph Arthur Roberts in the theatre collection of the Stiftung Stadtmuseum Berlin, GHZ 74/22,99.

10 Dolbin-Nachlass, II AK 75-15, Mappe 03, Blatt 19.

11 Dolbin-Nachlass, II AK 75-15, Mappe 08, Blatt 01 and Mappe 21, Blatt 05.

12 Dolbin-Nachlass, I AK 2002/302-24, Blatt 01518.

13 Karl Ludwig Skutsch in his introduction to the catalogue for the Haus am Waldsee exhibition, Berlin 1958, unpaginated.

Frauen erobern die Straße oder:

Der Warencharakter weiblicher Großstadterfahrung

Isabelle Lindermann

„Wer morgens kurz vor 8 Uhr oder abends nach Büro- oder Geschäftsschluß durch das Geschäftsviertel einer Großstadt geht, dem begegnet als charakteristischer Eindruck ein Heer von jungen Mädchen und Frauen […] – es sind die Massen der weiblichen Angestellten. Sie geben der Großstadt das beherrschende Bild."[1]

Was Susanne Suhr 1930 in der Studie *Die weiblichen Angestellten* als charakteristisches Großstadtbild der Weimarer Republik beschreibt, ist Ausdruck eines gesellschaftlichen Umwandlungsprozesses, der mit der Frauenbewegung um 1900 begann und während der „Goldenen Zwanziger" mit der Emanzipation von tradierten bürgerlichen Werten und konventionellen Geschlechterverhältnissen einen Höhepunkt zu erreichen schien. Die Großstadt und das Leben auf der Straße bezeichnen als Orte massiver weiblicher Präsenz die Schau- und Verhandlungsplätze dieser sozialen Modernisierung in den 1920er Jahren. Denn eine neue Generation junger Frauen forderte nicht mehr nur Selbstbestimmung hinsichtlich ökonomischer Unabhängigkeit, politischer Teilhabe und frei ausgelebter Sexualität – sie beanspruchte vor allem einen sichtbaren Platz in der Öffentlichkeit.[2]

Ein entscheidender Antriebsmotor dieser Sichtbarkeit von Frauen auf der Straße war die Entwicklung der „Angestelltenkultur".[3] In Folge von Rationalisierung und Bürokratisierung der durch US-amerikanische Kredite gefütterten Wirtschaft der Weimarer Republik entstand ein wachsender Bedarf an Stenotypistinnen, Sekretärinnen und Verkäuferinnen. In erster Linie ökonomisch motiviert und angelockt von den vielversprechenden Karrierechancen, zog es Scharen junger Mädchen aus der Provinz nach Berlin. Fern von familiären Bindungen in der Heimat hofften sie hier auf ein selbstbestimmtes und aufregendes Leben in der Hauptstadt, dem Zentrum der modernen Vergnügungswelt. Bedingt durch diesen enormen Zuzug war „die weibliche Angestellte […] die typische erwerbstätige Frau der Masse"[4] und bevölkerte Büros, Kaufhäuser und Boulevards. Die „Neue Frau" war dabei ihr ambivalentes Image in der Öffentlichkeit.

Der Begriff „Neue Frau" beschreibt eine Figur, an der sich der zeitgenössische Diskurs über weibliche Modernitätserfahrung orientierte – sei es durch ihre massenmediale Verbildlichung, in den Wissenschaften oder in der Auseinandersetzung innerhalb intellektueller Künstlerkreise. In ihr treffen sowohl der Wunsch nach Unabhängigkeit von bürgerlichen Konventionen als auch die problematischen Folgen des Modernisierungsprozesses für Frauen gleichermaßen aufeinander. Und sie ist die Figur, die eine zentrale Position in den Arbeiten von Jeanne Mammen und Lieselotte Friedlaender einnimmt.

Beide Künstlerinnen gehören genau jener Generation junger Frauen an, die sich durch Erwerbstätigkeit neue Freiräume eroberten und den gesellschaftlichen Umwandlungsprozess selbst miterlebten. Während Mammen an den Akademien in Paris und Brüssel ihre künstlerische Ausbildung absolvierte, war Friedlaender nach dem Besuch in den Klassen von Hermann Sandkuhl und Georg Tappert in Berlin an die Kunstgewerbeschule Kassel gewechselt und bewegte sich bereits hier an der Schnittstelle zwischen Bildender Kunst und Massenkultur.[5] Um ihren Lebensunterhalt zu finanzieren, arbeiteten beide als Illustratorinnen für Modemagazine und Zeitschriften und waren abhängig von der jeweiligen Auftragslage. Ihre Tätigkeit war durch einen permanenten Wettkampf mit den zahlreichen anderen auf den Markt drängenden Zeichnern und Grafikern geprägt, wodurch sie sich kaum von der der Angestellten unterschied. Allerdings waren Mammen und Friedlaender als Illustratorinnen Teil der Unterhaltungs- und Kulturindustrie, die die „Neue Frau" als mediales Produkt vermarktete. Ihre Zeichnungen und Illustrationen sind aktiv an der Produktion dieser Weiblichkeitskonstruktion beteiligt. Es stellt sich jedoch die Frage, ob und wie Mammen und Friedlaender das Bild der „Neuen Frau", das in seiner Allgegenwärtigkeit die visuelle Kultur der Weimarer Republik mitbestimmte, verarbeitet und verhandelt haben.

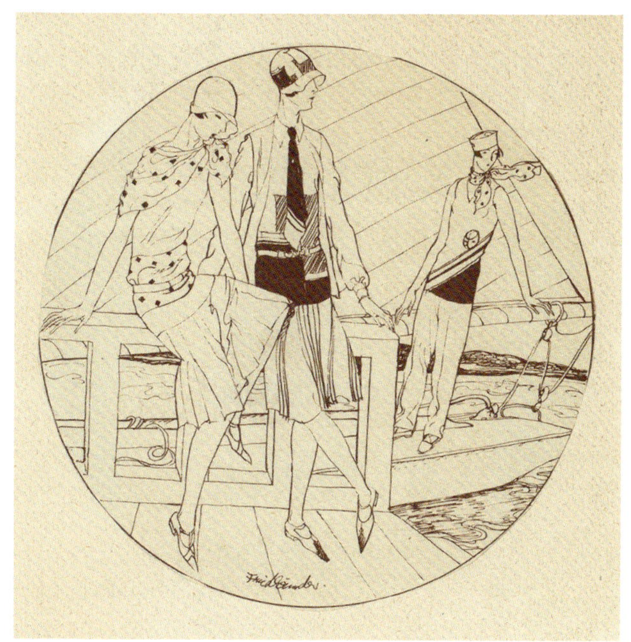

Lieselotte Friedländer
Zu Wasser und zu Lande, 1928, Feder in Tusche, Deckweiß auf Papier, 22,6/16,8 x 22/15,8 cm

Die Produktion der „Neuen Frau": Lieselotte Friedlaenders Großstadtfrauen

Die prosperierende Unterhaltungs- und Konsumindustrie entdeckte die kleine Berliner Angestellte als Zielgruppe eines neuen Absatzmarktes, der neben Mode auch einen Lifestyle verkaufen sollte: Mit gepflegtem Bubikopf und schickem Kurzkleid war das Großstadtgirl auf direktem Wege von der Arbeit zum „Sporteln" oder in die Bars und Tanzlokale unterwegs. Ohne Rücksicht auf Verluste frönte sie dort ihrem neu gewonnen Selbstbewusstsein und tauchte in die lasterhafte Subkultur, auf der Suche nach dem einen oder anderen unverbindlichen Tête-à-tête. Diesem Selbstbewusstsein der „Neuen Frau" verlieh Lieselotte Friedlaender in ihren Modeillustrationen ein Gesicht.

Nach zahlreichen Auftragsarbeiten hatte sie sich als Redaktionsmitglied des *Moden-Spiegels*, der wöchentlich erscheinenden Beilage des *Berliner Tageblatts*, eine der seltenen festen Positionen in der Modegrafik gesichert.[6] Mit schnellem und sicherem Strich entwarf sie darin das „Bild selbstbewusster, sportiver und modischer Weiblichkeit"[7] und gab mit der visuellen Gestaltung des Buches *Das junge Mädchen* von Ilse Reicke den Berufswünschen und Erwartungen von

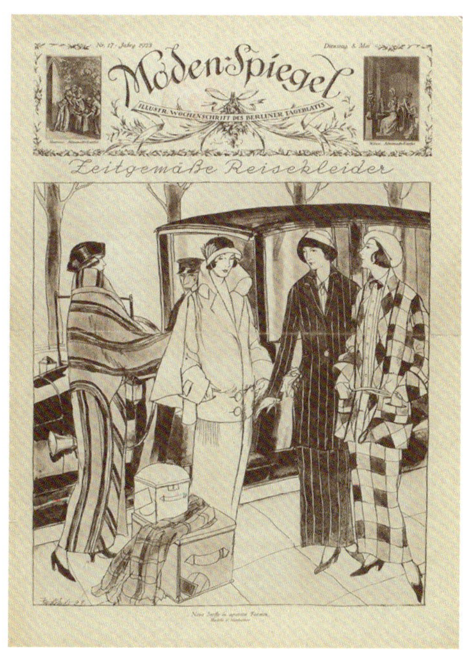

Lieselotte Friedländer
Moden-Spiegel, 1923

Scharen junger Frauen eine Form.[8] Oftmals waren ihre Modelle, die von mondänen Damen bis zu den Girls reichten, in den öffentlichen Raum der Straße versetzt oder gingen Freizeitaktivitäten nach, wodurch Friedlaender den Anspruch auf die Eroberung eines sichtbaren Platzes in der Öffentlichkeit sowie einer neue Bewegungsfreiheit von Frauen in ihre Grafiken integrierte. Berufstätig und damit äußerst erfolgreich, verkörperte Friedlaender selbst das Ideal dieser Großstadtfrauen.

Neben Modeillustrationen zeichnete sie auch zahlreiche Porträts von bekannten Schauspielern aus der Film- und Theaterbranche wie beispielsweise das Brigitte Helms. (Abb. S. 76) Helm hatte bereits in Fritz Langs *Metropolis* die Maschinenfrau gespielt, und Friedlaender bildet sie hier ebenfalls in der Rolle einer künstlichen Figur ab: der Alraune. Henrik Galeen drehte 1928 den Film *Alraune*, in dem ein Professor in einem biologischen Experiment eine Prostituierte künstlich befruchtet und dabei auf den Samen eines zum Tode verurteilten Kriminellen zurückgreift. Das sich entwickelnde Kind ist Alraune, der im Laufe des Film immer perfidere Charaktereigenschaften und dämonischere Züge angezeichnet werden und die ihren „Erzeuger" schließlich verführt. Im dezent kolorierten Porträt von Friedlaender ist Helm in Nahansicht und im Dreiviertelprofil dargestellt. Ihre mit zarten Bleistiftlinien konturierte Gestalt und die feinen Gesichtszüge wirken porzellanhaft. Das lockige blonde Haar ist sorgfältig onduliert und fällt wellenförmig in den Nacken, denn Helm richtet ihren ausdruckslosen Blick nach oben, was ihr eine abwesende und außerirdische Aura verleiht, die noch durch die hellblau durchscheinenden Augen unterstützt wird.[9] Gleichzeitig ist ihr Aussehen perfektioniert, ihre Züge ebenmäßig und einem zeitlosen Schönheitsideal entsprechend, was die Künstlichkeit ihrer „biologischen" Erzeugung noch unterstreicht. Friedlaender bleibt jedoch an der Oberfläche dieser artifiziellen Schönheit der Figur Brigitte Helms und legt kaum Wert auf eine Schilderung oder Analyse des Charakters von Alraune. So scheint sie zwar in ihren Modezeichnungen das neue Lebensgefühl mit ihren Typen zu verbinden und betont gerade die positiven Errungenschaften der „Neuen Frau" wie ihre Eroberung der Großstadt. Doch bleibt sie dabei ebenfalls an einer idealen, geglätteten und künstlichen Oberfläche, ohne auf die sozialen Realitäten ihrer Zielgruppe und die individuellen Züge der Figuren einzugehen. Sie zeigt hier keine Persönlichkeiten, sondern „Menschen mit typologischen Charakteristika".[10]

Eine solche Verdichtung auf äußerliche und charakterliche Merkmale der „Neuen Frau" in Illustrierten, Reklame, Kino, Wochenschau, Mode, Revue und Kunst ist verantwortlich für die bis heute gültige bildliche Typologisierung der „Neuen Frau" im öffentlichen Bewusstsein als Produkt der Massenkultur, eine käufliche und konsumierbare Ware.[11] Das emanzipatorische Potenzial dieser Figur ebenso wie die politischen Dimensionen, die noch wenige Jahre zuvor für die radikale Frauenbewegung von zentraler Bedeutung waren, gingen dabei verloren. Mit der bildlichen Vereinheitlichung des neuen Frauentyps und ihrer Integration in eine abgestimmte Konsumkultur wurden die Möglichkeiten auf ein selbstbestimmtes Leben wieder eingegrenzt.[12] Während die Masse der jungen Angestellten diesem weiblichen Idealbild nacheiferte (sich dabei aber lediglich modische Surrogate wie Kunstseide leisten konnte), hatte nur eine kleine elitäre Gruppe von Akademikerinnen, Schriftstellerinnen, Journalistinnen oder Künstlerinnen aus großbürgerlichen Kreisen die finanzielle Unabhängigkeit, tatsächlich uneingeschränkt an den aktuellen Modetrends, dem kulturellen Leben und Angeboten der Unterhaltungsindustrie teilzunehmen, was im Diskurs darüber nur zu gern ausklammert wurde.[13] Trotz des geringen Gehalts der Angestellten war die äußere, dem Ideal der „Neuen Frau" entsprechende Erscheinung oftmals ausschlaggebend für die Aussicht auf eine Arbeitsstelle und die Teilhabe an der Vergnügungskultur die einzige Flucht aus dem täglichen Kampf ums Überleben.[14] Die Girls internalisierten das ihnen verkaufte glänzende Bild der „Neuen Frau" und bezahlten mit ihrer Unabhängigkeit. Ihre Großstadterfahrung war gekennzeichnet und bestimmt durch Warenförmigkeit.

Sehen und Gesehen werden: Jeanne Mammens widerständige Blickdynamiken

Mit der erzwungenen Rückkehr aus Paris nach Berlin verband sich für die junge Jeanne Mammen ein sozialer Abstieg von der bürgerlichen Künstlerin zur arbeitslosen Grafikerin.[15] Sie kannte also die Bedingungen und Auswirkungen, mit denen das Leben in der Großstadt für viele Angestellte verbunden war und sah die Schattenseiten eines ihr fremden, distanzierten und frostigen Berlins, dessen glitzernde Fassade nur die Oberfläche des Wirtschaftswunders darstellte. Durch diese Erfahrungen eignete sich Mammen einen kritischen Blick auf die Großstadt an und zog bewaffnet mit Papier und Stift durch den bürgerlichen Westen und den ärmeren Osten, um die Vergnügungswelten der verschiedenen Milieus zu erkunden.[16] Mammens Darstellungen umfassen das ganze Archiv der verschiedenen Sozialfiguren wie den Girls und Garçonnes, den Damen und Vamps, den Tänzerinnen und Showgirls. Doch anders als ihre Künstlerkollegen George Grosz oder Otto Dix ist ihr bildliches Personal nicht einer zynischen Verhässlichung zugunsten einer beißenden Gesellschaftskritik ausgeliefert.

Mammen begegnete ihnen vielmehr mit Empathie und bewegte sich in ihrer Gestaltung zwischen Typ und Individuum. Als genauer Beobachterin konnte ihr nichts entgehen, sie selbst allerdings war nahezu unsichtbar. Mit zerschlissenem Regenmantel und Baskenmütze fiel die zierliche Mammen in der schillernden Masse der Bars und Tanzlokale kaum auf.[17] Sie entzog sich den Blicken der anderen und wurde zur aktiven Zuschauerin. Was Mammen hier als Strategie der Unauffälligkeit für ihre Streifzüge durch die Großstadt nutzte, nämlich das Wissen um und das Ausnutzen von medialen Sehvorschriften, setzte sie auch in einigen ihrer Arbeiten ein.

Die Rothaarige (Abb. S. 74), ein Aquarell, das 1928 unter dem Titel „Gedanken beim Friseur" im *Ulk*, der wöchentlichen satirischen Beilage des *Berliner Tageblatts* veröffentlicht wurde, zeigt eine damenhafte Frau, die mit feuerroten Haaren, starkem Augen-Make-up und rot geschminkten Lippen die Figur des Vamp verkörpert[18] – ein visueller Typus, der von den Massenmedien und der Literatur als beliebtes Thema aufgegriffen und zur dämonischen Frau stilisiert wurde. Auch diese Figur wurde als Bild konsumierbar gemacht. Doch Mammen stattet ihren Vamp mit einem Widerstand gegen diese Konsumierbarkeit aus: Sie richtet ihren Blick direkt auf den Betrachter. Dieser aktive Blick steht im Gegensatz zu dem selbstbezogenen Blick der jungen Frau in dem Bild *In der Garderobe* von 1927 (Abb. S. 75). Deren äußerliche Erscheinung – kurzer, gepflegter Haarschnitt, schlanke Gestalt und eine Kappe mit Schleier – sowie ihr Habitus charakterisieren sie als „Girl". Sie scheint gerade auf dem Sprung aus der Garderobe zu sein und wirft noch einen letzten Blick in den Spiegel, bevor sie in den Mantel schlüpft, der ihr von einer älteren Bediensteten hingehalten wird, um ihre eigene Wirkung mit dem kess-verführerischen Blick noch einmal zu erproben. Durch diese Selbstbezüglichkeit des Blicks verliert sie „das Potential einer Autonomie der Aufmerksamkeit", da sie diese vollständig auf die Perfektionierung ihres Äußeren und den Imagewert ihrer Erscheinung lenkt.[19] Das Mädchen verharrt so innerhalb medial vorgegebener Sehgebote und in ihrem Status als Bild. Dabei hat der Betrachter die Position des Konsumenten inne, der ihr bei der Toilette zusehen kann, sie gewissermaßen als Bild verbraucht.

Die Rothaarige, in einen ähnlichen Raum der Schönheitspflege versetzt, steht in einer völlig anderen Dynamik zum Betrachter. Sie schaut nicht in den Spiegel, sondern entgegnet dem konsumierenden Blick des Betrachters mit einem selbstbewussten Gegenblick, der sich einer „Verobjektivierung" und Verbildlichung verweigert. Nicht sie ist das Objekt, sondern der Blick des Betrachters. Mammen entwickelt hier auf Grundlage des Blickgefüges eine Beziehung, die die Frau als ein gleichberechtigtes, individuelles Subjekt mit dem Betrachter auf eine Stufe stellt. Diese dynamische Blickbeziehung bietet einen „ersten Schritt, um Widerstand zu leisten gegen den ausschließlichen Bild- und Warenstatus"[20]. Indem Mammen die Bedingungen des Sehens reflektiert, die von den Medien produziert wurden und denen die Frauen in der Großstadt und auf der Straße als „Gesehene" begegneten, enthüllt sie genau jene gesellschaftlichen Strukturen, die sie als Illustratorin und Modezeichnerin in der Unterhaltungsindustrie mitgestaltete.

Die beschriebenen Arbeiten von Friedlaender und Mammen können als Orte bezeichnet werden, an denen das Bild der „Neuen Frau" auf unterschiedliche Weise verhandelt wird. Während Friedlaender ein positivistisches Bild ihrer Großstadtfrauen zeichnet und dadurch der breiten Leserschaft die Folie für ihre Wunschbilder anbietet, gibt Jeanne Mammen durch ihre Reflexion den Betrachterinnen ihrer Werke ein Instrument zum Widerstand gegen die Verbildlichung und Verobjektivierung als Ware an die Hand. Beide zeigen auf ihre je eigene Art, dass die Stadterfahrung der Frauen in den 1920er Jahren im Wesentlichen durch das „Produkt" der „Neuen Frau" und somit durch einen massiven Warencharakter geprägt war.

Anmerkungen

1 Susanne Suhr, *Die Weiblichen Angestellten. Arbeits- und Lebensverhältnisse. Eine Umfrage des Zentralverbandes der Angestellten.* Berlin 1930, S. 3.

2 Noch im 19. Jahrhundert war der öffentliche Raum in erster Linie eine männliche Sphäre, während die Bewegungsfreiheit bürgerlicher Frauen auf private und gesellschaftliche Innenräume beschränkt war. Diese geschlechtsspezifische Raumzuordnung beginnt sich in den Großstädten der Weimarer Republik zu verflüchtigen. Vgl. Katharina von Ankum, „Ich liebe Berlin mit einer Angst in den Knien.' Weibliche Stadterfahrung in Irmgard Keuns Das kunstseidene Mädchen", in: Katharina von Ankum (Hg.), *Frauen in der Großstadt. Herausforderung für die Moderne?* Dortmund 1999, S. 159–191, hier S. 161.

3 Der Begriff „Angestelltenkultur" geht auf Siegfried Kracauer zurück: Siegfried Kracauer, *Die Angestellten. Aus dem neusten Berlin* (1930). Frankfurt am Main 2000.

4 S. Suhr, vgl. Anm. 1, S. 4.

5 Marsha Meskimmon, *We Weren't Modern Enough. Women Artists and the Limits of German Modernism.* Berkeley/CA 1999, S. 16.

6 Burcu Dogramaci, *Lieselotte Friedlaender (1898–1973). Eine Künstlerin der Weimarer Republik. Ein Beitrag zur Pressegraphik der zwanziger Jahre. Mit einem Verzeichnis der Werke 1920 bis 1933.* Tübingen/Berlin 2001, S. 19.

7 Ebd., S. 113.

8 Burcu Dogramaci, „,Frauen, die ihr Geld selbst verdienen'. Lieselotte Friedlaender, der ,Moden-Spiegel' und das Bild der großstädtischen Frau", in: Stephanie Bung und Margarete Zimmermann (Hg.), *Garçonne à la Mode im Paris und Berlin der zwanziger Jahre: Querelles. Jahrbuch für Frauen- und Geschlechterforschung*, Bd. II. Göttingen 2006, S. 47–67, hier S. 59.

9 B. Dogramaci, vgl. Anm. 7, S. 118.

10 Ebd., S. 107.

11 Vgl. Einleitung, in: K. v. Ankum, wie Anm. 2, S. 14.

12 Elke Kupschinsky, Die vernünftige Nephertete. Die „Neue Frau" der 20er Jahre in Berlin, in: Jochen Boberg, Tilman Fichter und Eckhart Gillen (Hg.), *Industriekultur in Berlin*, Bd. 2: *Die Metropole. Industriekultur in Berlin im 20. Jahrhundert.* München 1986, S. 168.

13 Beispielsweise ist der Kreis um Marianne Breslauer und Annemarie Schwarzenbach dieser kleinen Minderheit zuzurechnen. In Breslauers Fotostrecke eines Ausflugs zum Sacrower See – *Sacrow 1934* – ist das Selbstbewusstsein und Leben gegen die Konventionen festgehalten. Vgl. *Marianne Breslauer. Fotografien.* Ausst.-Kat. Fotomuseum Winterthur / Berlinische Galerie 2010. Zürich 2010. Das Gros der Angestellten war eingespannt in ein wirtschaftliches System, dessen patriarchalische Grundstrukturen sich nicht nur in einer klaffenden Lohndifferenz zeigte, sondern auch in einer finanziellen Doppelbelastung: Die weiblichen Angestellten finanzierten mit ihrem niedrigen Gehalt nicht nur ihr eigenes Leben, sondern unterstützen vor allem ihre in der Provinz zurückgebliebenen Familien. Vgl. S. Suhr, vgl. Anm. 1, S. 10.

14 Annelie Lütgens, *„Nur ein Paar Augen sein…" Jeanne Mammen – eine Künstlerin in ihrer Zeit.* Berlin 1991, S. 44.

15 Annelie Lütgens, „Die Verschwörung der Frauen: Jeanne Mammens Großstadtbilder", in: K. v. Ankum, vgl. Anm. 2, S. 89–110, hier S. 89.

16 Ebd., S. 92.

17 Ebd., S. 93, Abb. 3.

18 A. Lütgens 1991, vgl. Anm. 15, S. 46.

19 Anke Gleber, „Die Frau als Flaneur und die Sinfonie der Großstadt", in: K. v. Ankum, vgl. Anm. 2, S. 59–88, hier S. 77.

20 Ebd., S. 79.

Women Claim the Streets or:

The Commoditisation of Female Urban Experience

Isabelle Lindermann

"Walk through the business district of a large city just before 8 am, or in the evening as shops and offices close, and typically you will see a horde of women and young girls (...) – these are the masses of salaried women workers. They are the dominant feature in the urban landscape."[1]

What Susanne Suhr described in 1930, in her study *Die weiblichen Angestellten* [White-Collar Women], as a typical urban sight in the Weimar Republic is symptomatic of a social transformation that began with the women's movement around 1900 and seems to have culminated, in the "Golden Twenties", with the emancipation from traditional middle-class values and conventional gender relations. The city and the life on its streets, places where women were massively present, were the showcases and negotiation arenas for this social modernisation during the 1920s, when a new generation of young women no longer demanded merely the right to determine their own lives by means of financial independence, political participation and unshackled sexuality: above all else they wanted public visibility.[2]

One driving force behind this street visibility of women was the emergence of a white-collar culture.[3] With the Weimar Republic drip-fed by American loans, there was a rising demand – driven by rationalisation and bureaucratisation – for shorthand typists, secretaries and shop assistants. Young girls flocked to Berlin from the provinces primarily for economic reasons, lured by the promising career opportunities. Away from family pressures back home, they hoped to make their own decisions here in the capital city and to enjoy the excitement of life at the hub of the contemporary entertainment world. As a result of this great influx, "the female salaried employee [was] the prototype for the mass employment of women"[4], populating offices, department stores and urban boulevards. The "New Woman" was her ambivalent public image.

The term "New Woman" describes a focus in contemporary discourse about the female experience of modernity – in mass media imagery, in academic debate and in the chatter of intellectual art circles. It embodies a confluence – on the one hand a desire to be free of bourgeois convention and on the other a problem, the tricky consequences of modernisation as experienced by women. And this figure occupies a central place in the work of Jeanne Mammen and Lieselotte Friedlaender.

Both artists belonged to a generation of young women for whom employment had opened the door to new realms, and who were experiencing the process of social transformation first-hand.

Mammen completed her artistic training at the academies in Paris and Brussels, while Friedlaender graduated from her classes with Hermann Sandkuhl and Georg Tappert in Berlin to the School of Decorative Arts in Kassel, where she found herself at the interface between fine art and mass culture.[5] Both earned their bread by working as illustrators for fashion magazines and other periodicals, and were therefore dependent on commissions. Their activity was governed by having to compete in the market with everyone else who had some drawing or printmaking skill to offer, and in this respect their status was very similar to that of salaried staff. As illustrators, however, Mammen and Friedlaender were part of the entertainment and culture industry, where the "New Woman" was being marketed as a media product. Their drawings and illustrations played an active part in producing this construction of femininity. We cannot help wondering, however, to what extent Mammen and Friedlaender were themselves able to define and convey this image of the "New Woman", whose ubiquitous presence was such a hallmark of visual culture in the Weimar Republic.

Producing the "New Woman": Lieselotte Friedlaender's urban women

The flourishing entertainment and consumer goods industry made the typists and shop assistants of Berlin a target for a new market that set out to sell not only fashion, but lifestyle: the city girl with her neat bob and elegant short skirt left work and headed for some athletic pursuit, of for a bar or dance hall. Undeterred by what she stood to lose, she sported her new-found assertiveness in such places, plunging into a sinful subculture on her quest for a little tête-à-tête with no strings attached. With her fashion illustrations, Lieselotte Friedlaender gave this confident "New Woman" a face.

After numerous commissions, she had managed to secure one of the rare permanent posts in fashion graphics on the editorial team of *Moden-Spiegel*, a weekly supplement to the newspaper *Berliner Tageblatt*.[6] Here, with a swift, sure stroke, she painted a "picture of self-assured, sporty and fashionable femininity"[7] (fig. p. 103), while her visual design for Ilse Reicke's book *Das junge Mädchen* [The Young Girl] lent contours to the career hopes and expectations of thousand of young women.[8] Her fashion models, from gushing girls to elegant women, were often transposed to the open streets or depicted at leisure pursuits, and so Friedlaender's works embody women's claim to a visible place in public life and a new freedom of movement. As a working woman, and a successful one at that, Friedlaender herself personified the ideal of such female urbanites.

Apart from fashion illustrations, she drew many portraits of well-known stage and screen actors, including Brigitte Helm. Helm had already appeared in Fritz Lang's *Metropolis* as the Machine Woman, and Friedlaender depicts her in the role of an artificial being: Alraune (fig. p. 76). Henrik Galeen made his film *Alraune* in 1928. It tells of a professor who artificially inseminates a prostitute in a biological experiment using the sperm of a criminal who has been condemned to death. The child we see developing is Alraune, whose character acquires increasingly perfidious habits and demonic features in the course of the film, until she eventually seduces her "creator". Friedlaender's subtle-toned portrait shows Helm in close-up and in three-quarter profile. With her gently pencilled contours and finely drawn facial features, this figure has the quality of porcelain. Curly blond hair falls about her neck in careful waves as Helm tilts her expressionless gaze upwards, lending her an absent, extra-terrestrial aura enhanced by the piercing pale blue eyes.[9] Her perfect appearance, her even features and this timeless ideal of beauty all reinforce the artificiality of her "biological" origins. Friedlaender does not, however, probe beneath the surface of this synthetic beauty incorporated by Brigitte Helm, and she attaches little importance to portraying or analysing Alraune's character. Likewise, in her fashion drawings, while she seems to infuse her typecast subjects with a new zest for life, reflecting the positive achievements of the "New Woman" and her conquest of the city, she is merely skimming a pretty surface, smooth and artificial, ignoring both the social conditions that challenge her target group and the individual character of her models. These are not personalities, but "people with typological traits".[10]

This heavy emphasis on traits associated with the appearance and character of the "New Woman" in illustrated magazines, advertisements, cinema, newsreels, fashion, variety theatre and fine art resulted in a visual typology that is still rooted in public consciousness. The "New Woman" was thus designed as a product of mass culture for sale and consumption.[11] As a result, the emancipatory potential of this figure diminished, as did the political dimensions that had been so pivotal to the radical women's movement only a few years earlier. The visual homogenisation of this new type of woman and the generation of a customised consumer culture narrowed the scope for self-determination.[12] While the mass of young working women sought to emulate this feminine ideal (although in aspiring to the attributes and mannerisms of the "New Woman" the best they could afford were surrogates like artificial silk), a small elite from the upper middle classes, who had acquired financial independence as university graduates, writers, journalists or artists, did manage to partake fully of the latest fashion trends, cultural life and offerings of the entertainment industry, a phenomenon blithely ignored in the discourse.[13] Although working women earned low wages, job prospects often hinged on the ability to adopt the idealised appearance of the "New Woman", and participating in the amusement culture provided the only escape from the daily struggle for survival.[14] These girls internalised the glossy image of the "New Woman" pitched at them, and they paid with their independence. Their urban experience was no longer about self-determination – it was shaped and determined by conforming to the commodity.

Seeing and being seen: Jeanne Mammen's resistant gaze

When the young Jeanne Mammen was obliged to return to Berlin from Paris, she slid down the social ladder from the status of a budding artist from middle-class background to that of unemployed illustrator.[15] This gave her insights into the conditions and impact of life in the city for so many of its shop and office workers. Feeling disconnected, she saw the shadowy side of this alien, frosty Berlin, where glittering façades were merely the icing on the economic miracle. This experience equipped Mammen with a critical view of the city, as she armed herself with paper and pencil to explore the middle-class west and the poorer east, and the amusements pursued by these different milieus.[16] Mammen's depictions embrace the entire archive of social femininity – pretty lasses and tomboys, ladies and vamps, dancers and show girls. But unlike male artists like George Grosz and Otto Dix, she does not expose her visual cast to cynical uglification in the interests of cutting social satire. Mammen treats them to far more empathy, weaving between type and individual in her characterisations. She was a perceptive observer who missed nothing, although herself almost invisible. Mammen cut a small figure, and amid the quivering mass of punters in bars and dance halls she was hardly noticeable in her worn-out raincoat and beret.[17] Keeping a low profile herself, she was a productive spectator. The very weapons she used to remain inconspicuous on these urban excursions – her knowledge and exploitation of the visual prescriptions on which media imagery was founded – were put to good effect in some of her works.

Die Rothaarige [The Redhead] (fig. p. 74), a watercolour printed in 1928 alongside the caption "Thoughts at the Hairdresser's" in *Ulk*, the weekly satirical supplement to the *Berliner Tageblatt*, shows a ladylike woman with flame-like hair, powerful eye make-up and red lipstick as an embodiment of the vamp[18] – a visual type that both the mass media and literary works loved to portray, stylised as demonic woman. This image, too, was turned into a consumable item. Mammen, however, lets her vamp resist consumption by looking the viewer straight in the eye. This active gaze contrasts with the self-occupied gaze of the young woman in the picture *In der Garderobe* [In the Dressing Room] of 1927 (fig. p. 75), whose appearance – the short, neatly styled haircut, the slender figure and the veiled cap – and bearing mark her out as a flapper. She seems in a hurry to leave the dressing room and casts one last look at the mirror before slipping into the coat held towards her by an elderly attendant, testing her impact with a final, cheekily seductive glance. The self-referentiality of this gaze costs her "the potential for autonomy of attention", as she redirects all attention towards her slick appearance and its image value.[19] This girl reproduces the media prescriptions and with them her own status as an image. The viewer, watching these cosmetic endeavours, consumes her as a picture.

Die Rothaarige, likewise found in a cosmetic setting, establishes quite a different dynamic with the viewer. Rather than looking into the mirror, she returns the viewer's consuming gaze with a self-assured gaze of her own, refusing to be "objectified" or reduced to an image. The object here is not this woman, but the gaze of her viewer. In this instance, Mammen uses the cross-lines of vision to set up a relationship in which the figure is an equal subject, an individual on a par with the viewer. This dynamic optical relationship offers a "first step towards resisting the exclusive status as image and commodity"[20]. By reflecting the conditions of seeing produced by the media, which made women in the city and on the streets an "object being seen", Mammen exposes the very same social structures that she was helping to create as a graphic artist and fashion illustrator in the entertainment industry.

The works by Friedlaender and Mammen described here can be construed as places in which the image of the "New Woman" is negotiated in different ways. Whereas Friedlaender paints a positivist picture of urban women, offering a broad readership a blank film against which to live out their fantasies, Jeanne Mammen reflects the visual prescriptions exploited by the media and gives her female audience a tool to resist a process which turns them into images and objects for consumption. Each demonstrates in her own way that the urban experience of women in the 1920s was massively influenced by "New Woman" as a "product" and hence widely commoditised.

Notes

1 Susanne Suhr, *Die Weiblichen Angestellten. Arbeits- und Lebensverhältnisse. Eine Umfrage des Zentralverbandes der Angestellten.* Berlin 1930, p. 3.

2 Katharina von Ankum, "Gendered Urban Spaces in Irmgard Keun's *Das kunstseidene Mädchen*", in: Katharina von Ankum (ed.), *Woman in the Metropolis. Gender and Modernity in Weimar Culture.* Berkeley/CA 1997, pp. 162–184, here p. 164.

3 Siegfried Kracauer coined the term "Angestelltenkultur": Siegfried Kracauer, *Die Angestellten. Aus dem neusten Berlin* (1930). Frankfurt am Main 2000.

4 S. Suhr, see note 1, p. 4.

5 Marsha Meskimmon, *We Weren't Modern Enough. Women Artists and the Limits of German Modernism.* Berkeley/CA 1999, p. 16.

6 Burcu Dogramaci, *Lieselotte Friedlaender (1898–1973). Eine Künstlerin der Weimarer Republik. Ein Beitrag zur Pressegraphik der zwanziger Jahre. With a catalogue of works from 1920 to 1933.* Tübingen/Berlin 2001, p. 19.

7 Ibid, p. 113.

8 Burcu Dogramaci, "'Frauen, die ihr Geld selbst verdienen'. Lieselotte Friedlaender, der 'Moden-Spiegel' und das Bild der großstädtischen Frau", in: Stephanie Bung and Margarete Zimmermann (eds.), *Garçonne à la Mode im Paris und Berlin der zwanziger Jahre: Querelles. Jahrbuch für Frauen- und Geschlechterforschung*, vol. II. Göttingen 2006, pp. 47–67, here p. 59.

9 B. Dogramaci, see note 6, p. 118.

10 Ibid, p. 107.

11 K. v. Ankum (ed.), see note 2, p. 7.

12 Elke Kupschinsky, Die vernünftige Nephertete. Die "Neue Frau" der 20er Jahre in Berlin, in: Jochen Boberg, Tilman Fichter and Eckhart Gillen (eds.), *Industriekultur in Berlin*, vol. 2: *Die Metropole. Industriekultur in Berlin im 20. Jahrhundert.* Munich 1986, p. 168.

13 The group around Marianne Breslauer and Annemarie Schwarzenbach, for example, belonged to this little minority. Breslauer's sequence of photographs depicting an excursion to the lake – *Sacrow 1934* – captures their self-assurance and betrays a life that flouts convention. See *Marianne Breslauer, Fotografien.* Exhib. cat. Fotomuseum Winterthur / Berlinische Galerie 2010. Zurich 2010. Most white-collar women were harnessed into an economic system with fundamentally patriarchal structures, reflected not only in a massive pay gap, but also in an economic double burden, as they not only fed themselves out of these paltry wages, but also financed their families back home in the provinces. Cf. S. Suhr, see note 1, p. 10.

14 Annelie Lütgens, *"Nur ein Paar Augen sein..." Jeanne Mammen – eine Künstlerin in ihrer Zeit.* Berlin 1991, p. 44.

15 Annelie Lütgens, "The Conspiracy of Woman. Images of City Life in the Work of Jeanne Mammen", in: K. von Ankum, see note 2, pp. 89–105, here p. 89.

16 Ibid, p. 91/92.

17 Ibid, p. 92, fig. 4.1.

18 A. Lütgens 1991, see note 14, p. 46.

19 Anke Gleber, "Female Flanerie an die Symphony of the City", in: K. von Ankum, see note 2, pp. 67–88, here p. 81.

20 Ibid, p. 79.

Gertrude Sandmann

Skizze zu Leben und Werk einer wiederentdeckten Künstlerin

Anna Havemann

Der Nachlass von Gertrude Sandmann (1893–1981) ist ein reicher Fundus: An die 800 Zeichnungen, Pastelle und Aquarelle hinterließ die Künstlerin der Nachwelt. Mehr als ein Drittel zeigen Frauen, Darstellungen von Männern hingegen gibt es nur eine Handvoll, zu ihnen fand sie Zeit ihres Lebens keinen künstlerischen Zugang. Vier von ihren außergewöhnlichen Frauenbildern wurden jetzt von der Berlinischen Galerie erworben.

Die Künstlerin setzte sich Zeit ihres Lebens für die Emanzipation der Frau ein, bekannte sich in jungen Jahren zu ihrer Homosexualität und unterstützte aktiv die Frauenbewegung in den 1920er und später in den 1950er bis 1970er Jahren. In den Werken thematisiert Sandmann immer wieder die Kraft und die Verletzbarkeit der menschlichen – weiblichen – Existenz. Ihr Œuvre bewegt sich zwischen Avantgarde und Tradition. Die Basis für ihr künstlerisches Schaffen bildete ein intensives Naturstudium und die Suche nach der „perfekten" Form. Sie verzichtete auf jede Art der Verzerrung, Überhöhung oder Sentimentalisierung. Die Kunstströmungen ihrer Zeit kannte sie, stand ihnen jedoch ablehnend gegenüber, da ihr die diversen „Ismen" als unwahr erschienen. Ihre moderne Kunstauffassung drückt sich in ihrem Umgang mit einem extrem reduzierten Bildraum aus. Gegenstände, Körper oder Gesichter werden ohne ihr Umfeld gezeigt. Die Reduktion der Bildmittel intensiviert den Ausdruck des Gezeigten, und es ergeben sich unterschiedliche Interpretationsmöglichkeiten.

Neben Frauendarstellungen – dem größten Werkkomplex – finden sich im Œuvre von Sandmann Stillleben, Landschaften und Stadtansichten. Sandmann arbeitete ausschließlich grafisch und verwendete im Laufe ihres langen Lebens viele Techniken. Sie zeichnete auf verschiedenfarbigen Papieren, auf Karton, Sandpapier oder japanischem Zeichenpapier mit Kreide, Kohle, Wachs, Tusche und Filzstift. In den Jahren der Not verwendete sie Packpapier und Schmierzettel. Besonders beeindruckend sind Sandmanns Pastellzeichnungen, in denen sie die Möglichkeiten des Zeichnens mit denen des Malens verband.

Gertrude Sandmann wurde 1893 in eine wohlhabende, assimilierte jüdische Berliner Kaufsmannsfamilie hineingeboren. Sie gehörte zur letzten Generation von Künstlerinnen, der ein vollwertiges Studium an einer Kunstakademie in Deutschland untersagt war, daher studierte sie zuerst an der Kunstschule des Vereins der Berliner Künstlerinnen und Kunstfreundinnen und danach an den Privatschulen und Ateliers von Martin Brandenburg (1913–15), Otto Kopp (1917–1921) und Käthe Kollwitz (1921/22). Damals begann sie die Emanzipationsbewegung von Künstlerinnen zu unterstützen. Sie wurde 1926 Mitglied im ersten überregionalen Künstlerinnenverein, der GEDOK.

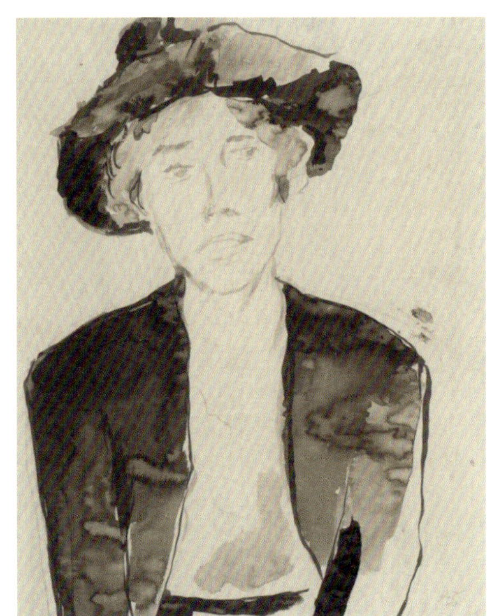

Blonde in Schwarz, 1919

Die Anfangsphase ihres Schaffens ist umfangreich im Nachlass dokumentiert. Viele Aktstudien, mit schnellem Strich notierte Bewegungsskizzen oder genau ausformulierte Körperstudien, auch Doppelakte und Darstellungen von psychisch kranken Frauen befinden sich darunter. In den mittelgroßen Zeichnungen *Blonde in Schwarz* von 1919 und *Cocotte IV* von 1924 sind die Besonderheiten von Sandmanns Stil bereits erkennbar. Die Figuren sind nah an die Bildoberfläche gerückt. Ihre Körper lösen sich nach unten auf. Umrisslinien geben den Formen Stabilität. In *Cocotte IV* verschwindet das Gesicht unter einem großen Hut und wird durch einen Schleier verschattet, was das Gefühl von Verruchtheit, mit dem Straßenmädchen und Huren in Verbindung gebracht wurden, unterstreicht. Ihre Augen jedoch, schwarzen Löchern gleich, sprechen eine andere Sprache. Sie klagen an und lassen Abgründe erahnen. Die *Blonde in Schwarz* strahlt Verletzlichkeit und Melancholie aus.

1923 hatte Sandmann ihre erste Einzelausstellung in der Galerie in der Meinekestraße 1 in Berlin. 1933 beteiligte sie sich an der Ausstellung der Freien Secession im Graphischen Kabinett Reuss und Pollack und an der „Schwarz-Weiß-Ausstellung" der Berliner Akademie. In dieser Zeit arbeitete sie gelegentlich als Illustratorin und verkaufte einige Werke. Sie musste ihren Lebensunterhalt jedoch nicht selbst bestreiten, da sie vom Erbe ihres Vaters gemeinsam mit ihrer Mutter im Haus ihrer Kindheit lebte. Sandmann unternahm viele Studienreisen an die Nord- und die Ostsee und nach Italien und Frankreich. Selbst nach der Machtübernahme der Nationalsozialisten konnte sie noch für einige Jahre reisen. Ihre letzte Auslandsreise führte sie 1936 nach London. Sandmanns berufliches Fortkommen nahm 1934 ihr vorläufiges Ende, als die Nationalsozialisten sie aus dem Reichsverband bildender Künstler wegen „nichtarischer Abstammung" ausschlossen und ihr am 2. April 1935 Berufsverbot erteilten. Gertrude Sandmann brachte ihren Widerwillen über die nationalsozialistische Politik und Kulturpolitik mehrmals in ihrem Tagebuch zum Ausdruck. Den Tagebüchern kann man entnehmen, dass sie die Nationalsozialisten richtig einschätzte und von Anfang an die Existenzgefährdung der Juden wahrnahm und zur Solidarität mit ihnen aufrief, obwohl sie 1926 aus der jüdischen Gemeinschaft ausgetreten war.

Mit der Machtübernahme der Nationalsozialisten änderte sich auch die Lage für die Frauen. Jede Hoffnung auf Gleichberechtigung, um die die Frauen Jahrzehnte gekämpft hatten, war zerstört. Auch wurde die homosexuellen Bewegung durch die Nationalsozialisten systematisch zerschlagen. Lokale und Clubs wurden geschlossen, Netzwerke zerstört und das Erscheinen von Zeitschriften untersagt.

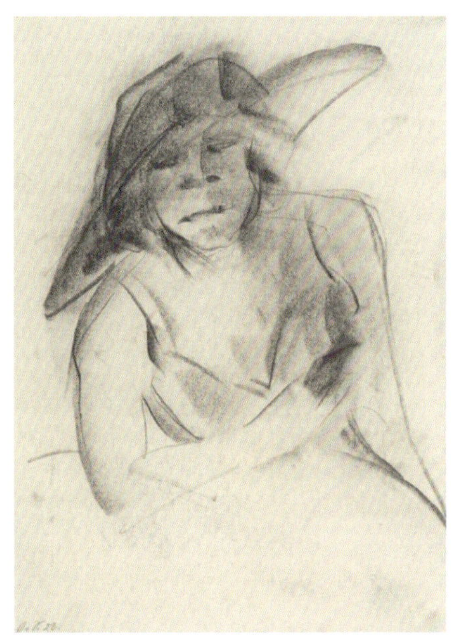

Cocotte IV, 1923

Obwohl keine öffentliche Verfolgung von lesbischen Frauen im Nationalsozialismus stattfand, litten viele von ihnen ebenso wie einfach ledige Frauen unter der NS-Frauenpolitik und Frauenpropaganda. Oft wurden lesbische Frauen als „asozial" und als Prostituierte diffamiert. Gertrude Sandmann war in dreifacher Hinsicht Restriktionen und Repressalien, bis hin zur Verfolgung ausgesetzt: als Jüdin, als lesbische Frau und als Vertreterin der modernen Kunst. Um so erstaunlicher ist es, dass aus den Jahren 1933 bis 1942 etwa 45 Arbeiten erhalten sind, wie zum Beispiel mehrere großformatige Pastellzeichnungen mit bestimmten Frauentypen.

In *Ohne Titel* (Abb. S. 53) von 1933 zeigt Sandmann eine moderne, selbstbewusste junge Frau mit einer roten Kappe und Schleier, einem grauen Mantel und einem roten Tuch. Auch ihre Lippen leuchten rot und sind zu einem Lächeln verzogen. Sie schaut hinter ihrem Schleier aufmerksam am Betrachter vorbei in die Ferne. Bei der Arbeit *Emigrantin* (Abb. S. 82) aus demselben Jahr hat Sandmann eine ältere, vom Leben gezeichnete Frau in die Bildmitte gesetzt. Hier nimmt Sandmann bereits Bezug auf die politischen Veränderungen in Deutschland. Zentrum des Bildes ist das Gesicht, der elegante Pelzkragen und der schwarze Hut mit durchsichtigem Schleier, von dem die tiefliegenden schwarzumrandeten Augen nur wenig geschützt scheinen. Die Lippen der Emigrantin sind fest aufeinandergepresst, ihr Blick ist leer und der Kopf gesenkt, als erwarte sie kommende Schicksalsschläge. Ihr Schmerz und ihre Angst sind deutlich zu spüren. Im *Mädchen mit Florentiner Hut* (Abb. S. 52) von 1933 stellt Sandmann wieder eine junge, mit einem Sommerkleid bekleidete Frau dar. Ihr Gesicht wird zur Hälfte durch den Schatten eines großen Strohhuts verdeckt, sie hat den Kopf zur Seite gedreht und ihre nackten Arme wie zum Schutz vor dem Körper verschränkt. Vor dem Hintergrund der politischen Entwicklungen im Jahr 1933 kann man nicht umhin, die Bedrohung für diesen Menschen in das Bild hineinzulesen.

Aus der Zeit des Berufsverbots und der Verfolgung von Gertrude Sandmann stammt eine Serie von Modezeichnungen, die sie 1937 begann. Während des Rückzugs in die innere Emigration arbeitete sie, man könnte fast meinen manisch, an Abbildungen des mondänen und „prallen" Lebens. Diese Werkgruppe muss nach Fotos entstanden sein, da sie zu diesem Zeitpunkt keine Modelle engagieren konnte. Darauf lässt auch eine Tagebucheintragung aus dem Jahr 1940 schließen. So erfährt man, dass sie zum Training ihres Formgedächtnisses das Abzeichnen von Kunstreproduktionen und von Abbildungen aus Zeitungen praktizierte.

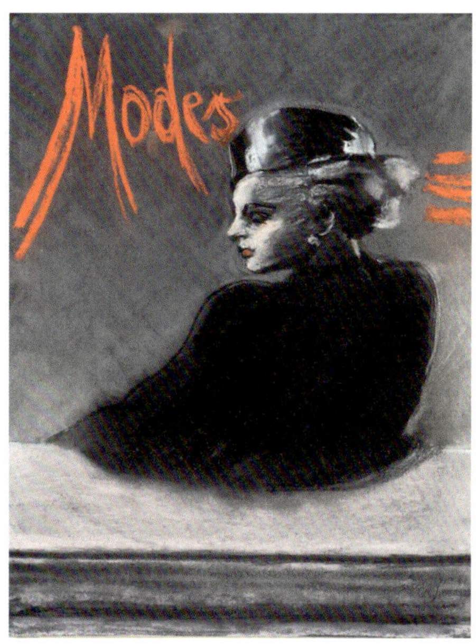

Modetitelblatt, 1937, Pastell, 50,5 x 37 cm

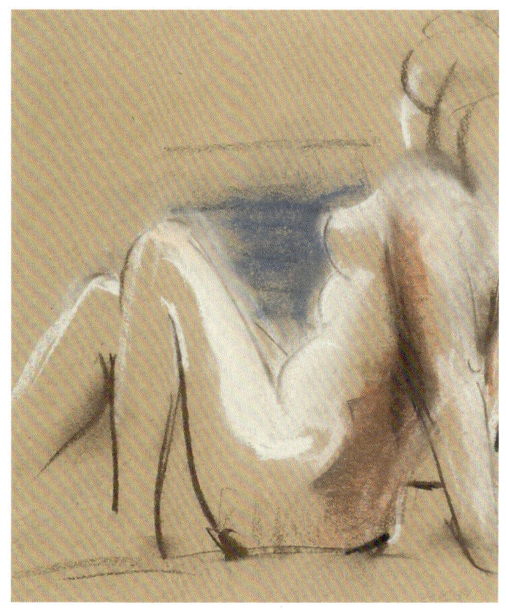

Akt, 1951, Pastell und Kreide, 26 x 22 cm

Noch im Sommer 1939 hätte Gertrude Sandmann nach England emigrieren können. Ihre schwerkranke Mutter, ihre tiefe Verbundenheit mit der deutschen Kultur und die Angst vor der Einsamkeit in der Fremde ließen sie jedoch zu dem Schluss kommen, dass sie ihre Heimat nicht verlassen wollte und konnte.

In dieser Zeit begegnete sie einer neuen Liebe, der Kunsthandwerkerin Hedwig Koslowski, die ihre Lebensgefährtin wurde. Sie versorgte Gertrude Sandmann während des Krieges mit Lebensmitteln und war ihre Verbindung zur Außenwelt. In ihrem Tagebuch sprach sich Sandmann immer wieder Mut zu, doch Unterernährung und Einsamkeit ließen die Angst zunehmen. Nachdem sie von den Nationalsozialisten den Deportationsbefehl erhalten hatte, entschloss sich Sandmann, in den Untergrund zu gehen. Sie kündigte in einem Abschiedsbrief ihren Selbstmord an und floh am 21. November 1942 aus ihrer Wohnung – ohne Papiere, Lebensmittelmarken oder Wertgegenstände. Ihre Grafiken hatte sie bereits vor ihrem Untertauchen versteckt. Wenig später wurde der Brief von der Gestapo gefunden, Sandmann für tot erklärt und ihr Vermögen beschlagnahmt.

Mehr als 10.000 Menschen, 7.000 davon allein in Berlin, versuchten, sich während des Krieges durch die Flucht in den Untergrund der Deportation zu entziehen. Von ihnen überlebten etwa 1.700 Jüdinnen und Juden. Gertrude Sandmann wurde zwischen November 1942 und Mai 1945 durch mehrere Menschen unter Einsatz des Lebens unterstützt. Mehrmals musste sie ihr Versteck wechseln und erlebte – gesundheitlich und psychisch stark geschwächt – die Kapitulation Nazideutschlands am 8. Mai 1945. Nach Kriegsende wurde ihr eine möblierte Wohnung in Berlin-Schöneberg zugewiesen, in der sie bis zu ihrem Lebensende wohnte und arbeitete. Sie erhielt ein Darlehen von der Stadt Berlin, um sich eine neue berufliche Existenz aufzubauen. Mit Hilfe einer Entschädigungsrente als politisch und rassisch Verfolgte des Nationalsozialismus konnte sie ihren Lebensunterhalt auf bescheidenem Niveau bestreiten.

Um wieder künstlerisch tätig sein zu können, suchte Gertrude Sandmann die Ängste und das erlebte Grauen zu verarbeiten, indem sie sich wie viele ihrer Künstlerkollegen der Dokumentation der zerbombten Stadt zuwandte sowie Trümmer- und Flüchtlingsfrauen zeichnete. Erst ab 1949 und bis Mitte der 1950er Jahre widmete sie sich wieder der Aktzeichnung in einer reduzierteren Bildsprache. Sie verzichtete auf die Darstellung von Körperlichkeit, auf das Spiel von Licht und Schatten und verwendete radikale Anschnitte und Perspektiven. Starke Umrisslinien umschreiben die Körper, einzelne farbige Striche akzentuieren die Formen.

Gertrude Sandmann beteiligte sich nach dem Krieg auch wieder an Ausstellungen – unter anderem 1946 an der „Graphischen Ausstellung“ des Schöneberger Rathauses und 1949 an der „Weihnachtsausstellung“ im Schloss Charlottenburg. 1951 kaufte der Magistrat von Berlin drei Arbeiten von ihr. 1968 organisierte der Bezirk Berlin-Schöneberg eine große Ausstellung in der kommunalen Galerie Haus am Kleistpark und kurz vor ihrem 81. Geburtstag, im Mai und Juni 1974, zeigte die Galerie Vömel in Düsseldorf 45 ihrer Grafiken in einer Einzelausstellung.

Erst mit der neuen Frauenbewegung Anfang der 1970er Jahre konnten Frauen sich offener zu ihrer Sexualität bekennen. In dieser Zeit unterstützte Gertrude Sandmann, nun bereits über siebzig Jahre alt, Projekte der autonomen Frauenbewegung in Westberlin und war Gründungsmitglied des Verlages Coming Out und der Gruppe L 74, der ersten Nachkriegsorganisation älterer lesbischer Frauen. Sie arbeitete als Illustratorin an der von der Gruppe L 74 herausgegebenen Zeitschrift *Unsere Kleine Zeitung* und veröffentliche dort Artikel.

Die Suche von Frauen nach ihrer gesellschaftlichen Position thematisierte Sandmann in ihrer Serie *Frau mit Hut,* die zwischen 1965 und 1968 entstand. Die Kohle- oder Kreidezeichnungen zeigen eine innere Zerrissenheit durch eine Zweiteilung der Gesichter. Die eine Hälfte ist in starkes Licht getaucht, die andere verschwindet im Dunkel des Schattens. Die äußere und innere Fassade, das Bewusstsein und das Unbewusste sind in ein spannungsvolles Verhältnis gesetzt. 1966 entstand die Serie *Gestalt hinter Glastür*. Weibliche Formen in fließendem Strich stehen hier den horizontalen und vertikalen Linien eines Türrahmens gegenüber. Noch einmal kehrte Sandmann zur Darstellung von Frauen zurück, als sie kurz vor ihrem Tod im Jahr 1981 die Serie *Einsamer Mensch* schuf. In diesen Pastellzeichnungen platzierte sie mit wenigen Strichen auf farbigen Grund Frauen, die in sich gesunken vor einem offenen Fenster sitzen und, so scheint es, der Dinge harren, die da kommen. Diese Arbeiten stehen stellvertretend für Selbstporträts, die Gertrude Sandmann nie gezeichnet hat. Sie stellen das Vermächtnis der Künstlerin dar.

A Sketch of Gertrude Sandmann

The life and work of a rediscovered artist

Anna Havemann

The artistic legacy of Gertrude Sandmann is a rich fund: the artist left around 800 drawings, pastels and watercolours to posterity. More than a third depict women, while just a handful portray men, who eluded her artistically all her life. Four of her unusual pictures of women have been acquired by the Berlinische Galerie.

The artist committed herself throughout her life to the emancipation of women, came out as gay at an early age and actively supported the feminist movement in the 1920s, and also later in the 1950s to 1970s. In her work Sandmann repeatedly addressed the power and vulnerability of human – feminine – existence. Her oeuvre shifts between avant-garde and tradition. Her artistic creativity was based on a close study of nature and a search for the "perfect" form. She renounced any kind of distortion, idealisation or sentimentality. She was familiar with the artistic trends of her times, but set herself in opposition to them, as all these "isms" seemed false to her. Her modern conception of art expressed itself in her use of pictorial space and abandonment of the physicality of objects. Objects, bodies or faces are shown without any setting. This reduction of pictorial elements intensifies the expression of her works, and allows for a variety of interpretations.

Alongside depictions of women – which form the greater part of her work – Gertrude Sandmann's oeuvre includes still life, landscapes and townscapes. Sandmann's work was exclusively graphic and she employed many techniques over the course of her long life. She drew on multicoloured paper, on cardboard, sandpaper or Japanese drawing paper, with chalk, charcoal, wax, ink and felt pens. In the years of hardship she used brown paper and odd scraps. Particularly impressive are Sandmann's pastel drawings, in which she combines the possibilities of painting and drawing.

On October 16th, 1893, Gertrude Sandmann was born into a well-to-do, assimilated Jewish, Berlin merchant family. She belonged to the last generation of female artists prohibited from taking a full degree course at an art academy in Germany; she therefore studied first at the art school of the *Verein der Berliner Künstlerinnen und Kunstfreundinnen* (League of Women Artists and Art-Lovers in Berlin) and afterwards at the private schools and studios of Martin Brandenburg (1913–15), Otto Kopp (1917–1921) and Käthe Kollwitz (1921/22). At that time she began to support the emancipation movement of women artists. In 1926 she became a member of the first national association of women artists, GEDOK.

The initial stage of her artistic development is abundantly documented in her estate and includes many nudes: swift sketches of motion and precisely formulated studies of the body, also double nudes and depictions of mentally ill women. In the medium-sized drawings *Blonde in Schwarz* (Blonde in Black) of 1919 and *Cocotte IV* of 1924, the characteristics of Sandmann's style are already recognisable(fig. p. 112). The figures are arranged close to the pictorial surface. Their bodies dissolve at the lower edges. Strong outlines lend the forms stability. In *Cocotte IV* the face disappears under a large hat and is shadowed by a veil, emphasising the sense of wickedness with which street girls and whores were associated. The eyes, however, look like black holes and speak a different language. They are accusing and suggest chasms. The Blonde in Schwarz radiates vulnerability and melancholy.

In 1923 Sandmann had her first exhibition in the gallery at 1 Meinekestrasse. In 1933 she took part in the exhibition of the "Free Secession" in the Graphisches Kabinett of Reuss and Pollack and the "Black and White Exhibition" of the Berlin Academy. During this period she worked occasionally as an illustrator and sold a few drawings. She had no need to earn her bread, however, as she lived from her father's legacy, together with her mother, in the house she grew up in. Sandmann undertook many study trips to the North Sea and the Baltic Sea, also to Italy and France. Even after the National Socialists took power she was still able to travel for a few years. Her last trip abroad took her to London in 1936. Sandmann's professional progress came to a halt in 1934, when the National Socialists excluded her from the politically aligned association of fine artists on grounds of "non-Aryan ancestry", issuing her with a professional ban on 2 April 1935. In her diary, Gertrude Sandmann expressed her repugnance towards Nazi policy and cultural objectives on many occasions. Her diaries make it clear that she correctly judged the Nazis and realised from the start that they posed a threat to Jewish existence. Although she had turned her back on the Jewish community in 1926, she called for solidarity with them.

When the Nazis came to power, the situation changed for women too. All hope of equality, which women had been struggling to achieve for decades, was systematically destroyed by the Nazis, as was the homosexual movement. Clubs and premises were closed, networks broke down and the production of periodicals banned. Although there was no public persecution of lesbian women during National Socialism, many of them suffered, as did any single women, under Nazi policy and propaganda on gender roles. Lesbian women were often labelled "antisocial" and called prostitutes. Indeed, Gertrude Sandmann qualified three times over for restriction, repression and ultimately persecution: as a Jew, as a lesbian and as a proponent of modern art. It is therefore all the more astonishing that about 45 works have survived from the period between 1933 and 1942, including, several large-scale pastel drawings depicting different female types.

In *Ohne Titel* [Untitled] from 1933, Sandmann portrays a modern, self-assured young woman with a red cap and a veil, a grey coat and a red scarf (fig. p. 53). Her lips too are glistening red and are drawn into a smile. She looks intently from behind her veil, past the observer into the distance. In the work *Emigrantin* [Émigrée] from the same year, Sandmann places centre-field an older woman who bears the traces of her troubles (fig. p. 82). Here Sandmann is already referencing the political changes in Germany. Central to the picture are the face, the elegant fur collar and the black hat with transparent veil, which hardly conceals the deep-set, black-ringed eyes. The lips of the emigrant are tightly pursed, her gaze is empty and her head bowed, as if expecting further blows of fate. Her pain and fear are plainly felt. *Mädchen mit Florentiner Hut* [Girl with Florentine Hat] (fig. p. 52) is another pastel-drawing, which dates back to the year 1933. Sandmann portrays a young woman wearing a summer dress. Her face is half hidden by the shadow of a large straw hat. She has turned her head to one side and has crossed her bare arms in front of her chest, as if to shield her body. Considering the political developments in the year 1933, one cannot fail to read into the picture the threats that people were facing at the time.

Stemming from the time of Gertrude Sandmann's professional ban and persecution, there is a series of fashion drawings, begun in 1937. During her retreat into inner emigration she worked, one might even say manically, on illustrations of the fashionable highlife. This group of works must have been drawn from photos, for at this point she could not hire models, as we can conclude from a diary entry of 1940. The diary also tells us that she trained her visual memory by copying art reproductions and newspaper illustrations.

Gertrude Sandmann could still have emigrated to England in the summer of 1939. However, due to her gravely ill mother, her deep roots in German culture and her fear that she would be lonely living abroad, she decided that she would not and could not leave her homeland.

During this time she had the good fortune to meet a new lover, the artisan Hedwig Koslowski, who became her partner. She provided Gertrude Sandmann with food during the war and was her connection to the outside world. In her diary Sandmann repeatedly tried to look on the brighter side, but undernourishment and solitude fed her fear.

When she received her deportation order from the Nazis, Sandmann decided to go underground. She left a suicide note and fled from her flat on 21 November 1942 – without papers, ration stamps or valuables. She had already hidden her drawings before disappearing. Not long afterwards the letter was discovered by the Gestapo, Sandmann was declared dead and her possessions seized. Between November 1942 and May 1945 Gertrude Sandmann was supported by several people at risk to their own lives. On several occasions she had to change her hiding place and lived – greatly weakened in mind and body – to see the capitulation of Nazi Germany on 8 May 1945. More than 10,000 people, 7,000 in Berlin alone, attempted to escape deportation by fleeing underground. Of these around 1,700 Jews survived the holocaust and the war in Berlin.

After the war she was allocated a furnished flat in the Berlin district of Schöneberg, where she lived and worked until the end of her life. She received a loan from the City of Berlin to help rebuild her professional life. Thanks to a pension, paid in compensation to those who had been politically and racially persecuted by the Nazis, she was able to sustain herself at a modest level. In order to become artistically active again, Gertrude Sandmann sought to process the fears and horror she had experienced by documenting the bombed-out city, as so many of her fellow-artists were now doing, and drawing the women who had arrived as refugees or were working among the ruins to turn rubble into building bricks. Not until 1949 did she return to drawing nudes in a more reduced pictorial idiom, which she continued to do until the mid-1950s. She abandoned the depiction of physicality, the play of light and shadow, employing radical cuts and perspectives. Strong contours outline the bodies, isolated strokes of colour accentuate the forms.

After the war Gertrude Sandmann took part in exhibitions again – amongst others the "Graphic Exhibition" at Schöneberg Town Hall in 1946, and the "Christmas Exhibition" at Schloss Charlottenburg in 1949. In 1951 the city administration of East Berlin bought three of her works. In 1968 the Borough of Schöneberg organised a large display in the municipal gallery at the Haus am Kleistpark, and shortly before her 81st birthday, in May and June 1974, the Vömel Gallery in Düsseldorf showed 45 of her drawings in a solo exhibition.

Not until the new women's movement took off in the early 1970s were women able to avow their sexuality more openly. During that time Gertrude Sandmann, now already in her seventies, supported projects by the autonomous women's movement in West Berlin. She was a founding member of the publishing house Coming Out and of Gruppe L 74, the first post-war organisation for older lesbian women. She worked as an illustrator for the Gruppe L 74 periodical *Unsere Kleine Zeitung* and also contributed articles.

Women's quest for their position in society was the theme of Sandmann's series *Frau mit Hut* [Woman with Hat], which she produced between 1965 and 1968. The charcoal or chalk drawings reflect the dichotomy within women by dividing their faces in two. One half is bathed in strong light, the other vanishes in the darkness of its shadow. The outer and inner façade, consciousness and unconsciousness are caught within a relationship of tension.

The series *Gestalt hinter Glastür* [Figure Behind Glass Door] originated in 1966. Female forms created with flowing strokes stand here in contrast to the horizontal and vertical lines of a door frame.

Sandmann returned once more to the portrayal of women when she produced the series *Einsamer Mensch* [Lonely Person] just before her death in 1981. In these pastel drawings, with sparse lines on coloured backgrounds, she sat her women in front of open windows waiting, it seems, for the inevitable. These works replace the self-portraits Gertrude Sandmann never drew. They are her legacy.

Werkliste
List of Works

Karl Arnold
1883 Neustadt b. Coburg –
1953 München

Studie zu Hunger (Sehnsucht nach Kokain), 1925
Tusche und Bleistift auf Papier
Blattmaß: 34,4 × 26,4 cm
Schenkung aus Privatbesitz, 2003
BG-G 10202/03
Abb. S. 42

Nuttchens Abendlied
„Ach, die Stadt ist gar zu grau,
Und es riecht so nach Benzin -
Wär' ich eine Ehefrau
Gäbe ich mich gratis hin!", 1927
Tusche auf Papier
Bildmaß: 20,4 × 13,6 cm
Blattmaß: 37,5 × 27 cm
monogrammiert und datiert
unten rechts: KA 27
Schenkung aus Privatbesitz, 2003
BG-G 10237/03
Abb. S. 42

Wintersport in Berlin
„Jeden zweiten Tag Eröffnung einer neuen Tanzbar – det wird wieder 'n schwüler Winter.", 1927
Tusche auf Zeichenkarton
Blattmaß: 42 × 32,2 cm
monogrammiert und datiert
unten rechts: KA 27
Erworben aus dem Sicherungsfonds beim Senator für Kulturelle Angelegenheiten, Berlin 1983
BG-G 3259/83
Abb. S. 63

Hans Baluschek
1870 Breslau/Schlesien – 1935 Berlin

Die Lokomotive, 1921
Lithografie
Bildmaß: 33,5 × 26 cm
Blattmaß: 46 × 32 cm
signiert unten rechts: Hans Baluschek
im Druck oben links: H. Baluschek
unten Mitte: „Die Lokomotive"
Erworben aus Mitteln des Senators für Finanzen, Berlin 1977
BG-G 540/77
Abb. S. 39

Fabrikschluß, 1926
Lithografie
Blattmaß: 29,8 × 20,9 cm
signiert unten rechts: Hans Baluschek
im Druck unten rechts: H Baluschek
unten Mitte: „Fabrikschluß"
Erworben aus Mitteln des Senators für Wissenschaft und Kunst, Berlin 1977
BG-G 410/77
Abb. S. 39

Max Beckmann
1884 Leipzig – 1950 New York/USA

Eislauf, 1922
Lithografie
Bildmaß: 41 × 23,5 cm
Blattmaß: 70,5 × 52,7 cm
signiert unten rechts: Beckmann
unten links: 13/40
Schenkung Hans Laabs, Berlin 1977
BG-G 692/78
Abb. S. 61

Lili von Braunbehrens
1894 Berlin – 1982 Bad Nauheim

Stadtnacht, 1921
Gedichtband von Lilli von Braunbehrens mit sechs Lithografien und einem Titelblatt von Max Beckmann
Piperverlag München 1921
Original-Lithografien auf Bütten, Heftbindung zusammen mit den Textseiten (Buchdruck), Buchrücken Halbleinen, Buchdeckel

mit farbigen Bezugspapieren
Gesamtmaß: 27,8 × 23,2 × 1 cm
signiert neben der Exemplarnummer im Impressum hinten: Beckmann
Schenkung Bernhard Brach, Berlin 1977
Bg-Hb A 5998 Rara
Abb. S. 36/37

Paul Busch
1889 Burschen – 1974 Cottbus

Auf der Straße, im Café usw., 1925–29
Skizzenbuch mit verschiedenen Motiven
Aquarell, Gouache und Bleistift auf Papier
Erworben aus dem Museumsfonds der Senatsverwaltung für Kulturelle Angelegenheiten, Berlin 1986
BG-G 4042/87 1–18

Ehezwist auf der Straße
Blatt 15
Blattmaß: 10,1 × 15,3 cm
unten links: Ehezwist auf der Straße Juli 1925

Zerwürfnis
Blatt 16
Blattmaß: 10,3 × 15,7 cm
unten links: Zerwürfnis Juli 25

Oktober – Mai 1925
Blatt 17
Blattmaß: 15 × 10,7 cm
unten links: Oktober - Mai 1925
Abb. S. 43

Oktober – Mai 1925
Blatt 18
Blattmaß: 15 × 10,4 cm
monogrammiert unten links: PB
Abb. S. 43

Chas-Laborde
1886 Buenos Aires/Argentinien – 1941 Paris/Frankreich

Rues et Visages de Berlin, 1930
Mappe mit 36 Radierungen, davon 18 koloriert
Éditions de la Roseraie, Paris.
Mit einem Text von Jean Giraudoux
Kaltnadelradierung und Farblithographie auf Arches-Bütten
Erworben aus Haushaltsmitteln der Berlinischen Galerie, Berlin 1983
BG-G 3561/84 1-36

Potsdamer Platz
Blatt 3 a
Plattenmaß: 28,2 × 22,6 cm
Blattmaß: 41,4 × 32,7 cm
Abb. S. 48

Casanova
Blatt 6 a
Plattenmaß: 28,2 × 22,1 cm
Blattmaß: 41,7 × 32,3 cm
Abb. S. 48

Die Königin
Blatt 7 a
Plattenmaß: 23,3 × 28,4 cm
Blattmaß: 32,2 × 41,6 cm

Friedrichstrasse
Blatt 9a
Plattenmaß: 28,1 × 22,5 cm
Blattmaß: 41,9 × 32,5 cm
Abb. S. 47

Wellenbad
Blatt 10a
Plattenmaß: 22,6 × 28,6 cm
Blattmaß: 32,3 × 41,8 cm

Eine Straße im Westen
Blatt 11 a
Plattenmaß: 28,4 × 22,6 cm
Blattmaß: 41,6 × 32,2 cm

Westberlin
Blatt 12 a
Plattenmaß: 22,7 × 28,3 cm
Blattmaß: 32,7 × 42,5 cm
Abb. S. 49

Unter den Linden
Blatt 15 a
Plattenmaß: 22,6 × 28,7 cm
Blattmaß: 32,7 × 42,7 cm

Traube
Blatt 17a
Plattenmaß: 22,7 × 28,7 cm
Blattmaß: 32,5 × 41,7 cm

Die Geschäfte
Blatt 18 a
Plattenmaß: 23,1 × 28,8 cm
Blattmaß: 32,6 × 42,2 cm

Otto Dix
1891 Gera-Untermhaus – 1969 Singen

Eldorado, 1927
Aquarell und Tempera über Bleistift auf Zeichenkarton
Blattmaß: 56 × 38,8 cm
signiert und datiert unten rechts: Dix 27
betitelt rückseitig: Eldorado 369
Erworben aus Mitteln der Stiftung DKLB und aus Mitteln des Senators für Wissenschaft und Kunst, Berlin 1976
BG-G 141/76
Abb. S. 71

Benedikt Fred Dolbin (Pollack)
1883 Wien/Österreich – 1971 New York/USA

Bert Brecht, um 1929/30
Bleistift auf Papier
Blattmaß: 28 × 22 cm
signiert unten links: Dolbin
betitelt oben links: Bert Brecht
Wasserzeichen: M. K. Papier
BG-G 516/77
Abb. S. 58

Marlene Dietrich, um 1929/30
Bleistift auf Papier
Blattmaß: 30 × 22,5 cm
signiert unten links: Dolbin
BG-G 516/77
Abb. S. 94

Valeska Gert, um 1929/30
Bleistift auf Papier
Blattmaß: 28,6 × 22,3 cm
betitelt oben: Valeska Gert „Koloratursängerin"
Wasserzeichen: M. K. Papier
BG-G 555/77
Abb. S. 58

George Grosz, um 1929/30
Bleistift auf Papier
Blattmaß: 28 × 22 cm
signiert Mitte links: Dolbin
betitelt unten links: George Grosz
BG-G 515/77
Abb. S. 57

Fritz Lang, um 1929/30
Bleistift auf Papier
Blattmaß: 28,5 × 22,5 cm
signiert Mitte links: Dolbin
BG-G 564/77
Abb. S. 60

Lotte Lenya-Weill, um 1936
Bleistift auf Papier
Blattmaß: 28,5 × 24,3 cm
signiert unten rechts: Dolbin
BG-G 519/77
Abb. S. 95

Peter Lorre, um 1929/30
Bleistift auf Papier
Blattmaß: 30 × 23,8 cm
signiert unten rechts: Dolbin
BG-G 548/77
Abb. S. 60

Joachim Ringelnatz, um 1929/30
Bleistift auf Papier
Blattmaß: 24,2 × 18,5 cm
signiert unten links: Dolbin
BG-G 549/77
Abb. S. 59

Mary Wigman – Todesruf, ca. 1931–1934
Bleistift auf Papier
Blattmaß: 28,5 × 22 cm
signiert unten rechts: Dolbin
BG-G 522/77
Abb. S. 58

Die Werke von Benedikt Fred Dolbin wurden erworben aus Mitteln des Senators für Wissenschaft und Kunst, Berlin 1977

Heinrich Ehmsen
1886 Kiel – 1964 Berlin

Unerlaubter Griff, um 1927
Bleistift auf Transparentpapier
Blattmaß: 57,7 × 48,5 cm
Signiert und betitelt unten rechts: „Unerlaubter Griff" Ehmsen.
Schenkung Peter Hielscher, Berlin 1981
BG-G 2364/81
Abb. S. 64

Flußpferd, 1929
Aquarell über Bleistift auf Karton
Blattmaß: 45,7 × 60,7 cm
signiert unten rechts: Ehmsen
rückseitig datiert und betitelt: 1929 16 „Flußpferd" E.
Erworben aus Mitteln der Senatsverwaltung für Kulturelle Angelegenheiten, Berlin 1994
BG-G 7366/94
Abb. S. 65

Michel Fingesten
1884 Buczkowitz/Schlesien/Polen – 1943 Cerisano/Cosenza/Italien

Robert Genin
1884 Wisokoje bei Smolensk/Russland – 1941 Moskau/Russland

Aus den Spelunken Berlins, 1919
Mappe mit 28 Radierungen auf Japan
Pan-Presse Verlag
Erworben aus Mitteln des Senators für Wissenschaft und Kulturelle Angelegenheiten, Berlin 1982
BG-G 3330/83 1–28

Michel Fingesten

Dirne und Zuhälter
Blatt 2
Bildmaß: 17,8 × 13,7 cm
Blattmaß: 34,3 × 25,4 cm
signiert unten rechts: Fingesten
unten links: I Zust.
oben links: Dirne u. Zuhälter
Abb. S. 79

Familie
Blatt 3
Bildmaß: 17,8 × 13,7 cm
Blattmaß: 34,9 × 24,8 cm
signiert unten rechts: Fingesten
unten links: I Zust.
oben links: Familie
unten rechts im Druck: Die Familie
Abb. S. 78

Grammophon
Blatt 4
Bildmaß: 16,8 × 19,8 cm
Blattmaß: 34,9 × 24,8 cm
signiert unten rechts: Fingesten
unten links: I Zust.
oben links: Volkslied

Hunger
Blatt 5
Bildmaß: 13,8 × 17,8 cm
Blattmaß: 25,8 × 35 cm
signiert unten rechts: Fingesten
unten links: I Zust.
oben links und im Druck: Hunger
Abb. S. 78

Aus dem Asyl für Obdachlose
Blatt 12
Bildmaß: 17,8 × 13,8 cm
Blattmaß: 34,3 × 25,7 cm
signiert unten rechts: Fingesten
unten links: I Zust.
oben links: aus dem Asyl für Obdachlose

Robert Genin

Liebespaar
Blatt 4 a
Radierung und Bleistift auf Japan
Bildmaß: 19,4 × 16,5 cm
Blattmaß: 34,5 × 25,5 cm
signiert unten rechts: Genin
betitelt in der Darstellung unten links: Zuhälter
unten links: I Zustand

Die Dirne
Blatt 8
Radierung und Bleistift auf Japan
Bildmaß: 17,1 × 13,1 cm
Blattmaß: 34,5 × 25,6 cm
signiert unten rechts: Genin
unten links: I Zustand
Abb. S. 77

Lieselotte Friedlaender
1898 Hamburg – 1973 Berlin

Brigitte Helm als Alraune, um 1928
Aquarell und Bleistift auf Papier
Blattmaß: 21,3 × 14,5 cm
Erworben aus Mitteln des Senators für Wissenschaft und Kunst, Berlin 1977
BG-G 599/78
Abb. S. 76

Asta Nielsen, um 1920
Tusche und Bleistift auf Papier
Blattmaß: 32,3 × 23,8 cm
Erworben aus Mitteln des Senators für Wissenschaft und Kunst, Berlin 1977
BG-G 523/77
Abb. S. 76

Erich Godal
1899 Berlin – 1969 Hamburg

Fabriken
Blatt 2 aus der Mappe *Revolution* mit 13 Lithografien, 1920
Verlag „Genossenschaft für Proletarische Kunst"
Blattmaß: 54,9 × 42,4 cm
signiert unten Mitte und im Druck: Godal
Erworben aus Haushaltsmitteln der Berlinischen Galerie, Berlin 1987
BG-G 4083/89 2/13
Abb. S. 29

Rudolf Großmann
1882 Freiburg/Breisgau – 1941 Freiburg/Breisgau

Cocain – Eine Orgie des modernen Lebens, 1925
Mappe mit 12 aquarellierten Lithografien
Bavaria Verlag für Moderne Graphik, München
Erworben aus Mitteln der Stiftung DKLB und aus Mitteln des Senators für Wissenschaft und Kunst, Berlin 1976
BG-G 142/76 1–12

Nachts in der Stephaniebar in Baden-Baden
Blatt 2

Blattmaß: 44 x 62,9 cm
signiert unten links: R Großmann
unten rechts: 16/XXV.
unten links: 2.)

Jazz-Band
Blatt 3
Blattmaß: 62,6 x 44,2 cm
signiert unten links: R Großmann
unten rechts: 16/XXV.
unten links: 3.)

Schieber
Blatt 4
Blattmaß: 62,9 x 44,2 cm
signiert unten links: R Großmann
unten rechts: 16/XXV.
unten links: 4.)
Abb. S. 69

Schwarze Börse
Blatt 8
Blattmaß: 44,2 x 62,9 cm
signiert unten links: R Großmann
unten rechts: 16/XXV.
unten links: 8.)
Abb. S. 68

Aufsichtsratssitzung
Blatt 9
Blattmaß: 44,1 x 62,9 cm
signiert unten links: R Großmann
unten rechts: 16/XXV.
unten links: 9.)

Lesbos
Blatt 11
Blattmaß: 44,3 x 63 cm
signiert unten links: R Großmann
unten rechts: 16/XXV.
unten links: 11.)
Abb. S. 68

George Grosz
1893 Berlin – 1959 Berlin

Aufruhr, 1917/18
Rohrfeder auf bräunlichem Papier
Blattmaß: 40,8 x 30,8 cm
signiert und datiert unten links: 1918 GROSZ
Erworben aus Haushaltsmitteln der Berlinischen Galerie, Berlin 1996
BG-G 8648/97
Abb. S. 32

Vorstadt, 1918
Tuschfeder auf China-Transparentpapier
Blattmaß: 25,7 x 20 cm
signiert unten rechts: GROSZ
betitelt und datiert rückseitig: Vorstadt 1918
Erworben aus Haushaltsmitteln der Berlinischen Galerie, Berlin 1996
BG-G 8647/97
Abb. S. 33

...diesem Fräulein stieg Schmiedeking nach..., 1920
Tuschfeder auf Papier
Blattmaß: 58,8 x 42 cm
signiert unten rechts: GROSZ
Erworben aus Haushaltsmitteln der Berlinischen Galerie, Berlin, 1996
BG-G 8649/97
Abb. S. 35

Werner Heldt
1904 Berlin – 1954 Ischia/San Angelo/Italien

I. Nacht in Berlin, um 1930
Bleistift auf Papier
Blattmaß: 38 x 28,8 cm
betitelt unten rechts: 1. Nacht i. Berlin
rückseitig: Traum 1930 nach Rückkehr aus Paris.
Nachlass Kurt Heldt, Berlin 1989
BG-G 4975/91
Abb. S. 80

Aufmarsch der Nullen (Meeting), um 1933/1934
Kohle auf Bütten
Blattmaß: 47 x 63,3 cm
Erworben aus Mitteln der Stiftung DKLB und aus Mitteln des Senators für Wissenschaft und Kunst, Berlin 1975
BG-G 0400/77
Abb. S. 81

Karl Holtz
1899 Berlin – 1978 Potsdam

Arbeitslosendemonstration, 1920
Lithografie
Blattmaß: 25 x 20,5 cm
signiert und datiert unten rechts: Karl Holtz 1920
Erworben aus dem Sicherungsfonds beim Senator für Kulturelle Angelegenheiten, Berlin 1986
BG-G 3989/87
Abb. S. 40

Yorckstraße, 1920
Lithografie
Blattmaß: 25,5 x 27 cm
Schenkung der Galerie Bodo Niemann anlässlich der Ausstellung „Eberhard Roters zu Ehren", Berlin 1989
BG-G-SR 4139/89
Abb. S. 40

Karl Hubbuch
1891 Karlsruhe – 1979 Karlsruhe

Jannowitzbrücke, 1922
Radierung
Bildmaß: 25 x 30,7 cm
Blattmaß: 30,8 x 41 cm
signiert unten rechts: Hubbuch
Erworben aus Sondermitteln des Senators für Wissenschaft und Kunst, Berlin 1977
BG-G 727/78
Abb. S. 41

Jeanne Mammen
1890 Berlin – 1976 Berlin

In der Straßenbahn, 1925–28
Tuschfeder und Tuschpinsel auf Papier
Blattmaß: 33,1 x 36 cm
monogrammiert unten rechts: JM
Senator für Kulturelle Angelegenheiten, Sicherungsfonds von der Jeanne-Mammen-Gesellschaft, Berlin 1993
BG-G 7225/93
Abb. S. 45

In der Garderobe, undatiert (um 1927)
Aquarell und Bleistift auf Papier
Bildmaß: 41 x 31 cm
monogrammiert unten links: JM
Jeanne Mammen Stiftung, Berlin
Abb. S. 75

Die Rothaarige (Gedanken beim Friseur), um 1928
Erschienen in: *Ulk*, Heft 16, 57. Jg. April 1928
Aquarell und Bleistift auf Papier
Blattmaß: 34,7 x 31 cm
signiert unten links: J. Mammen
Eigentum des Landes Berlin, 1997
BG-G 691/78
Abb. S. 74

Arabische Tänzerin, um 1930
Lithografie
Bildmaß: 66 x 45 cm
Blattmaß: 75,7 x 52 cm
signiert unten rechts: J. Mammen
Schenkung der Jeanne-Mammen-Gesellschaft, Berlin 1978
BG-G 1351/78
Abb. S. 74

In der Bar, um 1930
Erschienen in: *Simplicissimus*, Nr. 40, 35. Jg. 1930
Tuschfeder auf Papier
Blattmaß: 50,8 x 41,8 cm
signiert unten rechts: J Mammen

Erworben aus dem Sicherungsfonds beim Senator für Kulturelle Angelegenheiten, Berlin 1993
BG-G 689/78
Abb. S. 74

Auf der Straße (Nutten), um 1930
Erschienen in: *Simplicissimus*, Nr. 27, 35. Jg. 1930
Lithografie
Bildmaß: 46,2 × 35 cm
Blattmaß: 62 × 50 cm
signiert unten rechts: J. Mammen
beschriftet unten links: 20/3
Schenkung der Jeanne-Mammen-Gesellschaft, Berlin 1978
BG-G 1353/78
Abb. S. 46

Paar unter dem Regenschirm, undatiert (um 1933)
Aquarell und Feder auf Papier
Bildmaß: 42,5 × 33,5 cm
signiert unten rechts: J. Mammen
Förderverein der Jeanne-Mammen-Stiftung e.V. Berlin
Abb. S. 46

Frau mit schmalem Kopf und Stirnlocke II, vor 1933
Bleistift auf Papier
Blattmaß: 50,4 × 41 cm
monogrammiert unten rechts: JM
Schenkung der Jeanne-Mammen-Gesellschaft anlässlich der Ausstellung „Eberhard Roters zu Ehren", Berlin 1989
BG-G-SR 4138/89
Abb. S. 54

Otto Möller
1883 Schmiedefeld/Thüringen – 1964 Berlin

Redner I, 1919
Holzschnitt auf Japanpapier
Plattenmaß: 36,2 × 28 cm
Blattmaß: 41,2 × 30,3 cm
signiert und datiert unten rechts: Otto Möller 19
betitelt und beschriftet unten links: 1/20 Redner I
Schenkung Christoph Möller, Dießen am Ammersee 1999
BG-G 8875/00
Abb. S. 31

Gertrude Sandmann
1893 Berlin – 1981 Berlin

Blonde in Schwarz, 1919
Aquarell auf Papier
Bildmaß: 33,5 × 27 cm
monogrammiert und datiert unten rechts: G.S. 19
Peter Horváth-Mohácsi, Leipzig
Abb. S. 112

Cocotte IV, 1923
Kohle auf Papier
Bildmaß: 37,5 × 35,5 cm
monogrammiert und datiert unten links: G.S. 23
Peter Horváth-Mohácsi, Leipzig
Abb. S. 112

Armes Kind, 1930
Farbstift auf Papier
Blattmaß: 46 × 25 cm
monogrammiert und datiert unten links: G.S. 30
Peter Horváth-Mohácsi, Leipzig
Abb. S. 50

Wippchen – Berliner Kind, 1931
Farbstift auf Papier
Blattmaß: 44 × 41 cm
monogrammiert und datiert unten rechts: G.S. 31
Erworben aus Haushaltsmitteln der Berlinischen Galerie, Berlin 2012
BG-G 12188/12
Abb. S. 51

Mädchen mit Florentiner Hut, 1933
Kohle auf Papier
Blattmaß: 58 × 48 cm
monogrammiert und datiert unten rechts: G.S. 33
Peter Horváth-Mohácsi, Leipzig
Abb. S. 52

Emigrantin I, 1933
Pastell auf Papier
Blattmaß: 48,3 × 41,7 cm
monogrammiert und datiert unten rechts: G.S. 33
Erworben aus Haushaltsmitteln der Berlinischen Galerie, Berlin 2012
BG-G 12189/12
Abb. S. 82

Ohne Titel (Frau mit rotem Hut), 1933
Pastellkreide auf Papier
Blattmaß: 52,5 × 43,2 cm
monogrammiert und datiert unten links: G.S.33
Erworben aus Haushaltsmitteln der Berlinischen Galerie, Berlin 2012
BG-G 12190/12
Abb. S. 53

Ohne Titel (Frau mit Kappe), 1933
Pastellkreide auf Papier
Blattmaß: 58,2 × 45 cm
monogrammiert und datiert unten links: S.G.33
Erworben aus Haushaltsmitteln der Berlinischen Galerie, Berlin 2012
BG-G 12191/12
Abb. S. 52

Rudolf Schlichter
1890 Calw – 1955 München

Verstümmelte Proletarierfrau, um 1924
Bleistift auf Ingres
Blattmaß: 63,3 × 47,7 cm
signiert unten rechts: Rudolf Schlichter
betitelt unten links: Verstümmelte Proletarierfrau
rückseitig Nachlaßstempel: Nr. B 429
Erworben aus Mitteln der Stiftung DKLB, Berlin 1977
BG-G 1120/78
Abb. S. 56

Männerporträt, um 1925
Kohle auf Papier
Blattmaß: 58,9 × 45,9 cm
signiert unten rechts: R. Schlichter
Schenkung der Galerie Brockstedt, Hamburg anlässlich der Ausstellung „Eberhard Roters zu Ehren", Berlin 1989
BG-G-SR 4225/89
Abb. S. 55

Kraft und Tücke, 1931
Aquarell und Tusche über Bleistift auf Aquarellkarton
Blattmaß: 73 × 55,6 cm
signiert unten rechts: R. Schlichter
betitelt und datiert unten links: Kraft und Tücke 1931
Erworben aus Mitteln der Stiftung DKLB, Berlin 1982
BG-G 3083/82
Abb. S. 67

Arbeitsloser Kaufmann, undatiert
Bleistift auf Papier
Blattmaß: 59 × 46,3 cm
signiert unten rechts: R. Schlichter
betitelt unten links: Arbeitsloser Kaufmann
Schenkung aus Privatbesitz, Berlin 1979
BG-G 1670/79
Abb. S. 55

Ines Wetzel
1878 Berlin – 1940 Dachau/Konzentrationslager

Selbstbildnis, 1930
Aquarell, Gouache und Bleistift auf Zeichenkarton

Blattmaß: 47 x 38,4 cm
signiert und datiert unten links: Wetzel 30
Erworben aus Mitteln der Stiftung DKLB und des Senators für Wissenschaft und Kunst, Berlin 1976
BG-G-SF 316/77
Abb. S. 84

Heinrich Vogeler
1872 Bremen –
1942 Karaganda/Kasachstan

Aufruhr, um 1922
Tusche auf Pergament
Blattmaß: 32 x 37 cm
Trockenstempel: EV
Erworben aus Mitteln der Stiftung DKLB, Berlin 1977
BG-G 695/78
Abb. S. 30

Gert H. Wollheim
1894 Loschwitz bei Dresden –
1974 New York/USA

Selbstbildnis, 1931
Pastell auf braunem Papier
Blattmaß: 47 x 32 cm
signiert und datiert unten rechts: Gert Wollheim 1931
Erworben aus Mitteln der Stiftung DKLB und des Senators für Wissenschaft und Kunst, Berlin 1976
BG-G-SF 320/77
Abb. S. 83

Richard Ziegler
1891 Pforzheim – 1992 Calw

Sängerin im Varieté, 1924
Kreide auf Transparentpapier
Blattmaß: 24,4 x 17,9 cm
signiert unten links: RZi.
Erworben aus dem Museumsfonds beim Senator für Kulturelle Angelegenheiten, Berlin 1986
BG-G 4032/87
Abb. S. 72

Berliner Tageblatt, 1927|28
Pastell, Aquarell und Gouache auf Papier
Blattmaß: 49,3 x 36,6 cm
monogrammiert unten rechts: RZ
Museumsfonds beim Senator für Kulturelle Angelegenheiten, Berlin 1986
BG-G 4051/87
Abb. S. 73

Bibliografie
Bibliography

Anselm, Siegrun und Barbara Beck (Hg.): *Triumph und Scheitern in der Metropole. Zur Rolle der Weiblichkeit in der Geschichte Berlins.* Berlin 1987.

Bertz, Inka: „Herrmann Strucks Erfolgsbuch Die Kunst des Radierens und sein Einfluß auf die Künstler im Paul Cassirer Verlag", in: Rahel Feilchenfeldt und Thomas Raff (Hg.), *Ein Fest der Künste. Paul Cassirer, Der Kunsthändler als Verleger.* München 2006, S. 123–138.

Bienert, Michael: *Die eingebildete Metropole. Berlin im Feuilleton der Weimarer Republik.* Stuttgart 1992.

ders. und Elke Linda Buchholz: *Die Zwanziger Jahre in Berlin. Ein Wegweiser durch die Stadt.* Berlin 2010.

ders. und Erhard Senf: *Berlin wird Metropole. Fotografien aus dem Kaiser-Panorama.* Berlin 2000.

Bloch, Ernst: *Erbschaft dieser Zeit* (1935), Frankfurt am Main 1981, S. 31.

Bluhm, Detlef (Hg.): *Berliner Texte*, Bd.2. Berlin 1989.

Bohrmann, Hans: „Benedikt Fred Dolbin, der Porträtist eines halben Jahrhunderts", in: Markus Brehmer (Hg.), *Deutsche Publizistik im Exil 1933 bis 1945. Personen-Positionen-Perspektiven. Festschrift für Ursula E. Koch.* Münster 2000, S.134–144.

Buschmann, Albrecht u.a (Hg.).: *Die andere Stadt. Großstadtbilder in der Perspektive des peripheren Blicks.* Würzburg 2000.

Bung, Stephanie und Margarete Zimmermann (Hg.); *Garconne à la Mode im Paris und Berlin der zwanziger Jahre. Querelles, Jahrbuch für Frauen- und Geschlechterforschung,* Bd. II. Berlin, 2006.

Canetti, Elias: *Die Fackel im Ohr. Lebensgeschichte 1921–1931.* Frankfurt am Main 1982

Dennert, Gabriele; Christiane Leidinger; Franziska Rauchut (Hg.): *In Bewegung bleiben – 100 Jahre Politik, Kultur und Geschichte von Lesben.* Berlin 2007.

Deutschkron, Inge: *„Wir entkamen. Berliner Juden im Untergrund". Beiträge zum Widerstand 1933– 1945.* Hg von der Gedenkstätte Deutscher Widerstand. Berlin 2007.

Dogramaci, Burcu: *Lieselotte Friedlaender (1898–1973) – eine Künstlerin der Weimarer Republik. Ein Beitrag zur Pressegraphik der zwanziger Jahre. Mit einem Verzeichnis der Werke 1920 bis 1933.* Tübingen / Berlin 2001.

Follmann, Sigrid-Ursula: *Wenn Frauen sich entblößen. Mode als Ausdrucksmittel der Frau der zwanziger Jahre.* Marburg 2010.

Gläser, Helga; Groß, Bernhard; Kappelhoff, Hermann (Hg.): *Blick Macht Gesicht.* Berlin 2001

Grosz, George: *Ein kleines Ja und ein großes Nein. Sein Leben von ihm selbst erzählt* (1955). Reinbek 1974.

Gleisberg, Dieter; Penndorf, Helmar: *Karl Holtz – das frühe Werk 1918–1933.* Staatliches Lindenau-Museum Altenburg 1981.

Günther, Herbert (Hg.): *Hier schreibt Berlin* (1929). Berlin 1989.

Haas, Willy: *Dolbin, B. F. Gesicht einer Epoche.* München 1962.

Hassauer, Friederike: „Stadtersatz. Berlin 1930. Jean Giraudoux: Rues et Visages de Berlin", in: *Die andere Stadt. Großstadtbilder in der Perspektive des peripheren Blicks.* Hg. von Buschmann, Albrecht u.a. Würzburg 2000, S.72–88.

Havemann, Anna: *Gertrude Sandmann. Künstlerin und Frauenrechtlerin* (= *Jüdische Miniaturen,* Bd. 106. Hg. von Hermann Simon)

dies.: „Vorwärts Marsch! Der Kampf der Künstlerinnen um berufliche Anerkennung in der Kunstwelt des 19. Jahrhunderts", in: Ausst.-Kat. *Impressionistinnen – Morisot, Cassatt, Bracquemond, Gonzalèz.* Schirn Kunsthalle, Frankfurt 2008, S. 280–287.

Kästner, Erich: *Fabian. Die Geschichte eines Moralisten* (1931). Zürich 2010.

Kerbs, Diethart; Henrick Stahr: *Berlin 1932. Das letzte Jahr der ersten deutschen Republik. Politik, Symbole, Medien.* Berlin 1992.

Keun, Irmgard: *Das kunstseidene Mädchen* (1932). Hamburg 2005.

Knust, Herbert (Hg.): *George Grosz, Briefe 1913–1959.* Reinbek bei Hamburg 1979.

Köhn, Eckhardt: *Straßenrausch. Flanerie und kleine Form. Versuch zur Literaturgeschichte des Flaneurs von 1830–1933.* Berlin 1989.

Kracauer, Siegfried: *Straßen in Berlin und Anderswo.* Erweiterte Ausgabe. Mit einem Nachwort von Reimar Klein. Frankfurt am Main 2009.

ders: *Die Angestellten. Aus dem neusten Berlin* (1930) Frankfurt am Main 2000.

Kuhn, Alfred: „Die Lage auf dem Markt moderner Graphik," in: *Cicerone,* 18. Jg., 1926.

Kupschinsky, Elke: „Die vernünftige Nephertete. Die ‚Neue Frau' der 20er Jahre in Berlin", in: *Industriekultur deutscher Städte und Regionen,* Bd. 2: *Die Metropole. Industriekultur in Berlin im 20. Jahrhundert.* Hg. von Jochen Boberg, Tilman Fichter und Eckhart Gillen. München 1986.

Kutsch, Arnulf: *Benedikt Fred Dolbin. Zeitgenossen. 150 Portraits aus der Weimarer Republik.* Dortmund 1981.

Lütgens, Annelie, *„Nur ein Paar Augen sein…" Jeanne Mammen – eine Künstlerin in ihrer Zeit.* Berlin 1991.

dies., „Passantinnen /Flaneusen", in: *Im Freiflug. Texte und Gespräche zur Gegenwart der Kunst.* Mit einem Vorwort von Annette Tietenberg. München 2011, S. 21–34.

Meskimon, Marsha: *We Weren't Modern Enough. Women Artists and the Limits of German Modernism.* London u.a. 1999.

Moebius, Stephan; Schroer, Markus (Hg.): *Diven, Hacker, Spekulanten. Sozialfiguren der Gegenwart.* Frankfurt am Main 2010

Moreck, Curt: *Ein Führer durch das „lasterhafte" Berlin* (Faksimile der Erstausg. 1931). Berlin 1987.

Mülhaupt, Freya, „George Grosz", in: Ausst.- Kat. *100 Jahre Kunst im Aufbruch. Die Berlinische Galerie zu Gast in Bonn.* Köln 1998, S. 70.

Neuerburg, Waltraud: *Der graphische Zyklus im deutschen Expressionismus und seine Typen 1905–1925.* Diss. Bonn 1976.

Poe, Edgar Allen: „Der Mann der Menge", in: *Erzählungen.* Aus dem Amerikanischen von M. Bretschneider u.a., Zürich 1965, S. 124ff.

Pollaud-Dulian, Emmanuel: *Chas Laborde. Un homme dans la foule.* Paris, 2012.

Schaber, Will: *B. F. Dolbin. Der Zeichner als Reporter.* München 1976.

Schaber, Will: Vortrag zur Eröffnung der Ausstellung „Benedikt Fred Dolbin. Kopfstenogramme für die Berliner Presse 1916–1933". Frankfurt am Main 1980.

Scherpe, Klaus (Hg.): *Die Unwirklichkeit der Städte. Großstadtdarstellungen zwischen Moderne und Postmoderne.* Reinbek 1988.

Schmied, Wieland: *Werner Heldt.* Mit einem Werkkatalog von Eberhard Seel. Köln 1976.

Schmidt, Diether: *Otto Dix im Selbstbildnis.* Berlin 1981.

Schmölders, Claudia; Gilman, Sander (Hg.): *Gesichter der Weimarer Republik. Eine physiognomische Kulturgeschichte.* Köln 2000

Schneede, Uwe (Hg.): *Künstlerschriften der 20er Jahre. Dokumente und Manifeste aus der Weimarer Republik.* Köln 1986.

Schrader, Bärbel; Jürgen Scherbera: *Kunstmetropole Berlin 1918–1933. Die Kunststadt in der Novemberrevolution – Die „Goldenen" Zwanziger – Die Kunststadt in der Krise. Dokumente und Selbstzeugnisse.* Berlin / Weimar 1987.

dies.: *Die „Goldenen" Zwanziger Jahre. Kunst und Kultur der Weimarer Republik.* Wien u.a. 1987

Schoppmann, Claudia: *Zeit der Maskierung – Lebensgeschichten lesbischer Frauen im „Dritten Reich".* Frankfurt am Main 1998.

Singer, Hans Wolfgang: *Handbuch für Kupferstichsammler.* Leipzig 1923.

Strohmeyer, Klaus (Hg.): *Berlin in Bewegung. Literarischer Spaziergang,* Bd. 1,2. Hamburg 1987.

Suhr, Susanne: *Die Weiblichen Angestellten. Arbeits- und Lebensverhältnisse. Eine Umfrage des Zentralverbandes der Angestellten.* Berlin 1930.

Sykora, Katharina u.a. (Hg.): *Die Neue Frau. Herausforderung für die Bildmedien der Zwanziger Jahre.* Marburg 1993.

von Ankum, Katharina (Hg.): *Frauen in der Großstadt. Herausforderung für die Moderne?* Dortmund 1999.

von der Dollen, Ingrid: *Malerinnen im 20. Jahrhundert – Bildkunst der „verschollenen Generation", Geburtsjahrgänge 1890–1910.* München 2000.

Westheim, Paul: *Für und Wider. Kritische Anmerkungen zur Kunst der Gegenwart.* Potsdam 1923.

Zimmermann, Margarete (Hg.): *„Ach, wie gut schmeckt mir Berlin". Französische Passanten im Berlin der zwanziger Jahre und frühen dreißiger Jahre.* Mit Illustrationen von George Grosz. Berlin 2010.

Zimmermann, Rainer: *Die Kunst der verschollenen Generation. Deutsche Malerei des Expressiven Realismus von 1925–1975.* Düsseldorf / Wien, 1980.

Ausstellungskataloge

B. F. Dolbin. Gesicht einer Epoche. Portraitzeichnungen. Haus am Waldsee Berlin 1958.

Berlinische Galerie. 1913–1933. Bestände: Malerei, Skulptur, Grafik. Berlin, 1975.

Berliner Pressezeichner der Zwanziger Jahre. Berlin Museum 1977.

Zwischen Widerstand und Anpassung. Kunst in Deutschland 1933–1945. Akademie der Künste Berlin 1978.

Dolbin. Bundeskanzleramt Bonn 1981.

Eldorado. Homosexuelle Frauen und Männer in Berlin 1850–1950: Geschichte, Alltag und Kultur. Berlin Museum (Hg.) 1984.

Heinrich Ehmsen. Maler. Lebens/Werk/ Protokoll. Neue Gesellschaft für Bildende Kunst, Berlin 1986.

Ich und die Stadt. Mensch und Großstadt in der deutschen Kunst des 20. Jahrhunderts. Martin-Gropius-Bau 1987. Berlin 1988.

Karl Arnold. Hoppla, wir leben! Berliner Bilder aus den 1920er Jahren. Berlinische Galerie 2010.

Marianne Breslauer. Fotografien 1927–1936. Berlinische Galerie. Berlin 2010.

B. F. Dolbin 1883–1971. Institut für Zeitungsforschung, Dortmund 1975.

Bubikopf und Gretchenzopf. Museum für Kunst und Gewerbe Hamburg 1995.

Benedikt Fred Dolbin. Kopf-Stenogramme für die Berliner Presse 1926–1933. Historisches Museum der Stadt Heilbronn 1979.

Der Traum von einer neuen Welt. Berlin 1910–1933. Internationale Tage Ingelheim 1989.

Tovariscestvo proletarskogo iskusstva. Kaliningrad, Kunstgalerie 2005.

Das wahre Gesicht unserer Zeit. Bilder vom Menschen in der Zeichnung der Neuen Sachlichkeit. Hg. von Uwe Fleckner und Dirk Luckow, Kunsthalle zu Kiel 2004.

Werner Heldt. Kunsthalle Nürnberg 1989.

Kriegszeit. Kollwitz, Beckmann, Dix, Grosz. Staatsgalerie Stuttgart 2011

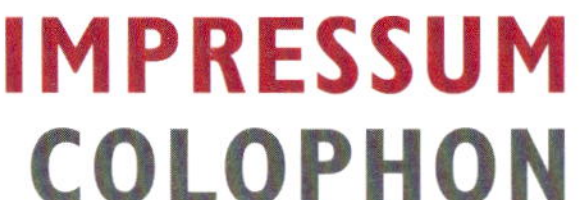

Diese Publikation erscheint anlässlich der Ausstellung
This book is published on the occasion of the exhibition

Straßen und Gesichter
Streets and Faces
1918–1933

Berlinische Galerie
Landesmuseum für Moderne Kunst, Fotografie und Architektur
9. März – 28. Mai 2012
March 9 – May 28 2012

Ausstellung
Exhibition

Konzept und Realisation
Concept and realisation
Annelie Lütgens

Ausstellungsassistenz
Exhibition assistent
Christina Korzen

Restauratorische Betreuung
Conservator
Maria Bortfeldt

Registrarin
Registrar
Anne Seyda

Technische Leitung
Technical department
Wolfgang Heigl

Aufbau
Installation
RT Ausstellungstechnik, Berlin

Mitarbeiter
Exhibition

Direktor
Director
Dr. Thomas Köhler

Verwaltungsdirektor
Director of administration
Dr. Robert Knappe

Referentin des Direktors
Assistant to the director
Christina Landbrecht

Assistenz der Verwaltungsdirektion
Assistant to the director of administration
Daniela Siegel

Sekretariat der Direktion
Management office
Wiebke Heß

Marketing & Kommunikation
Public relations
Ulrike Andres
Melanie Arsjad, Anne Bitterwolf, Diana Brinkmeyer, Fabienne Ibeka

Sammlung
Collection

Bildende Kunst
Fine art
Dr. Heinz Stahlhut
Guido Faßbender, Annemarie Seyda, Christian Tagger

Fotografie
Photography
Ulrich Domröse
Kerstin Diether, Tanja Keppler

Grafik
Prints and drawings
Dr. Annelie Lütgens
Katharina Hoffmann

Architektur
Architecture
Ursula Müller
Frank Schütz

Künstler-Archive
Artists' archives
Dr. Ralf Burmeister
Wolfgang Erler, Wolfgang Schöddert

Bibliothek
Library
Sabine Schardt
Marion Molnos, Christina Strauch, Fenya Almstadt

Restaurierung
Conservation
Andreas Piel
Maria Bortfeldt, Sabina Fernandez-Leschnik, Corinna Nisse

Wissenschaftliche Volontäre
Trainee curators
Jana Duda, Clemens Klöckner, Christina Korzen, Isabelle Lindermann

Förderverein
Friends of the Museum

Stephanie Krumbholz, Anke Kugelmann, Paula Schwarz

Zentrale Dienste
Administration

Organisation und IT
Organization and IT
Christiane Friedrich
Wolfram Kiepe, Martin von Piechowski

Finanzen und Controlling
Finance and controlling
Susanne Teuber
Laila Ayyache, Kerstin Böhme, Karin Rasper

Personalservice
Human resources
Christian Monschke
Cornelia Remky

Technik
Technical department
Roland Pohl
Wolfgang Heigl, Wolfgang Fleischer, Robert Frank, Andreas Kamprath, Ulrich Kersten, Frank Rohrbeck, Bendix Fuhrmann

Besucherbetreuung
Visitors' service
Carola Semm
Christiane Boese, Friederike von Born-Fallois, Brigitte Heilmann, Nihal Isigan, Gerhard Jende, Frank Lambertz, Daniela Lamprecht, Matthias Linde, Katharina Roters, Olaf Schümann, Nasrin Sheikh Zadeh, Reza Soltani

Museumsshop
Museum shop
Carsten Fedderke, Dr. Eva-Maria Kaufmann, Reinhard Kuh, Merwe Reckenfelderbäumer, Dirk Schäfer

Katalog
Catalogue

Herausgeber
Editor
Berlinische Galerie, Landesmuseum für Moderne Kunst, Fotografie und Architektur

Konzeption
Concept
Annelie Lütgens

Assistenz
Assistent
Isabelle Lindermann

Lektorat und Grafische Gestaltung
Copy-editing and graphic design
Uta Grundmann, Berlin

Redaktion, Museumslektorat
Editing Museum
Annelie Lütgens, Isabelle Lindermann

Englische Übersetzung
Translation german to english
Katherine Vanovitch

Gesamtherstellung und Vertrieb
Printed and published by
Kerber Verlag, Bielefeld
Windelsbleicher Str. 166–170
33659 Bielefeld
Germany
Tel. +49 (0) 5 21/9 50 08-10
Fax +49 (0) 5 21/9 50 08-88
info@kerberverlag.com
www.kerberverlag.com

Kerber, US Distribution
D.A.P., Distributed Art Publishers, Inc.
155 Sixth Avenue, 2nd Floor
New York, NY 10013
Tel. +1 (212) 627-1999
Fax +1 (212) 627-9484

KERBER-Publikationen werden weltweit in führenden Buchhandlungen und Museumsshops angeboten (Vertrieb in Europa, Asien, Nord- und Südamerika).
KERBER publications are available in selected bookstores and museum shops worldwide (distributed in Europe, Asia, South and North America).

Die Deutsche Nationalbibliothek verzeichnet diese Publikation in der Deutschen Nationalbibliografie; detaillierte bibliografische Daten sind im Internet über http://dnb.d-nb.de abrufbar.
The Deutsche Nationalbibliothek lists this publication in the Deutsche Nationalbibliografie; detailed bibliographic data is available on the Internet at http://dnb.d-nb.de.

ISBN 978-3-86678-786-5

Museumsausgabe
Museum edition
ISBN 978-3-940208-25-5

Bildnachweis
Picture credits

© 2013 für die abgebildeten Werke von
for the illustrations of
Karl Arnold, Max Beckmann, Otto Dix, Benedikt Fred Dolbin, George Grosz, Werner Heldt, Jeanne Mammen, Heinrich Vogeler, Richard Ziegler: VG Bild-Kunst, Bonn

© 2013 für die Abbildung von
for the illustrations of
Chas-Laborde: Marie-Claude und Gérard Laborde, Issy les Moulineaux; Heinrich Ehmsen: Nachlass Heinrich Ehmsen; Lieselotte Friedlaender: Stiftung Stadtmuseum; Karl Holtz: Wolfgang U. Schütte; Karl Hubbuch: Karl-Hubbuch-Stiftung/ Myriam Hubbuch; Otto Möller: Christoph Möller, Diessen/Ammersee; Gertrude Sandmann: Peter Horváth-Mohácsi; Rudolf Schlichter: Viola Roehr-von Alvensleben, München; Gert H. Wollheim: Jutta Osterhof, Berlin; Lili von Braunbehrens: Volkmar Braunbehrens; Josef Fenneker: Stadtmuseum Bocholt

Fotonachweis
Photo credits

© Kai-Annett Becker: 29–45, 46: Jeanne Mammen, Auf der Straße (Nutten), 47–49, 52: Gertrude Sandmann, Ohne Titel (Frau mit Kappe), 53–69, 72–74, 76–80, 83–84, 88: Erich Godal, Angriff und Totentanz, 94/95.

Udo Hesse (71), Hermann Kiessling (74), Gregor Lengler (112, 113), Peter Oszwald, Bonn (58, Benedikt F. Dolbin: Valeska Gert), Cornelia Pastelak-Price (46: Paar unter dem Regenschirm, 75: In der Garderobe), Michael Setzpfand (103)

Umschlagabbildungen
Cover illustrations

Chas-Laborde, Friedrichstraße (aus *Rues et Visages de Berlin*), 1930

Gertrude Sandmann, *Wippchen – Berliner Kind*, 1931

Blick in die Ausstellung
Installation view
© Kai-Annett Becker

Printed in Germany